하나님은 사람을
고쳐서 쓰신다

신학을 전공한 정신과 의사의
성경인물 이야기, 다섯 번째

하나님은 사람을
고 쳐 서 쓰 신 다

지은이 | 최관호
표지 디자인 | 한영애
펴낸이 | 원성삼
펴낸곳 | 예영커뮤니케이션
초판 1쇄 발행 | 2024년 12월 31일
등록일 | 1992년 3월 1일 제2-1349호
주소 | 03128 서울시 종로구 대학로3길 29, 313호 (연지동, 한국교회100주년기념관)
전화 | (02) 766-8931
팩스 | (02) 766-8934
이메일 | jeyoung_shadow@naver.com
ISBN 979-11-89887-89-6 (03230)

값 19,000원

모든 인간은 하나님의 형상을 닮은 존귀한 존재입니다. 사람은 인종, 민족, 피부색,
문화, 언어에 관계없이 모두 다 존귀합니다. 예영커뮤니케이션은 이러한 정신에 근
거해 모든 인간이 존귀한 삶을 사는 데 필요한 지식과 문화를 예수 그리스도의 사랑으로 보급
함으로써 우리가 속한 사회에 기여하고자 합니다.

신학을 전공한 정신과 의사의
성경인물 이야기, 다섯 번째

하나님은 사람을
고쳐서 쓰신다
마태, 마가

최관호 지음

MATTHEW
MARK

예영

MATTHEW & MARK

차 례

서문

"사람은 고쳐 쓰는 게 아니다." 흔히들 하는 이야기다. 이 말만큼 우리의 '인생 경험'이 축약된 관용어구(慣用語句)가 있을까? 이 말만큼 우리의 '아픈 기억'을 떠올리는 속설(俗說)이 있을까? 이 말만큼 '좌절된 기대와 배신당한 사랑'을 담은 우리말이 있을까? 그만큼 사람은 쉽게 변하는 존재가 아니다. 아니, 우리에게는 사람을 변화시킬 '능력(能力)과 자질(資質)' 자체가 없다!

> 예수께서 그들을 보시며 이르시되 **사람으로는 할 수 없으나 하나님으로서는 다 하실 수 있느니라**(마태복음 19:26)

정신과 레지던트 시절의 어느 날, 나는 '서울대학병원의 지하 강당'에 앉아 있었다. '정신분석학회'가 주최하는 세미나가 열리는 날이었다. 발표를 맡은 선생님의 '환자 증례'를 두고 진지한 토론이 오가던 중, 좌장(座長)을 맡은 교수님이 이런 말씀을 하셨다. "그러니까요, 선생님들. 솔직히 정신분석을 통해 환자가 드라마틱(dramatic)하게 바뀌는 경험들을 얼마나 하셨나요? 정말 많은 시간과 비용을 들여서 수년간에 걸쳐 이 '정신분석이라는 도구'로 환자를 치료한 뒤에, 다시 증상이 재발해서 우리를 찾아올 경우 절망해 본 적이 있지 않으신가요? 물론 저는 교회를 다니거나 하나님을 믿지는 않습니다. **하지만 신이 존재하셔서, 환자가 '정신 병리적인 환경'에서 평생에 걸쳐 형성된 그 부분에 '건강한 방향으로 같은 정도의 힘'을 불어넣어 주신다면 당연히 환자는 좋아지겠지요.** 하지만 지금 우리가 진지하게 논의하고 있는 '정신분석이라는 도구'에 그 정도의 힘이 있는 것으로 보이시나요? 선생님들의 생각은 어떠신가요?" 정말이지, 환자를 향한 안타까운 마음에 평생을 고뇌하던 노(老) 교수님의 '겸손한 고백'이었다. 그 순간, 나는 위에 인용한 마태복음 말씀을 떠올렸다.

"하나님은 사람을 고쳐서 쓰신다." 이 제목은 "사람은 고쳐 쓰는 게 아니다"라는 우리의 상식과는 반대 지점을 가리키는 것처럼 보인다. 얼핏 볼 때, 그렇게 보인다. 하지만 20여 년 전 '서울대학병원 지하 강당'에서 있었던 '어느 노(老) 교수님의 고백'에도 배어 있듯이 두 문장은 모순된 표현이 아니다.

그렇다면 우리는 왜 "사람은 고쳐 쓰는 게 아니다"라고 하는 것일까? 사람은 정말 변하지 않는 존재일까? 결론부터 말하면, **"사람은 변할 수 있다. 사람은 분명히 고칠 수 있다!"** 그런데 우리는 왜 사람은 고쳐 쓰는 게 아니라고 하는 것일까? 이유는 간단하다. 우리에게는 그만한 능력이 없기 때문이다. **'한 사람'을 회복하는 데 들어가는 비용이 '한 사람'이기 때문이다.** 정신과에서는 '성장기에 겪은 트라우마(trauma)를 극복하는 데 가장 좋은 방법'

은 '건강한 배우자를 만나는 것'이라고 한다. 그렇게 '자신을 사랑하는 건강
한 배우자'를 만나 '상처받았던 시간만큼 사랑받는 시간'이 지나면 거의 완
벽하게 회복될 수 있다고 말한다. 물론 드라마에서나 존재할법한 '꿈만 같
은 이야기'지만 말이다. 즉 **'하나님의 형상, 한 명'을 회복하는 데 들어가는
비용은 '하나님의 형상, 한 명'이다. '한 인생'을 회복하는 데 들어가는 비용
은 '한 인생'이다.**

  그러니 사람들의 입에서 이런 고백이 나오는 것이다. "사람은 고쳐 쓰는
게 아니다." 생각해 보면, 쉽게 이해되는 고백이다. 우선 '상처받은 영혼'이
'건강한 배우자'를 만날 수 있을까? '건강한 배우자'를 만났다 해도, 그가 혹
은 그녀가 오랜 세월을 건강하게 병들지 않고 견디어 낼 수 있을까? 쉽지
않은 이야기다. 그러나 20여 년 전 '서울대학병원 지하 강당'에서 있었던 '어
느 노(老) 교수님의 고백'은 사실이다. **"하지만 신이 존재하셔서, 환자가 '정
신 병리적인 환경'에서 평생에 걸쳐 형성된 그 부분에 '건강한 방향으로 같
은 정도의 힘'을 불어넣어 주신다면 당연히 환자는 좋아지겠지요."**

  그렇게 20여 년의 세월이 지난 어느 날, 나는 '마태와 마가 설교문'을 쓰
다가 이렇게 중얼거렸다. **"하나님은 사람을 고쳐서 쓰시네? 하나님은 사람
을 고쳐서 쓰시는데?"** 물론 마태는 예수님께서 직접 부르셨다. "나를 따르
라." 그리고 마태를 직접 데리고 다니셨다. 그러니 마태에 대한 설교문을 쓸
때까지는 '우리 쪽의 조건과 상황 그리고 할 일'이 선명하게 보이지 않았다.
오히려 마태에 대한 설교를 듣고 '인생의 전환점'을 찾았다며 열광하는 지
체들의 반응이 약간 낯설었다. 마태에 대한 성경 인물 설교는 한국누가회

(CMF) '캠퍼스 리더 학교'에서 처음 선포되었다. 당시 전국에서 모인 '캠퍼스 리더들'의 이러한 반응에 솔직히 나는 약간 의아했다. 당황했었다. 마태의 어느 부분이 '캠퍼스 리더들의 인생'을 자극했는지 궁금했다. 이후 여러 지체들과의 대화를 통해 깨닫게 되었다. '마태의 어린 시절 **좌절된 꿈에 대한 이야기**가 지금의 젊은 세대에게는 자신들의 이야기로 들렸구나.' 비로소 나는 내가 '나보다도 더 큰 이야기'를 써 내려가고 있다는 사실을 깨닫게 되었다.

모든 '기독교 서적의 저자'가 그러하겠지만, 나 또한 글이 완성된 뒤에 내 글을 다시 읽어보면 내가 쓴 것이 아닌 것만 같다. 즉 나를 통하여 쓰여진 '마태 이야기'는 하나님께서 마음에 담아두신 '누군가를 위한 이야기'였던 것이다. 젊은 세대에게 성경을 읽히고 싶어서 시작한 '성경 인물 설교'였다. '익숙한 사람이 있는 모임'에는 발길이 가는 법, '젊은 세대가 성경을 읽지 않는 이유'는 성경에 '익숙한 사람'이 없어서라고 생각했다. 그렇게 성경에 '익숙한 사람들'을 만들어 주면 자연스럽게 성경을 가까이하게 될 것이라는 생각에서 시작한 '성경 인물 설교'였다. 그렇게 시작된 '성경 인물 설교'가 책으로 묶여 나오기 시작하여 이번이 '다섯 번째'가 되었다.

즉 이 한 권의 책에는 '누군가의 세상'이 담겨 있다. 물론 이때의 세상은 일차적으로는 이 책의 주인공인 '마태와 마가의 세상'을 의미하지만, 동시에 이 책을 읽는 '어느 이름 모를 한 독자의 또 하나의 세상'이기도 하다. 우리는 '성경에 등장하는 인물들의 인생 이야기'를 통해 '우리네 인생'을 이해하게 된다. '성경에 등장하는 인물들에게 다가오신 하나님'을 보며 그 순간에는 미처 깨닫지 못했던 '우리네 인생 가운데 임(臨)하신 하나님의 흔적'을 확인하게 된다.

저자(著者)의 입장에서, 이번 책을 통해 발견한 가장 큰 소득은 '마가의 외삼촌 바나바'였다. 바나바를 통하여 회복된 '마가와 바울'을 발견한 시간이었다. 정말이지, 바나바는 "하나님은 사람을 고쳐서 쓰신다"의 '눈에 보이는 도구'였다. '하나님의 사람'을 통하여 '하나님 나라'를 이루어 가시는 '하나님의 보이는 손'[1]이었다. 본문의 내용 중, 일부를 그대로 인용하면 아래와 같다.

지금 우리는 '마가복음'의 저자 '마가'를 살펴보는 중이다. 그럼에도 아직 마가를 본격적으로 다루지 못하는 이유는 이러하다. 바나바를 빼고서는 '마가의 인생'이 설명되지 않기 때문이다. 예수님을 세 번이나 부인했던 '베드로의 실패'를 이해하지 않고서는 '마가가 베드로의 양자 된 것'이 와닿지 않기 때문이다. 바울을 초대교회로 불러 '사역의 장(場)'을 열어준 바나바를 설명하지 않고서는, 마가의 인생 멘토(mentor)인 '바나바의 됨됨이'를 입체적으로 바라볼 수 없기 때문이다.

흔히 하는 말로 "사람은 고쳐서 쓰는 것이 아니다"라고 한다. 그러나 마

---

1 온 우주를 창조하신 '삼위일체 하나님'은 지금도 살아 계셔서 당신이 창조하신 세상을 '유지 보존 통치'하신다. 이러한 '하나님의 섭리'를 '하나님의 보이지 않는 손'이라고 한다. 그리고 '하나님의 보이지 않는 손'은 많은 경우 '하나님의 보이는 손'을 사용하시는데, 이때 가장 많이 사용되는 '하나님의 보이는 손'은 바로 '하나님의 사람'이다.

가를 볼 때, 베드로를 볼 때, 그리고 바울을 볼 때, **하나님은 사람을 고쳐서 쓰신다!** 물론 베드로는 예수님께서 직접 나서서 고쳐 쓰셨다.[2] 하지만 마가의 인생을 볼 때, 하나님께서는 그에게 바나바를 어린 시절부터 붙여주시는 방법을 쓰셨음을 알 수 있다. 그렇게 하나님은 바나바를 통하여 마가를 고쳐서 쓰셨다. 바울의 경우에는 다메섹 도상(道上)에서 그를 부르신 뒤, 바나바를 통해 '사역의 장(場)'을 열어주셨다. 당연히 바나바의 사후(死後), 마가를 양자로 맞아들인 베드로는 달라진 마가의 모습에서 '바나바의 그림자'를 느꼈을 것이다. 마가는 분명히 예루살렘에서 본 마가가 아니었을 것이다. 예루살렘 한가운데 위치한 대저택을 소유한 집안의 아들이라고는 믿기지 않는 모습에서 베드로는 많은 것을 느끼고 생각하게 되었을 것이다. 더군다나, 베드로가 마가를 양자로 맞아들인 곳은 '선교의 최전선인 로마'였다. 그런 점에서, 바나바는 '마가와 바울 그리고 베드로'에게 선(善)한 영향력을 끼친 '하나님의 사람'이었다. '마가와 바울 그리고 베드로'를 고쳐서 쓰신 '하나님의 선(善)한 도구'였다. 즉 사람을 고쳐서 쓰시는 하나님의 선(善)한 도구였던 바나바의 성품을 통해 우리는 이제 '전도의 미련한 것'의 실례(實例)를 배우려 한다. 예수님의 제자 중, '우리 주 예수 그리스도의 성육신과 십자가'의

---

2 "¹⁵그들이 조반 먹은 후에 예수께서 시몬 베드로에게 이르시되 요한의 아들 시몬아 네가 이 사람들보다 나를 더 사랑하느냐 하시니 이르되 주님 그러하나이다 내가 주님을 사랑하는 줄 주님께서 아시나이다 이르시되 **내 어린 양을 먹이라** 하시고 ¹⁶또 두 번째 이르시되 요한의 아들 시몬아 네가 나를 사랑하느냐 하시니 이르되 주님 그러하나이다 내가 주님을 사랑하는 줄 주님께서 아시나이다 이르시되 **내 양을 치라** 하시고 ¹⁷세 번째 이르시되 요한의 아들 시몬아 네가 나를 사랑하느냐 하시니 주께서 세 번째 네가 나를 사랑하느냐 하시므로 베드로가 근심하여 이르되 주님 모든 것을 아시오매 내가 주님을 사랑하는 줄을 주님께서 아시나이다 **예수께서 이르시되 내 양을 먹이라**"(요한복음 21:15-17).

살아있는 표본(標本)을 살피려는 것이다.

물론, '바나바에 대한 이야기'에 열광하는 젊은 세대는 없었다. "저도 마가처럼 하나님께서 바나바와 같은 어른을 주셨으면 좋겠어요"라는 말을 많이 들었다. 위축된 젊은 세대의 자아상을 반영하는 반응이라고 생각했다. 스스로 바나바처럼 되겠노라고 나서지 못하는 세대를 보며 마음이 아팠다. 그렇다면, 바나바는 우리 세대의 몫인가?

어찌 되었든, 이 책에는 '마태와 마가의 세상'이 담겨 있다. '마태와 마가에게 베풀어 주신 하나님의 은혜'가 담겨 있다. 우리의 인생은 '마태와 마가에게 베풀어 주신 하나님의 은혜의 통로'일까?[3] 아니면, '마태와 마가에게 베풀어 주신 하나님의 은혜를 동일하게 받아 오늘도 분투(奮鬪)하는 인생'일까?[4] 어느 쪽인들 무슨 상관이 있으랴! 양쪽 모두 하나님의 은혜를 받은 인생이 아니던가!

이 책을 읽는 가운데, '마태와 마가의 세상'이 '독자들의 세상'과 만나는 은혜가 있기를 기도한다. 이 책을 읽는 가운데, '마태와 마가의 인생'이 '독자들의 인생'과 '하나님의 은혜'로 연결되는 역사가 있기를 기도하며, 다섯 번째 책을 세상에 내보낸다.

---

3 어쩌면 바나바와 같은
4 어쩌면 마태와 마가와 같은

1부

♦♦♦

마태

MATTHEW

랍비를 꿈꿨던
소년

아브라함과 다윗의 자손 예수 그리스도의 계보라(마태복음 1:1)

"아브라함과 다윗의 자손 예수 그리스도의 계보라." 신약성경의 첫 구절은 이렇게 시작된다. 그런데 헬라어 원문의 순서는 우리말 성경과는 조금 다르다. 헬라어 원문에는 '다윗'이 '아브라함'보다 먼저 언급되어 있다. 헬라어 원문의 명사만 나열하면 이와 같다. "두루마리, 기원, 예수, 그리스도, 아들, 다윗, 아들, 아브라함." 그러므로 헬라어 원문의 순서대로 직역(直譯)하면 신약성경은 이렇게 시작된다. "다윗과 아브라함의 자손, 예수 그리스도의 기원에 대한 두루마리라."

시대적으로 아브라함이 앞선 인물이기에, 우리 한국 교회 성도들에게는 아브라함이 먼저 언급된 것 같다. 하지만 예수님 당시 유대인의 마음을 사로잡고 있었던 인물은 '다윗'이었다. 그 시기, 이스라엘은 '다윗의 자손'을 기다리고 있었다. 이것을 '메시아 대망 사상'이라고 한다. 바벨론 포로기가 지난 후, '스룹바벨 성전'이 봉헌되었을 때의 기록이다.

> [12]제사장들과 레위 사람들과 나이 많은 족장들은 **첫 성전을 보았으므로
> 이제 이 성전의 기초가 놓임을 보고 대성통곡하였으나** 여러 사람은 기
> 쁨으로 크게 함성을 지르니 [13]백성이 크게 외치는 소리가 멀리 들리므로
> **즐거이 부르는 소리와 통곡하는 소리를** 백성들이 분간하지 못하였더라
> (에스라 3:12-13)

'스룹바벨 성전'의 기초가 놓인 것을 보고 보인 반응은 세대별로 극명(克
明)하게 갈렸다. 참고로 '예루살렘 성전'에는 '솔로몬 성전'과 포로 귀환 후
세워진 '스룹바벨 성전' 그리고 예수님 당시의 '헤롯 성전'이 있다. '스룹바벨
성전'을 보고, 첫 번째 '예루살렘 성전'인 '솔로몬 성전'을 본 기억이 있었던
나이 많은 사람들은 대성통곡을 했다. 그들의 눈에 '스룹바벨 성전'이 너무
도 초라해 보였기 때문이다. 반면 젊은 세대는 함성을 질렀다. 그것은 기쁨
의 함성이었다. 대적들의 모함으로 중단되는 등[1], 여러 곡절 끝에 완성된 스
룹바벨 성전이었건만, 그들의 '즐거이 부르는 소리'와 '통곡하는 소리'는 결
국 하나로 모아졌다. 그것은 '통곡하는 소리'였다. 그렇게 그들 가운데 '즐거

---

1 "[3]스룹바벨과 예수아와 기타 이스라엘 족장들이 이르되 우리 하나님의 성전을 건축하는 데 너
   희는 우리와 상관이 없느니라 바사 왕 고레스가 우리에게 명령하신 대로 우리가 이스라엘의
   하나님 여호와를 위하여 홀로 건축하리라 하였더니 [4]이로부터 그 땅 백성이 유다 백성의 손을
   약하게 하여 그 건축을 방해하되 [5]바사 왕 고레스의 시대부터 바사 왕 다리오가 즉위할 때까지
   관리들에게 뇌물을 주어 그 계획을 막았으며 [6]또 아하수에로가 즉위할 때에 그들이 글을 올려
   유다와 예루살렘 주민을 고발하니라"(에스라 4:3-6).

이 부르는 소리'가 끊어졌다.

이유는 이러했다. 구약 시대에도 건물만 존재해서는 '성전'이 될 수 없었다. 그 건물이 '성전'이 되기 위해서는 하나님께서 그곳에 임재(臨在)하셔야만 했다. 눈에 보이는 하나님의 임재가 있어야만 했다. 첫 번째 '예루살렘 성전'인 '솔로몬 성전'이 봉헌될 때의 기록이다.

> [10]제사장이 성소에서 나올 때에 구름이 여호와의 성전에 가득하매 [11]제사장이 그 구름으로 말미암아 능히 서서 섬기지 못하였으니 **이는 여호와의 영광이 여호와의 성전에 가득함이었더라**(열왕기상 8:10-11)

제사장들이 여호와의 언약궤를 지성소에 메어 들였을 때다.[2] 제사장들이 지성소에서 나올 때 구름이 여호와의 성전에 가득했다. 그 결과, 제사장들은 그 구름으로 말미암아 능히 서서 섬기지 못하였다. 그것은 여호와 하나님의 '가시적(可視的)인 임재(臨在)'였다. 비로소 건축물이 '성전(聖殿)'이 되는 순간이었다.

> [1]솔로몬이 기도를 마치매 **불이 하늘에서부터 내려와서** 그 번제물과 제물들을 사르고 여호와의 영광이 그 성전에 가득하니 [2]**여호와의 영광이**

---

2 "제사장들이 여호와의 언약궤를 자기의 처소로 메어 들였으니 곧 성전의 내소인 지성소 그룹들의 날개 아래라"(열왕기상 8:6).: 이후, 여호와의 언약궤가 있는 지성소에 들어가기 전 대제사장이 거쳐야 할 절차와 그 의미에 대해서는 저의 세 번째 책 『예수의 피를 힘입어, 기드온 바락 삼손 입다』 서문에 자세히 기록해 두었다.

여호와의 전에 가득하므로 제사장들이 여호와의 전으로 능히 들어가지 못하였고 [3]이스라엘 모든 자손은 불이 내리는 것과 여호와의 영광이 성전 위에 있는 것을 보고 돌을 깐 땅에 엎드려 경배하며 여호와께 감사하여 이르되 선하시도다 그의 인자하심이 영원하도다 하니라(역대하 7:1-3)

그렇게 '봉헌(奉獻) 예배'를 '솔로몬의 기도'로 마치자, 불이 하늘에서 내려와 번제물과 제물(祭物)들을 불살랐다. 그리고 '여호와의 영광'이 성전에 가득했다. 그 결과 제사장들은 성전에 능히 들어가지 못했다. 이는 하나님께서 그 건축물을 '성전(聖殿)'으로 받아들이셨다는 확실한 표시였다.

[1]여호와께로부터 예레미야에게 말씀이 임하니라 이르시되 [2]너는 여호와의 집 문에 서서 이 말을 선포하여 이르기를 여호와께 예배하러 이 문으로 들어가는 유다 사람들아 여호와의 말씀을 들으라 [3]만군의 여호와 이스라엘의 하나님께서 이와 같이 말씀하시되 너희 길과 행위를 바르게 하라 그리하면 내가 너희로 이곳에 살게 하리라 [4]**너희는 이것이 여호와의 성전이라, 여호와의 성전이라, 여호와의 성전이라 하는 거짓말을 믿지 말라** [5]너희가 만일 길과 행위를 참으로 바르게 하여 이웃들 사이에 정의를 행하며 [6]이방인과 고아와 과부를 압제하지 아니하며 무죄한 자의 피를 이곳에서 흘리지 아니하며 다른 신들 뒤를 따라 화를 자초하지 아니하면 [7]내가 너희를 이곳에 살게 하리니 곧 너희 조상에게 영원무궁토록 준 땅에니라(예레미야 7:1-7)

그러나 이스라엘이 정의를 버리고 이방인과 고아와 과부를 압제하자, 여호와의 영광이 성전을 떠났다. 그들이 무죄한 자의 피를 흘려 약속의 땅을 더럽히자, 여호와의 영광이 성전에 임재(臨在)하지 않았다. 그들이 다른 신을 따르자, 하나님께서는 이스라엘을 버리셨다. 그 결과 언약 백성은 약속의 땅에서 토해냄을 당했다. 이방(異邦)의 포로가 되어 바벨론으로 끌려오게 되었다. 그 일을 예레미야는 이렇게 경고했다. **"너희는 이것이 여호와의 성전이라, 여호와의 성전이라, 여호와의 성전이라 하는 거짓말을 믿지 말라."**

즉 그들은 '성전이 성전 아니게 되었을 때' 일어날 일을 경험한 적이 있었다. 그들은 '성전이 성전 아니게 되었을 때' 일어날 두려운 일을 알고 있었다. 그런데 포로 귀환 후 건축된 '스룹바벨 성전'에 여호와의 영이 임재(臨在)했다는 기록이 성경 어디에도 없다. 무슨 뜻인가? **"여호와 하나님은 언약 백성인 이스라엘을 온전히 용서하지 않았다!"**

이것은 정말이지, 뼈아픈 현실이었다. 포로지(捕虜地)인 바벨론에서 귀환했지만, 그들은 하나님께 용서받지 못했다. 약속의 땅에 귀환했지만, 그들은 끊임없이 이민족(異民族)의 지배를 받아야 했다. 중간기[3]에 '마카비 혁명'으로 세워진 '하스몬 왕조' 기간만이 그들의 유일한 독립 기간이었다. 100년 정도의 시간이었다. 그렇게 짧은 독립 기간을 뒤로한 채, 마태가 자라던 시절 이스라엘은 '에돔 출신인 헤롯'의 통치 아래 있었다. 포로기(捕虜期) 이후 이스라엘의 유일한 독립 기간, 하스몬 왕조의 신하였던 '헤롯가의 통치'를

---

3 구약의 말라기 이후 신약성경이 시작되는 때까지 약 400년 남짓한 시기를 말한다.

받게 된 것이다. 로마의 팔레스타인 정복 당시, 로마군에 협조한 '헤롯가의 배신'으로 일어난 결과였다.

　이러한 현실 가운데, 이스라엘은 '다윗의 자손'을 기다리고 있었다. 다윗과 같이 팔레스타인 전 지역을 완벽하게 통제했던 '군사적 메시아'를 열망했다. 다윗과 같이 열두지파로 나뉘어 갈등하던 이스라엘을 하나의 통일 국가로 묶어낸 '정치적 메시아'를 기대했다. 그러니 예수님 당시 유대인의 마음 한가운데는 '다윗'이 있었다. 이 시기, 이스라엘은 '다윗의 자손'을 기다리고 있었다. 이것을 '메시아 대망 사상'이라고 한다.

　바로 그 '다윗의 자손'이 '예수 그리스도'시라는 사실을 동족(同族)들에게 전하기 위해 첫 문장을 기록하는 순간이었다. 그러나 세리에서 사도로 거듭난 마태 인생의 간극(間隙)만큼, '유대인들이 기대했던 메시아'와 '예수님' 사이에는 만날 수 없는 간극(間隙)이 존재했다. 마태는 그 인식의 간극(間隙)을 메우는 것이 그의 '소명(召命)'이라 생각했을 것이다. 그렇게 그는 그의 동족(同族)을 떠나기 전, 마태복음의 첫 문장을 써 내려가기 시작했다. 교회사에 따르면, 팔레스타인 지역을 순회하며 복음을 전했던 마태는 에티오피아에서 순교했다. 전통적으로 마태복음은 마태가 팔레스타인을 떠나기 직전에 기록되었을 것이라고 본다.[4]

　그런 점에서, 마태복음은 자신을 증오하고 경멸했던 사람들을 위해 쓴 책이다. 더군다나 그들에게 사랑받고 싶었으나, 그 사랑이 어긋나 멀어져

4　이 부분은 뒤에서 좀 더 자세히 다루겠다.

버린 사람들을 위해 쓴 책이다. 자신을 증오하고 경멸했지만, 그들의 사랑을 받고 싶었던 한 사내가 유언처럼 남긴 복음서다.

무슨 말을 하려고 이 부분을 자세히 언급하는가? 마태복음을 쓰는 순간 '저자의 시선과 감정'을 추적하기 위해서다. 복음서의 저자가 글을 쓰는 순간 떠올렸을 장면과 느낌을 추적하기 위해서다. 이러한 작업은 성경 본문의 의미를 해석하고 우리의 삶에 적용하는 데 많은 유익이 있다. 어떻게 이것이 가능할까?

"성경은 100% 하나님의 작품인 동시에 100% 사람의 작품이다. 그러므로 성경은 참 하나님의 말씀이다." 성경은 '성령 하나님의 영감(靈感)'으로 기록되었으며, 성도 안에 내주(內住)하시는 '성령 하나님의 조명(照明)과 감화(感化)'를 받아 성도에게 수납(受納)된다. 성경에 오류가 없는 이유는 오류(誤謬)가 없으신 '성령 하나님'께서 저자이시기 때문이다. 물론, 이때의 성경은 지금은 발견할 수 없는 '성경 원문'을 의미한다. 당연히 '성경 사본과 성경 번역본'에는 조그마한 오류가 존재한다. '개역한글'에서 '개역개정'으로 개정될 때, 오역(誤譯)을 개선한 것은 이미 널리 알려진 사실이다. 그렇게 오역(誤譯)이 있는 '성경 사본과 성경 번역본'을 통해서도 우리는 구원에 이르는 길에 대한 충분한 안내를 받을 수 있다. 어떻게 이것이 가능할까? 이유는 간단하다. 하나님은 살아계시고, 지금도 우리 안에 내주(內住)하셔서 끊임없이 우리를 깨닫게 하시기 때문이다. 그러므로 성경이 오류가 없는 하나님의 말씀이라는 고백은 '하나님의 주권'에 대한 '신앙고백'이다.

우리를 위한 하나님의 말씀이 인간의 실수로 인해 구원에 이르는 데 불

충분해진다면, 우리는 그러한 하나님을 믿을 수 있을까? 즉 성경이 하나님의 말씀이라는 고백은 '신실하신 하나님'에 대한 '신앙고백'이다. 그분의 뜻을 다 알 수 없으나[5], 우리를 사랑하시는 그분의 충실하심을 믿기에, 때를 따라 우리에게 최선의 것을 주시는 그분의 섭리에 대한 믿음이다.

성경은 하나님의 말씀이다. 칼빈은 '성령 하나님의 내적 은밀한 역사'를 '성경이 하나님의 말씀이라는 증거'로 내세웠다. 무슨 말인가? '성령 하나님의 내적 은밀한 역사'를 통해 이루어지는 것이 바로 '우리의 구원'이다. 즉 '구원받은 하나님의 백성'만이 '성경은 하나님의 말씀'이라고 고백할 수 있다.

이러한 하나님께서 인간 저자를 당신의 동역자 삼아 주셨다. 이것은 하나님 나라를 이루어 가시는 하나님의 방법이다. 하나님은 '하나님의 사람'을 통하여 '하나님 나라'를 이루어 가신다. 하나님의 형상인 당신의 사람이 없이는 하나님 나라를 완성시키지 않겠다는 것이 하나님의 계획이다. 즉 성경을 기록하는 과정에 있어서도 하나님은 당신의 사람을 동역자 삼으셨다. 그러므로 "성경은 100% 하나님의 작품인 동시에 100% 사람의 작품이다." 그 결과 "성경은 참 하나님의 말씀이다." 이때 동역자 삼으셨다는 것은 단순히 인간 저자가 하나님의 말씀을 받아쓰기했다는 것이 아니다. '인간 저자의 성품과 인생 경험'이 오롯이 성경 말씀 가운데 녹아들어 있다는 이야기다. 심지어 그 시대의 아들딸일 수밖에 없는 인간 저자의 특성마저 성경 말씀 가운데 녹아들어 있다는 뜻이다. 그럼에도 불구하고, '성경은 오류(誤謬)가 없는 하나님의 말씀'이다. 이것이 '하나님의 위대하심이고 하나님의 은

---

5   왜 '성경 사본과 성경 번역본'에 있는 오류를 원천적으로 없애주시지 않는지 알 수 없으나

혜'다. 이 모든 것은 전지전능(全知全能)하신 하나님이시기에 가능한 일이다. 방금 전한 말씀을 오랫동안 묵상해 보길 바란다.

"다윗과 아브라함의 자손, 예수 그리스도의 기원에 대한 두루마리라." 마태복음의 저자인 마태는 이 문장을 쓰며 '차오르는 감격'에 숨을 가다듬어야 했을 것이다. 어쩌면 '숨이 막히는 느낌'에 한참 동안 다음 문장을 써 내려가지 못했을 수도 있다. '다윗과 아브라함?' 그는 이 두 이름을 입에 올릴 자격이 없는 '세리 출신'이었다. 그것은 마치 '친일파'가 '이순신 장군'의 이름을 입에 올리는 것과 같은 일이었다. 그러나 그는 그의 민족을 위해 '다윗과 아브라함'으로 시작되는 복음서를 써 내려가기 시작했다. 그렇게 그가 써 내려간 복음서는 '예수 그리스도'에 대한 이야기였다. 그분은 마태에게 '새로운 삶'을 선물하신 분이셨다. 그를 거듭나게 하신 분이셨다. 예수님으로 말미암아 거듭난 그는 '다윗과 아브라함'을 언급하기에 합당한 인물이 되어 있었다.

이러한 사실은 그가 쓴 복음서가 이른 시기부터 '마태복음'이라 불린 것에서 알 수 있다. 사복음서 중, 가장 먼저 쓰인 책은 '마가복음'으로 알려져 있다. 그리고 '마태복음'은 두 번째로 기록된 복음서다. 저자가 본문에 특정되지 않은 복음서가 각자의 이름을 가지게 된 계기는 여러 복음서를 구별하기 위해서였다고 전해진다. 즉 '마태복음'이 기록된 후, '마가복음'은 비로소 이름을 가지게 되었다. 이 말은 '마태복음'의 경우, 처음부터 마태의 이름으로 불렸다는 것을 의미한다. '마태복음'이 기록된 시기에는 여러 사도들이 순교하기 전이었다. 그런데 이 책이 세리의 이름을 따라 '마태복음'으로 불리는데 어떤 이의도 제기되지 않았다는 것이 정설(定說)이다. 신학자들은 이 것이 마태복음의 저자가 '마태'인 근거라고 말한다. 나도 이러한 견해에 동의한다. 동시에 이러한 사실은 세리였던 마태가 유대인의 민족적 자부심인 '다윗과 아브라함'을 언급하기에 합당한 인물로 인정받았다는 뜻이기도 하다. 이 모든 일은 그를 부르신 우리 주 예수 그리스도의 은혜였다.

그렇게 그의 인생을 바꾸어 주신 예수님께서 십자가에 못 박혀 죽으신 후였다. 그분이 부활 승천하시며 "모든 민족을 제자 삼아 아버지와 아들과 성령의 이름으로 세례를 베풀고, 분부한 모든 것을 가르쳐 지키게 하라"고 하신 지 30여 년의 세월이 흐른 뒤였다.[6]

예수님 바로 그분이 그의 민족이 그토록 기다리고 기다리던 '그(정관사, 유일함을 뜻하는) 메시아'라는 사실을 증언하는 책을 시작하는 순간이었다. 예수님 바로 그분이 이스라엘이 그토록 기다리고 기다리던 '다윗의 자손'임을 증거하는 일이었다. 즉 마태복음 1장 1절은 마태 그의 인생에서 '가장 아픈 이름'과 '가장 벅찬 이름'이 응축된 문장이었다. '가장 아픈 현실'이 '가장 벅찬 소망'으로 바뀐 그의 인생을 하나로 요약한 문장이었다. 그렇게 '저주받은 인생'으로 끝날 것만 같았던 그의 인생을 '가장 가치 있는 인생'으로 바꾸어 주신 예수님의 기원(起源)을 기록하는 순간이었다. 그러니 마태복음 1장

---

6 "[18]예수께서 나아와 말씀하여 이르시되 하늘과 땅의 모든 권세를 내게 주셨으니 [19]그러므로 너희는 가서 모든 민족을 제자로 삼아 아버지와 아들과 성령의 이름으로 세례를 베풀고 [20]내가 너희에게 분부한 모든 것을 가르쳐 지키게 하라 볼지어다 내가 세상 끝날까지 너희와 항상 함께 있으리라 하시니라"(마태복음 28:18-20).

1절을 시작하는 순간, 그는 숨이 막혔을 것이다. 차오르는 감격과 감사에 한참 동안 숨을 가다듬어야 했을 것이다. '짙은 감정'이라는 단어는 이런 경우에 쓰는 것일 것이다.

> [13]예수께서 다시 바닷가에 나가시매 큰 무리가 나왔거늘 예수께서 그들을 가르치시니라 [14]또 지나가시다가 알패오의 아들 레위가 세관에 앉아 있는 것을 보시고 그에게 이르시되 나를 따르라 하시니 일어나 따르니라 [15]그의 집에 앉아 잡수실 때에 많은 세리와 죄인들이 예수와 그의 제자들과 함께 앉았으니 이는 그러한 사람들이 많이 있어서 예수를 따름이러라(마가복음 2:13-15)[7]

마가복음과 누가복음의 기록으로 보아, 마태의 본명은 '레위'였던 것으로 보인다. 이러한 견해(見解)를 근거로 신학자들은 마태를 '레위 지파 출신'으로 본다. 나는 신학자들의 이러한 주장에 동의한다. '레위 지파'가 아닌 아이의 이름을 굳이 '레위'라고 할 부모는 없을 테니 말이다. 더군다나 아이의 이름을 그의 아버지나 친족 중 한 명의 이름으로 부르는 것은 유대인의 풍습

---

7 "[9]예수께서 그곳을 떠나 지나가시다가 **마태라 하는 사람이** 세관에 앉아 있는 것을 보시고 이르시되 나를 따르라 하시니 일어나 따르니라 [10]예수께서 마태의 집에서 앉아 음식을 잡수실 때에 많은 세리와 죄인들이 와서 예수와 그의 제자들과 함께 앉았더니"(마태복음 9:9-10). "[27]그 후에 예수께서 나가사 **레위라 하는 세리가** 세관에 앉아 있는 것을 보시고 나를 따르라 하시니 [28]그가 모든 것을 버리고 일어나 따르니라 [29]레위가 예수를 위하여 자기 집에서 큰 잔치를 하니 세리와 다른 사람이 많이 함께 앉아 있는지라"(누가복음 5:27-29).

이었다.[8] 그렇다면 마태는 어린 시절 '제사장 훈련'을 받았을까? 마태의 어린 시절에는 '예루살렘 성전'[9]이 건재했다. 그런 점에서 가능성이 있다. 물론 레위 지파 중 아론의 자손만 제사장이 될 수 있었으므로[10] '제사장 훈련'을 안 받았을 수도 있다. 그러나 그런 경우라 하더라도 이스라엘 중 '율법을 맡아 백성에게 가르치는 역할'은 레위 지파의 몫이었다.[11] 즉 '주 앞에 분향하고 온전한 번제를 주의 제단 위에 드리는 제사장의 직분'은 레위 지파 중 '아론 자손'만의 역할이었지만, '주의 법도를 야곱에게, 주의 율법을 이스라엘에게 가르치는 일'은 '레위 지파' 전체의 몫이었다. 그런 점에서 마태는 어린 시절 '구약에 대한 체계적인 교육'을 받았을 것이다.

예수님 당시의 예루살렘 성전은 기원후 70년경 티투스 장군이 이끄는 로

---

8 "[59]팔 일이 되매 아이를 할례하러 와서 그 아버지의 이름을 따라 사가랴라 하고자 하더니 [60]그 어머니가 대답하여 이르되 아니라 요한이라 할 것이라 하매 [61]그들이 이르되 네 친족 중에 이 이름으로 이름한 이가 없다 하고"(누가복음 1:59-61).

9 이 시기 성전을 '헤롯 성전'이라 부른다.

10 "[1]여호와께서 아론에게 이르시되 너와 네 아들들과 네 조상의 가문은 성소에 대한 죄를 함께 담당할 것이요 너와 네 아들들은 너희의 제사장 직분에 대한 죄를 함께 담당할 것이니라 [2]너는 네 형제 레위 지파 곧 네 조상의 지파를 데려다가 너와 함께 있게 하여 너와 네 아들들이 증거의 장막 앞에 있을 때 그들이 너를 돕게 하라 [3]레위인은 네 직무와 장막의 모든 직무를 지키려니와 성소의 기구와 제단에는 가까이 하지 못하리니 두렵건대 그들과 너희가 죽을까 하노라 [4]레위인은 너와 합동하여 장막의 모든 일과 회막의 직무를 다할 것이요 다른 사람은 너희에게 가까이 하지 못할 것이니라 [5]이와 같이 너희는 성소의 직무와 제단의 직무를 다하라 그리하면 여호와의 진노가 다시는 이스라엘 자손에게 미치지 아니하리라"(민수기 18:1-5).

11 "[8]레위에 대하여는 일렀으되 주의 둠밈과 우림이 주의 경건한 자에게 있도다 주께서 그를 맛사에서 시험하시고 므리바 물 가에서 그와 다투셨도다 [9]그는 그의 부모에게 대하여 이르기를 내가 그들을 보지 못하였다 하며 그의 형제들을 인정하지 아니하며 그의 자녀를 알지 아니한 것은 주의 말씀을 준행하고 주의 언약을 지킴으로 말미암음이로다 [10]주의 법도를 야곱에게, 주의 율법을 이스라엘에게 가르치며 주 앞에 분향하고 온전한 번제를 주의 제단 위에 드리리로다"(신명기 33:8-10).

마군에 의해 불태워졌다. 이후 유대인의 신앙은 '성전 제사'에서 '율법'으로 그 중심축이 옮겨졌다. 본격적으로 회당을 중심으로 '토라와 탈무드 교육'이 시작되었다. 이때 이루어졌던 교육은 이렇게 진행되었다. 처음 초등교육은 유대인 아이들 전부가 받았다. 그리고 그 과정을 마지막으로 거의 대부분의 아이들이 학업을 마쳤다. 즉 초등교육 단계에서 공부에 소질이 없는 것으로 확인된 아이들은 이후 각자의 생업에 맞는 직업교육을 받았다. 쉽게 말해, 중등교육부터는 '영재교육'이었다. 그렇게 중등 과정에 들어가지 못한 경우는 별문제가 없었다. 생업에 맞는 직업교육을 받으면 되니 말이다. 문제는 중등교육에 진학했으나, 랍비가 되지 못한 경우에 일어났다.

물론 예수님 당시에는 '랍비 제도'가 없었다는 주장이 많다. 랍비 제도는 '요하난 벤 자카이'가 예루살렘 성전 파괴 후 세운 '율법 학교(랍비 학교)'가 기원이라는 주장이다.[12] 이러한 주장은 지금까지도 내려오는 '랍비 학교의 기원'에 대한 이야기로 보인다.[13] 그러나 복음서에 '회당과 랍비'[14]에 대한 언급이 적지 않게 나오는 것으로 보아, 이들의 주장은 소위(所謂) '엘리트(elite) 의식'과 연관된 것으로 보인다. '사랑받는 의사 누가'[15]가 지금과 같은 '의대 커리큘럼(curriculum)과 인턴 레지던트 수련 과정'을 이수하지 않았다고 "누가 때는 의사 제도가 없었다"라고 하는 것과 같은 논리로 보인다. 물론 성전

---

12 '요하난 벤 자카이'가 '랍비 학교'를 세우게 된 과정은 인터넷에서 쉽게 찾아볼 수 있다.

13 솔직히 나는 이 부분에 대해 잘 모른다. 그리고 그렇게 관심이 있지도 않다.

14 "예수께서 온 갈릴리에 두루 다니사 그들의 회당에서 가르치시며 천국 복음을 전파하시며 백성 중의 모든 병과 모든 약한 것을 고치시니"(마태복음 4:23). "그러나 너희는 랍비라 칭함을 받지 말라 너희 선생은 하나요 너희는 다 형제니라"(마태복음 23:8).

15 "사랑을 받는 의사 누가와 또 데마가 너희에게 문안하느니라"(골로새서 4:14).

이 파괴된 후, 유대인의 입장에서는 율법을 가르치는 데 이전과는 다른 '진지함과 위기감'이 있었을 것이다. 그러한 위기감과 진지함이 랍비 제도를 치밀하게 만들었을 것이다. 그러한 차이를 두고 '예수님 당시에는 랍비 제도가 없었다'라는 주장을 하는 것으로 보인다.

어찌 되었든, 예루살렘 성전 파괴 후 회당을 중심으로 이루어진 '토라와 탈무드 교육'을 언급한 것은 '마태의 사정'을 추적하기 위해서다. 예루살렘 성전 파괴 후에 이루어진 유대인의 율법 교육은 마태가 받았던 율법 교육과 근본적으로 달랐을까? 그랬을 리가 없다. 마태 당시에는 바리새인의 대표적인 두 개 학파인 '힐렐 학파'와 '샴마이 학파'가 세운 교육 기관이 있었다.[16]

'책의 집'이라 번역되는 '베이트 세페르'와 '연구의 집'이라 번역되는 '베이트 미드라쉬'가 그것이다. 그리고 포로기 이후 유대인들에게는 '서기관 학교'라는 중등교육 기관이 있었다.

'레위 지파'였던 마태는 '세리'였다. 이 사실이 의미하는 것이 무엇일까? 지금까지 언급한 내용들을 근거로 우리는 두 가지 사실을 쉽게 유추할 수 있다. **첫 번째, 마태는 초등교육만 받은 사람이 아니었다.** 만약 초등교육 단계에서 공부에 소질이 없는 것으로 판명되었다면, 그는 베드로와 요한 같이 생업에 종사할 수 있었을 것이다.[17] 즉 그는 율법에 대한 소위(所謂) '영재

---

16 '힐렐 학파'와 '샴마이 학파'에 대해서는 마태 세 번째 단원에서 좀 더 자세히 다루었다.
17 "그들이 **베드로와 요한**이 담대하게 말함을 보고 **그들을 본래 학문 없는 범인으로 알았다가** 이상히 여기며 또 전에 예수와 함께 있던 줄도 알고"(사도행전 4:13). "갈릴리 해변에 다니시다가 두 형제 곧 **베드로라 하는 시몬**과 그의 형제 안드레가 바다에 그물 던지는 것을 보시니 **그들은 어부라**"(마태복음 4:18). "거기서 더 가시다가 다른 두 형제 곧 세베대의 아들 야고보와 그

교육'을 받은 사람이었다. 마태복음에서 구약성경을 자유자재로 인용하는 마태를 볼 때, 우리는 그의 이러한 실력이 어디에서 났는지 쉽게 예상할 수 있다.

두 번째, 하지만 마태는 랍비가 되는 데 실패한 사람이었다. 만약에 그가 영재교육 후 랍비가 되었다면 세리가 될 이유가 없었을 것이다. 물론 랍비가 될 수 있었지만, 세리가 된 것이 아니냐고 반박할 수 있다. 그런데 생각해 볼 일이다. 만에 하나, 그가 '기회주의자이며 힘 있는 쪽에 붙는 성향'이었기 때문에 '로마의 앞잡이'가 되었다면 세리가 되었을까? 그가 '탐욕스럽고 돈만 밝히는 성품'이었기 때문에 '로마의 앞잡이'가 되었다면 세리가 되었을까? 물론 다수의 신학자들은 그렇게 말한다. 마태는 탐욕스럽고 돈만 밝히는 그의 성품 때문에 세리가 되었다고 말이다. 그런데 내 생각은 다르다. 로마의 앞잡이가 된 '서기관들과 사두개인들'을 생각해 보라. 바로 그들이 '랍비 출신'이다. 어느 쪽의 권력이 더 세어 보이는가? 어느 쪽이 좀 더 우아하게 재물을 모을 수 있었을까? 랍비가 될 수 있었는데, 세리가 될 사람이 있을까? 서기관 중 '로마의 앞잡이'가 된 사람의 성품이 탐욕스럽고 돈만 밝혔다고 주장한다면 동의할 수 있다. 그 서기관이 기회주의자이며 힘 있는 쪽에 붙는 성향이었기 때문에 '로마의 앞잡이'가 되었다고 한다면 수긍할 수 있다. 그런 점에서 마태는 영재교육 과정에 들어갔지만, 랍비가 되지 못한 사람이었을 것이다.

의 형제 **요한이** 그의 아버지 세베대와 함께 **배에서** 그물 깁는 것을 보시고 부르시니"(마태복음 4:21).

앞에서도 잠깐 언급했지만, 문제는 마태와 같은 경우에 생겼을 것이다. 차라리 초등교육 단계에서 공부에 소질이 없는 것으로 밝혀질 경우, 생업(生業)을 배우면 되었다. 그렇게 배운 기술로 가족을 부양하며 살면 되었다. 그런데 영재교육을 받았지만, 랍비가 되지 못하는 경우 어떻게 되었을까? 그들은 평생 무엇을 하며 살 수 있었을까? 물론 그렇게 랍비가 되지 못한 사람들 모두가 세리가 되었을 것이라는 이야기가 아니다. 어찌 되었든, 세리는 '행정직'이다. 즉 초등교육 단계에서 탈락한 사람들이 할 수 있는 일이 아니었다. 적지 않은 '지적 능력과 행정 능력'이 있어야 할 수 있는 일이었다. 그러니 예수님 당시 로마의 세리가 된 사람들은 마태와 같은 배경을 가졌을 확률이 높다. 쉽게 말해, 그들의 어린 시절 꿈은 '존경받는 랍비'였을 것이다.

더군다나 '레위 지파'였던 마태는 '주의 법도를 야곱에게, 주의 율법을 이스라엘에게 가르치는 일'을 꿈꾸던 '촉망받던 소년'이었을 것이다. 초등교육을 지나 '영재교육 단계'에 들어갔을 때, 마태는 그의 부모와 가족들의 '희망이자 자랑'이었을 것이다. 초등교육을 지나 '영재교육 단계'에 들어간 인원은 대충 3에서 5퍼센트 정도였다고 알려져 있다. 쉽게 말해, 1등급만 들어갈 수 있는 곳이 바로 '중등교육 과정'이었다.

준수한 외모에 맑고 똘망똘망한 눈빛을 가진 소년을 상상해 보라. 얼마나 사랑스러웠을까? 얼마나 자랑스러웠을까? 얼마나 많은 사랑과 기대를 받으며 자랐을까? 더군다나 마태의 이름 뜻은 '여호와의 선물'이다. 마태가 초등교육을 지나 '영재교육 단계'에 들어갔을 때, 마태의 부모는 아들을 보며 그들의 수고에 대한 '여호와의 선물'이라고 생각하지 않았을까? 그러한 사랑과 기대를 보내는 사람 중에는 그의 부모만 있지 않았을 것이다. 어린 시절부터 같은 동네에서 자란 또래 이성 또한 같은 눈빛을 보냈을 것이라고 한다면, 너무 나간 상상일까?

그랬던 그가 '민족의 반역자'가 되었다. 온 민족이 손가락질하는 '세리'가 되었다. 세리는 항상 죄인과 함께 언급되던 존재였다.[18] 세리는 '죄인'이었다. 총명한 소년 시절, 마태는 세리가 된 '자신의 성인기'를 상상했을까? 그랬을 리가 없다. 어쩌면 소년 마태가 가장 경멸하던 대상이 세리였을지 모른다. 그랬던 그가 세리가 되기로 마음먹는 과정에서 무슨 일이 있었을까? 그는 세리가 되는 과정에서 무엇을 버렸을까? 아니, 버려야 했을까? 정말이지, 그는 세리가 되는 과정에서 무엇을 잃었을까? 그 길 말고는 다른 선택지는 없었을까? 촉망받던 소년 시절, 그를 향했던 '기대와 사랑의 눈빛'이 랍비가 되지 못했을 때도 지속되었다면 그는 과연 세리가 되었을까? 그는 세리가 되는 과정에서 어떤 상실을 경험했을까? 어떤 배신을 경험했을까? 랍비가 되지 못한 것뿐 아니라, 어떤 사랑을 상실했을까? 그를 향한 어떤 기대를 상실했을까?

어쩌면 마태 그는 '세리가 되었기 때문에 상실한 사랑'보다 '세리가 되기 전 상실한 사랑'이 더 아팠을지도 모른다. 그것이 사람이다. 가장 가까이서 가장 많은 정서적 교류가 있던 사람으로부터 받은 상처와 상실은 사람을 변

---

18 "인자는 와서 먹고 마시매 말하기를 보라 먹기를 탐하고 포도주를 즐기는 사람이요 **세리와 죄인의 친구로다** 하니 지혜는 그 행한 일로 인하여 옳다 함을 얻느니라"(마태복음 11:19). "바리새인의 서기관들이 예수께서 **죄인 및 세리들과** 함께 잡수시는 것을 보고 그의 제자들에게 이르되 어찌하여 **세리 및 죄인들과** 함께 먹는가"(마가복음 2:16).

화시키는 힘이 크다. 믿었던 사람으로부터 받은 상처와 상실은 사람을 흑화
(黑化)시키곤 한다. 그런 점에서, 우리는 가까운 사람으로부터 상처를 받았
을 때, 자신을 지키기 위해 애써야 한다. 특별히 이때 지켜야 할 것은 '마음'
이다.

마태 설교문을 준비할 때, 나는 '임재범'**19**의 "살아야지"**20**라는 곡을 우연
히 듣게 되었다. "살아야지"의 가사는 이러했다. "산다는 건 참 고단한 일이
지. 지치고 지쳐서 걸을 수 없으니, 어디쯤인지 무엇을 찾는지 헤매고 헤매
다 어딜 가려는지, 꿈은 버리고 두 발은 딱 붙이고 세상과 어울려 살아가면
되는데, **가끔씩 그리운 내 진짜 인생이 아프고 아파서 참을 수가 없는 나.**
살아야지. 삶이 다 그렇지. 춥고 아프고 위태로운 거지. 꿈은 버리고 두 발
은 딱 붙이고 세상과 어울려 살아가면 되는데, 날개 못 펴고 접어진 내 인생
이 서럽고 서러워 자꾸 화가 나는 나. 살아야지. 삶이 다 그렇지. 작고 외롭
고 흔들리는 거지."

노래의 가사 중 **"가끔씩 그리운 내 진짜 인생이 아프고 아파서 참을 수
가 없는 나"**라는 구절이 귀에 와 닿았다. 그렇다. 마태가 소년 시절 꿈꾸던
그의 '진짜 인생'은 그런 인생이 아니었을 것이다. 그는 동족(同族)의 존경을
한 몸에 받으며 '주의 법도를 야곱에게, 주의 율법을 이스라엘에게 가르치
는 일'을 하는 자신을 꿈꾸었을 것이다. 그러나 랍비가 되지 못한 그는 가사

---

19 대한민국의 록 음악, 발라드 가수다. 한국 최초 헤비메탈 밴드 시나위의 1집 보컬리스트다.
20 작사: 채정은, 작곡: 최남욱, 임재범

의 일부처럼 '**꿈은 버리고 두 발은 딱 붙이고 세상과 어울려 살아가는 세리**'
가 되었다. 이후 그는 '날개 못 펴고 접어진 그의 인생이 서럽고 서러워 자
꾸 차오르는 화'를 안으로 삭이고 삭이며 현실을 살아갔을 것이다. 그에게
있어 삶은 그렇게 춥고 아프고 위태로운 것처럼 보였을 것이다. 그렇게 '추
위와 아픔'을 피해 선택한 세리의 길이었건만, 겉모습과 달리 그의 속을 채
운 그의 영혼은 '**진정한 추위와 아픔**'에 시달리고 있었을 것이다. 그렇지 않
고서야, 예수님의 부르심에 지체(遲滯) 없이 모든 것을 버리고 바로 따를 수
있었을까?

> ²⁷그 후에 예수께서 나가사 레위라 하는 세리가 세관에 앉아 있는 것을
> 보시고 **나를 따르라 하시니** ²⁸그가 모든 것을 버리고 일어나 따르니라
> ²⁹레위가 예수를 위하여 자기 집에서 큰 잔치를 하니 세리와 다른 사람
> 이 많이 함께 앉아 있는지라(누가복음 5:27-29)

'산다는 건 참 고단한 일이지. 지치고 지쳐서 걸을 수 없으니 어디쯤인지
무엇을 찾는지 헤매고 헤매다 어딜 가려는지', 노래의 가사처럼 갈 길을 잃
고 헤매며 갈 바를 알지 못하던 마태 앞에 예수님이 나타나셨다. '날개 못
펴고 접어진 마태의 서럽고 서러운 인생' 앞에 예수님이 오셨다. 세관에 앉
아 세무 일을 보던 중이었을 것이다.

그가 세관 업무를 보던 곳은 가버나움이었다. 가버나움은 다메섹에서 예
루살렘으로 이어지는 간선도로변(邊)에 있었다. 동시에 다메섹에서 지중해

방면으로 왕래하는 통로였다. 그러한 이유로 가버나움은 예수님 당시 상업적으로 번창한 곳이었다. 가버나움의 지리적 위치만 들어도 알 수 있듯이, 마태가 업무를 보던 곳은 소위(所謂) 노른자위 땅이었다. 거기에 더해 가버나움 세관은 갈릴리 호수에서 어업 활동을 하던 수산업자들로부터도 세금을 걷었다. '선박이 있는 곳에 세금이 있다'라는 속설이 있던 시절이었다. 그러니 마태의 세관 업무는 일반 백성만을 대상으로 하지 않았을 것이다. 21세기적 상황으로 표현하자면, 기업을 대상으로 세관 업무를 하던 곳이 가버나움 세관이었다.

해마다 세리는 로마 당국과 정해진 금액의 세금을 걷어 납부하기로 계약을 맺었다. 그리고 그 금액을 채우는 한, 로마 당국은 세리의 업무에 관여하지 않았다. 이러한 구조 때문에 세리들은 로마 당국과 백성들 사이에서 막대한 이익을 챙길 수 있었다. 그 결과 세리들은 백성들에게 있어 '증오의 대상'이 되었다. 게다가 선민의식(選民意識)이 강했던 유대인들은 이방인인 로마인들과 접촉한다는 이유로 세리들을 경멸했다.

일부 신학자들은 마태가 '세관에 앉아 있다'라는 표현을 들어 그가 하급 관리가 아닌 '세관장'이었다는 주장을 한다. 나는 이러한 주장에 '글쎄' 정도의 마음이다. '그게 중요한가?' 정도의 마음이다. 더군다나 예수님의 승천 후, 30여 년간 복음을 전하다 순교한 마태를 생각할 때 '개연성이 적다'라는 생각을 한다. 물론 마태 그가 세관장이었을 수도 있다. 그렇지만, '그러기에는 너무 젊지 않나?'라는 생각과 '그 사실이 그렇게 중요한가?' 정도의 생각을 하고 있다.

어찌 되었든, 가버나움 세관에 앉아 있던 마태에게 예수님이 오셨다. 공
생애 이후, 예수님이 가시는 곳마다 사람으로 인산인해(人山人海)를 이루었
다. 그러니 예수님이 오시던 순간, 마태가 서류를 보고 있었다 해도 자연
스럽게 자신을 향해 다가오시는 예수님을 향해 고개를 들었을 것이다. 그
를 향해 다가오시는 예수님의 주변과 뒤로는 정말 많은 수의 군중이 그분
을 따랐을 것이다. 랍비가 되지 못한 이후, 그를 향했던 '사랑과 기대의 눈'
을 거두었던 동족(同族)들이었다. 세리가 된 후, '증오와 경멸의 눈빛'을 감추
지 않고 보내던 사람들이었다. 그들과 함께 예수님이 그의 앞으로 다가오시
는 순간이었다. 가버나움은 예수님께서 정말 많은 이적(異蹟)을 베푸신 곳이
었다.[21] 그곳은 예수님의 공생애 기간, 예수님의 본거지였다.[22] 그리고 예수
님께서 마태를 찾아오신 때는 중풍 병자를 고쳐주신 직후였다. 앞에 인용한
누가복음 5장 27절의 '그 후에'는 중풍 병자를 고쳐주신 후를 의미한다.[23] 그

---

21 "예수께서 그들에게 이르시되 너희가 반드시 의사야 너 자신을 고치라 하는 속담을 인용하여
내게 말하기를 우리가 들은 바 **가버나움에서 행한 일을 네 고향 여기서도 행하라 하리라**"(누가
복음 4:23).
22 "[12]예수께서 요한이 잡혔음을 들으시고 갈릴리로 물러가셨다가 [13]나사렛을 떠나 스불론과 납달
리 지경 해변에 있는 **가버나움에 가서 사시니**"(마태복음 4:12-13).
23 "[18]한 중풍병자를 사람들이 침상에 메고 와서 예수 앞에 들여놓고자 하였으나 [19]무리 때문에 메
고 들어갈 길을 얻지 못한지라 지붕에 올라가 기와를 벗기고 병자를 침상째 무리 가운데로 예
수 앞에 달아 내리니 [20]예수께서 그들의 믿음을 보시고 이르시되 이 사람아 네 죄 사함을 받았
느니라 하시니 [21]서기관과 바리새인들이 생각하여 이르되 이 신성 모독 하는 자가 누구냐 오직
하나님 외에 누가 능히 죄를 사하겠느냐 [22]예수께서 그 생각을 아시고 대답하여 이르시되 너희
마음에 무슨 생각을 하느냐 [23]네 죄 사함을 받았느니라 하는 말과 일어나 걸어가라 하는 말이
어느 것이 쉽겠느냐 [24]그러나 인자가 땅에서 죄를 사하는 권세가 있는 줄을 너희로 알게 하리
라 하시고 중풍병자에게 말씀하시되 내가 네게 이르노니 일어나 네 침상을 가지고 집으로 가
라 하시매 [25]그 사람이 그들 앞에서 곧 일어나 그 누웠던 것을 가지고 하나님께 영광을 돌리며
자기 집으로 돌아가니 [26]모든 사람이 놀라 하나님께 영광을 돌리며 심히 두려워하여 이르되 오
늘 우리가 놀라운 일을 보았다 하니라"(누가복음 5:18-26).

러니 마태는 예수님을 잘 알고 있었을 것이다. 어쩌면 갈릴리 호숫가에서 행하셨던 예수님의 설교를 들었을지도 모른다.

　바로 그분이 그에게 다가오시는 순간이었다. 그에게 다가오시는 예수님을 발견한 순간, 마태는 섬찟했을 것이다. 당연한 일이 아니던가? 로마의 식민 지배를 받던 이스라엘 백성의 신망(信望)을 받던 분이셨다. 다윗과 같은 '군사적 정치적 메시아'를 기다리던 이스라엘 백성들 사이에 그분이 아니냐는 기대가 돌던 분이셨다. 그분이 '민족의 반역자'들이 모여 있는 가버나움 세관에 오신 것이었다. 그리고 세관에 앉아 있던 마태에게로 다가오셨다. '꿈은 버리고 두 발은 딱 붙이고 세상과 어울려 살아가던 마태'에게 예수님이 다가오셨다. '산다는 건 참 고단한 일인데, 지치고 지쳐서 걸을 수 없어서 어디쯤인지 무엇을 찾는지 헤매고 헤매다' 이곳 가버나움 세관에 찾아들어 '민족의 반역자'로 살아가던 그에게 예수님이 다가오셨다. '가끔씩 그리운 내 진짜 인생이 아프고 아파서 참을 수 없는 눈물'을 남몰래 흘리던 마태에게 예수님이 다가오셨다. 그러니 마태는 당연히 가슴이 내려앉았을 것이다.

　그러나 예수님 '그분의 표정이, 그분이 눈빛이' 확연히 보일 만큼 가까워진 순간 마태는 생각했을 것이다. '어, 나를 왜 찾아오셨지?' 예수님의 표정 그 어디에도 마태를 '정죄(定罪)'하는 기색이 없었다. 마태를 증오하거나 경멸하는 눈빛 또한 없었다. 예수님 주변과 뒤에서 마태를 쏘아보던 수많은 눈빛들과 예수님의 눈빛은 확연히 구분되었을 것이다. 이러한 사실을 느낀 순간, 무슨 생각을 하기도 전에 예수님께서 말씀하셨다. **"나를 따르라."** 그 순간 그는 모든 것을 버리고 일어나 예수님을 따랐다.

어쩌면 그가 영재교육을 받던 시절, 그를 향해 보내졌던 '기대와 사랑의 눈빛'을 너무도 오랜만에 받았기 때문이었을까? 그의 '진짜 인생'을 일깨우는 예수님의 눈빛에 그의 몸은 공중에 뜨듯이 일어나게 되었다. 인생을 살다 보면, 생각도 하기 전에 반응하는 내 몸의 이러한 현상을 경험하게 될 때가 있다. 아프고 아파서 참을 수가 없던 그의 '진짜 인생의 주인'이 오신 것이다. **"나를 따르라."** 이후 마태의 인생은 예수님의 이 말씀을 듣기 전과 후로 나뉘게 되었다. 그리고 세리였던 그 시절로 결코 돌아갈 수 없게 되었다. **"나를 따르라."** 예수님의 이 말씀은 사랑하던 사람들의 기대와 사랑을 온몸에 받던 '소년 마태와 세리 마태'를 하나로 잇는 부름이었다. 그 순간, 그는 모든 것을 버리고 일어나 예수님을 따랐다.

마태가 구체적으로 어떤 과정을 통해 세리가 되었는지는 알 수 없다. 하지만 그의 성품을 엿볼 수 있는 성경 구절이 있다.

> [9]예수께서 그곳을 떠나 지나가시다가 마태라 하는 사람이 세관에 앉아 있는 것을 보시고 이르시되 나를 따르라 하시니 일어나 따르니라 [10]예수께서 마태의 집에서 앉아 음식을 잡수실 때에 많은 세리와 죄인들이 와서 예수와 그의 제자들과 함께 앉았더니(마태복음 9:9-10)

예수님께서 마태의 집에서 잡수실 때였다. 마태가 모든 것을 버리고 일어나 예수님을 따른 후였다. 즉 마태는 이때 어느 신학자의 주장처럼 '가버나움의 세관장직'을 떠난 후였다.[24] 그런데 그의 집에 많은 세리가 함께했다. 물론 같은 사건에 대한 누가복음의 증언처럼 예수님을 위해 그의 집에서 큰 잔치를 열었을 때다. 하지만, 현직을 떠난 퇴직자가 베푼 잔치에 그의 이전 동료들이 대거 참여한다는 것은 무엇을 의미할까? 물론 예수님께서 중풍 병자를 고치신 직후였다. 그렇다 하더라도, 나는 마태의 편을 들어주고 싶다. 비록 세리라는 직업을 선택했지만, 그는 최소한 '악독한 성품의 소유자'는 아니었던 것 같다. 그가 세리라는 점을 제외하면 '비호감(非好感)의 대명사'는 아니었던 것 같다. 그는 주변 동료들에게 '정 많은 사람'이었을 가능성이 높다.

그런 그에게 '그가 소년 시절에 배웠던 율법의 본체(本體)'이신 예수님이 찾아오셨다. '구약성경은 오실 예수님에 대한 그림자'라는 사실을 배운 적이 있을 것이다. 왕이 이 땅에 오셨다. 그리고 '율법의 본체(本體)'이신 그분이 세리가 된 그에게 말씀하셨다. **"나를 따르라."**

우리 모두는 우리 안에 '작은 아이'를 안고 산다. 우리 안에 있는 그 '작은 아이'는 '어린 시절 우리가 꿈꾸었던 나'다. 곡(曲) '살아야지'의 가사에 나오는 '내 진짜 인생'을 품고 있는 아이다. 그렇게 '주의 법도를 야곱에게, 주의 율법을 이스라엘에게 가르치는 일'을 꿈꾸던 소년에게 예수님께서 다가와 말씀하셨다. **"나를 따르라."** 이후 마태는 **'주의 법도와 주의 율법의 본체(本體)'**를 따르게 되었다. 이후 마태는 **'진정한 주의 법도를 야곱에게, 진정한 주의 율법을 온 세상 만방(萬邦)에게 가르치는 사도'**가 되었다.

---

24 물론 나는 '과연 세관장이었을까?' 하는 마음이다.

그렇게 예수님의 부르심으로 거듭난 마태가 에티오피아로 전도 여행을 떠나기 전, 동족(同族)을 위해 붓을 들어 쓴 책이 마태복음이다. 그는 첫 문장을 이렇게 시작했다. **"다윗과 아브라함의 자손, 예수 그리스도의 기원에 대한 두루마리라."** 이 한 문장에 그의 모든 꿈과 모든 사랑 그리고 모든 인생이 담겨 있었다. 그렇게 그는 세리 시절 그를 향해 '증오와 경멸의 눈빛'을 보냈던 동족(同族)을 위해 '생명의 말씀'을 써 내려가기 시작했다. 앞에서도 언급했듯이, 마태복음은 자신을 증오하고 경멸했던 사람들을 위해 쓴 책이다. 더군다나 그들에게 사랑받고 싶었으나, 그 사랑이 어긋나 멀어져 버린 사람들을 위해 쓴 책이다. 자신을 증오하고 경멸했지만, 그들의 사랑을 받고 싶었던 한 사내가 유언처럼 남긴 복음서다. 그렇게 신약성경의 문이 열렸다.[25]

---

[25] 물론 사복음서 중 마가복음이 가장 먼저 기록되었다. 그러니 이 문장의 뜻은 시기를 의미하지 않는다.

예수님의
여섯 번째 제자

"다윗과 아브라함의 자손, 예수 그리스도의 기원에 대한 두루마리라."[26]

이렇게 시작되는 마태복음은 궁극적으로 이 사실을 증언하고 있다. "예수 그리스도 그분은 그 메시아, 즉 하나님이시다." '신약 시대(新約 時代)'를 살고 있는 우리는 이 문장을 이렇게 이해하고 있다. "예수 그리스도 그분은 자기 백성을 그들의 죄에서 구원하러 오신 하나님이시다." 그러나 예수님 당시의 유대인들은 마태복음의 시작을 우리와 같이 이해했을까? 그렇지 않다.

이번 단원은 '그 메시아'로 오신 예수님에 대한 유대인들의 오해를 풀기 위해 예수님께서 하셨던 일 중, 마태를 제자로 부르신 '시기'를 추적하려 한다. 즉 마태를 제자로 부르시던 때 '예수님께서 처하신 상황'과 '예수님께서

---

26 마태복음 1:1, 헬라어 원문 순서대로 직역(直譯)했다.

하신 일'을 다룰 것이다. 결론을 미리 말하면, 예수님은 열두 제자 중 마태
를 여섯 번째로 부르셨다. 예수님은 공생애 첫 번째 해에 마태까지 총 여섯
명의 제자를 '개별적'으로 부르셨다. 그런 후, 공생애 두 번째 해에 나머지
여섯 제자를 '한꺼번'에 부르셨다. 즉 첫 번째 해에 개별적으로 부름 받은 제
자들은 그만큼 중요한 의미를 지닌 이들이었다.

  이번 단원과 다음 단원에 걸쳐 나는 마태를 제자로 부르신 '시기'와 '의미'
에 대해 자세히 다룰 것이다. 그 과정을 통해 유대인들의 '잘못된 메시아관
(觀)'을 지적하신 '예수님의 행위 설교'를 자세히 조망할 것이다. 이번 책에서
이번 단원만큼 반응이 엇갈린 부분이 없었다. 일부 지체들은 본 단원이 약
간 지루하다는 반응을 보였다. 반면 성경 말씀을 중심으로 하나하나 논리를
쌓아가는(build up) 방식에 엄청나게 몰입이 되었다는 분들도 있었다.[27] 즉
이번 단원은 궁극적으로 '자기 백성을 그들의 죄에서 구원하러 오신 예수님'
단원을 위한 준비 단계다.

  앞 단원에서 여러 번 언급했듯이, 마태는 유대인들의 '영재교육'을 받았
음에 틀림이 없다. 내가 '영재교육'이라고 한 교육은 '서기관 학교'에서 진행
되었다. 이스라엘에 초등학교가 생긴 이후, 특별히 포로기 이후 유대인들의

---

27 내 책은 모두 'CMF 캠퍼스'에서 선포된 내용이다. 특별히 마태는 한국누가회(CMF) '캠퍼스 리
    더 학교'에서 처음 선포되었다. 이때 여러 간사님들이(CMF는 신학을 마친 분들만 간사가 될
    수 있다.) 마태 인물 설교에 대한 각자의 의견을 주셨다. 성경 말씀을 중심으로 하나하나 논리
    를 쌓아가는(build up) 방식에 엄청나게 몰입이 되었다는 분들은 주로 '신학 전공자들'이셨다.

교육과정은 이러했다. 우선 여섯 살 이전 '유아기'에는 부모와 가족들이 집에서 아이들을 가르쳤다. 이때 가르친 내용은 '교리와 잠언, 기도와 찬송 그리고 성경 이야기'였다. 이후 의무교육이 된 '초등 과정'은 6세에서 12세 사이에 진행되었다. 이 시기에는 '하잔(Hazzan)'[28]이라는 교사가 아이들을 가르쳤다. 그리고 교육 내용은 '암기가 필요한 성경, 특별히 모세오경'이었다.

'암기가 필요한'에서 눈치를 챘겠지만, 이 과정에서 유대인들은 공부에 적합한 아이와 그렇지 않은 아이를 구별할 수 있었다. 그 결과, 절대다수의 아이들은 보통 12세에서 13세 정도에 학업을 마치고 '생계를 위한 교육'을 받았다. 쉽게 말해, '직업교육'을 받게 되었다. 서기관이나 랍비가 되기 위해 '서기관 학교'에 진학하는 경우는 극히 일부였다. 서기관 학교에는 '소페림(Soferim)'[29]이라는 교사가 있었다. 그리고 서기관 학교에서는 '문서(文書)와 구전(口傳)으로 구성된 수준 높은 종교 및 신학 문헌'을 가르쳤다.[30]

마태복음은 '왕으로 오신 예수님'을 증언하고 있다.[31] 즉 마태복음에는 온 우주의 주인이신 '왕의 귀환'이 그려져 있다. 그렇다면, 하나님의 백성들은 '돌아오신 왕'을 어떻게 확인할 수 있었을까? 어떻게 예수님이 오실 '그[32] 메

---

28 감독자

29 서기관, 계수(係數)하는 자

30 『고대 이스라엘의 종교교육, 발생부터 AD 70년까지』(플래처 H.스위프트 저, 유재덕 역, 소망)

31 마가복음은 '종으로 오신 예수님', 누가복음은 '사람의 아들(人子, 인자)로 오신 예수님', 요한복음은 '하나님의 아들이신 예수님'을 증언(證言)한다. 물론 이것만을 증언한다는 이야기가 아니다. 사복음서 중 각 복음서의 '강조점'이 그렇다는 말이다.

32 유일하다는 뜻의 'The', 구약성경에서 '메시아'라는 호칭은 '하나님의 백성을 구원하기 위한 도구로 사용된 존재'를 지칭하는 데 사용되었다. 즉 '보통명사'였다. 하지만 예수님은 그런 존재와

시아'라는 사실을 증명할 수 있었을까? 우리 대한민국에도 자신을 가리켜 '그 메시아'라고 주장하는 '미친놈'들이 있다. 자신이 '예수'라고 주장하는 인간들이 있다. 그 숫자는 대충 69명에서 70명대 초반에 달한다는 말이 있다. 이렇게 숫자가 변하는 이유는 해마다 죽는 '자칭(自稱) 예수'와 새롭게 자신을 '예수'라고 주장하는 이단(異端)[33]이 생겨나기 때문이다. 어찌 되었든, 스스로를 가리켜 '예수'라 주장하는 그들은 결코 '그 메시아'일 수가 없다. 이유는 간단하다. 그들은 하나님께서 선지자들을 통하여 '구약성경'에 예언한 말씀을 성취할 수 없기 때문이다. 즉 언약 백성은 '그 메시아'를 '구약성경에 기록된 예언의 성취'를 통하여 확인할 수 있었다. 그러한 이유로 마태복음에는 이 말씀이 반복되고 있다. **"이루려 하심이라."**

> [21]아들을 낳으리니 이름을 예수라 하라 이는 그가 자기 백성을 그들의 죄에서 구원할 자이심이라 하니라 [22]이 모든 일이 된 것은 주께서 **선지자로 하신 말씀을 이루려 하심이니** 이르시되(마태복음 1:21-22)

그렇다면, 마태는 어떻게 구약성경의 예언을 자유자재로 인용하며 복음서를 기록할 수 있었을까? 앞에서 소개했듯이, 유대인들은 초등학교 과정에서는 '암기가 필요한 성경, 특별히 모세오경'을 배웠다. 그런데 마태가 인

는 다른 '하나님'이시기 때문에 유일하다는 뜻의 'The'를 붙여 '그 메시아'라고 한다. 즉 '그 메시아'는 '고유명사'다. 히브리어로 '기름 부음 받은 자'라는 뜻의 '메시아'는 헬라어로 '그리스도'다.
[33] '끝이 다르다'라는 뜻이다. 즉 이단(異端)의 끝에는 '구원'이 없다.

용한 구약성경은 주로 '선지서'에 집중되어 있다.[34] "선지자를 통하여 말씀하신 바 무엇무엇 함을 이루려 하심이라. 선지자 이사야를 통하여 하신 말씀을 이루려 하심이라." 이러한 사실로 미루어 보아, 마태는 '초등교육'뿐 아니라 '영재교육'인 '서기관 학교' 과정을 마친 인재였을 것이다. 그러나 어떠한 이유인지는 알 수 없으나, 그는 소년 시절 꿈꿨던 '동족(同族)에게 존경받는 랍비'가 되지 못했다. '증오와 경멸의 대상인 세리'가 되었다. 그렇게 증오와 경멸을 받는 동안, 그는 **'장부를 정리하고 기록하는 훈련'**이 되었을 것이다.

이것이 하나님께서 사용하시는 사람들의 특징이다. 성경에 기록된 인물

---

34 "[14]요셉이 일어나서 밤에 아기와 그의 어머니를 데리고 애굽으로 떠나가 [15]헤롯이 죽기까지 거기 있었으니 이는 주께서 **선지자를 통하여 말씀하신 바** 애굽으로부터 내 아들을 불렀다 **함을 이루려 하심이라**"(마태복음 2:14-15). "나사렛이란 동네에 가서 사니 이는 **선지자로 하신 말씀에** 나사렛 사람이라 칭하리라 **하심을 이루려 함이러라**"(마태복음 2:23). "[12]예수께서 요한이 잡혔음을 들으시고 갈릴리로 물러가셨다가 [13]나사렛을 떠나 스불론과 납달리 지경 해변에 있는 가버나움에 가서 사시니 [14]이는 **선지자 이사야를 통하여 하신 말씀을 이루려 하심이라** 일렀으되 [15]스불론 땅과 납달리 땅과 요단 강 저편 해변 길과 이방의 갈릴리어 [16]흑암에 앉은 백성이 큰 빛을 보았고 사망의 땅과 그늘에 앉은 자들에게 빛이 비치었도다 하였느니라"(마태복음 4:12-16). "[16]저물매 사람들이 귀신 들린 자를 많이 데리고 예수께 오거늘 예수께서 말씀으로 귀신들을 쫓아 내시고 병든 자들을 다 고치시니 [17]이는 **선지자 이사야를 통하여 하신 말씀에** 우리의 연약한 것을 친히 담당하시고 병을 짊어지셨도다 **함을 이루려 하심이더라**"(마태복음 8:16-17). "또한 이방들이 그의 이름을 바라리라 **함을 이루려 하심이니라**"(마태복음 12:21). "[34]예수께서 이 모든 것을 무리에게 비유로 말씀하시고 비유가 아니면 아무것도 말씀하지 아니하셨으니 [35]이는 **선지자를 통하여 말씀하신 바** 내가 입을 열어 비유로 말하고 창세부터 감추인 것들을 드러내리라 **함을 이루려 하심이라**"(마태복음 13:34-35). "[1]그들이 예루살렘에 가까이 가서 감람 산 벳바게에 이르렀을 때에 예수께서 두 제자를 보내시며 [2]이르시되 너희는 맞은편 마을로 가라 그리하면 곧 매인 나귀와 나귀 새끼가 함께 있는 것을 보리니 풀어 내게로 끌고 오라 [3]만일 누가 무슨 말을 하거든 주가 쓰시겠다 하라 그리하면 즉시 보내리라 하시니 [4]이는 **선지자를 통하여 하신 말씀을 이루려 하심이라** 일렀으되"(마태복음 21:1-4). "[55]그때에 예수께서 무리에게 말씀하시되 너희가 강도를 잡는 것 같이 칼과 몽치를 가지고 나를 잡으러 나왔느냐 내가 날마다 성전에 앉아 가르쳤으되 너희가 나를 잡지 아니하였도다 [56]그러나 이렇게 된 것은 다 **선지자들의 글을 이루려 함이니라** 하시더라 이에 제자들이 다 예수를 버리고 도망하니라"(마태복음 26:55-56).

들을 볼 때, 아무 준비도 되어 있지 않은 사람을 하나님께서 쓰시는 경우는 드물다. 가만히 보면, 그들은 모두 '준비된 인물'들이었다. 다만, 하나님께서는 그들이 그 준비를 하는 동안 꿈꾸었던 것을 '당신의 때'에 꺾으셨을 뿐이다. 그리하여 '홀로 외로움에 몸서리치는 시간'을 허락하셨다. 그리고 그 외로움의 기간, 뼛속까지 새겨진 '아픔의 흔적'마저 사용하셨다. 그 기간, 상황에 밀려 '어쩔 수 없이 익힌 기능'을 사용하셨다.

마태가 그랬다. 그는 '존경받는 랍비'가 되기 위해 '선지서에 나오는 예언을 외우고 또 외웠을 것'이다. 그리고 그 꿈이 좌절된 이후에는 끊임없이 '장부를 정리하고 기록했을 것'이다. 그렇게 서로 만날 것 같지 않은 두 개의 훈련이 완성되자 예수님께서 그를 찾아오셨다. 그렇게 도무지 어울릴 것 같지 않은 두 과정을 거치자 예수님께서 그를 찾아오셨다.

예수님의 공생애 3년 중 첫 번째 해였다. '베드로와 안드레' 그리고 '야고보와 요한'을 제자로 부르신 후였다. 예수님은 공생애 중 두 번째 해에 '열두 제자'를 확정하셨다. 반면 마태는 열두 제자를 확정하시기 전, 여섯 번째로 부르심을 받은 제자였다.

[17]**이때부터** 예수께서 비로소 전파하여 이르시되 회개하라 천국이 가까이 왔느니라 하시더라 [18]갈릴리 해변에 다니시다가 **두 형제 곧 베드로라 하는 시몬과 그의 형제 안드레가** 바다에 그물 던지는 것을 보시니 그들은 어부라 [19]말씀하시되 나를 따라오라 내가 너희를 사람을 낚는 어부가 되게 하리라 하시니 [20]그들이 곧 그물을 버려 두고 예수를 따르니라

²¹거기서 더 가시다가 **다른 두 형제 곧 세베대의 아들 야고보와 그의 형제 요한이** 그의 아버지 세베대와 함께 배에서 그물 깁는 것을 보시고 부르시니 ²²그들이 곧 배와 아버지를 버려 두고 예수를 따르니라(마태복음 4:17-22)

위에 인용한 성경 본문의 첫 단어 "이때부터"는 세례 요한이 잡힌 후를 가리킨다. 예수님은 세례 요한이 잡혔다는 소식을 들으신 뒤 갈릴리로 장소를 옮기셨다. 성령에 이끌리어 광야에서 마귀의 시험을 받으신 후였다. 그렇게 갈릴리 가버나움으로 처소(處所)를 옮기신 후, 비로소 복음(福音)을 전파하기 시작하셨다.³⁵ "회개하라. 천국이 가까이 왔느니라."

예수님의 열두 제자 가운데는 두 형제가 있었다. 그들은 '베드로와 안드레' 그리고 '야고보와 요한'이었다. 이들 넷이 예수님의 두 번째에서 다섯 번째 제자가 되었다.³⁶ 물론 이들 넷은 이때 예수님을 처음 만난 것이 아니었다.

²⁸이 일은 요한이 세례 베풀던 곳 **요단 강 건너편 베다니에서 일어난 일이니라** ²⁹이튿날 **요한이 예수께서 자기에게 나아오심을 보고 이르되** 보라 세상 죄를 지고 가는 하나님의 어린 양이로다 ³⁰내가 전에 말하기를

---

35 "¹¹이에 마귀는 예수를 떠나고 천사들이 나아와서 수종드니라 ¹²예수께서 요한이 잡혔음을 들으시고 갈릴리로 물러가셨다가 ¹³나사렛을 떠나 스불론과 납달리 지경 해변에 있는 **가버나움**에 가서 사시니 ¹⁴이는 선지자 이사야를 통하여 하신 말씀을 이루려 하심이라 일렀으되 ¹⁵스불론 땅과 납달리 땅과 요단 강 저편 해변 길과 이방의 갈릴리여 ¹⁶흑암에 앉은 백성이 큰 빛을 보았고 사망의 땅과 그늘에 앉은 자들에게 빛이 비치었도다 하였느니라"(마태복음 4:11-16).
36 예수님의 첫 번째 제자는 '빌립'이었다.

내 뒤에 오는 사람이 있는데 나보다 앞선 것은 그가 나보다 먼저 계심이라 한 것이 이 사람을 가리킴이라 ^{31}나도 그를 알지 못하였으나 내가 와서 물로 세례를 베푸는 것은 그를 이스라엘에 나타내려 함이라 하니라 ^{32}요한이 또 증언하여 이르되 내가 보매 성령이 비둘기 같이 하늘로부터 내려와서 그의 위에 머물렀더라 ^{33}나도 그를 알지 못하였으나 나를 보내어 물로 세례를 베풀라 하신 그이가 나에게 말씀하시되 성령이 내려서 누구 위에든지 머무는 것을 보거든 그가 곧 성령으로 세례를 베푸는 이인 줄 알라 하셨기에 ^{34}내가 보고 그가 하나님의 아들이심을 증언하였노라 하니라(요한복음 1:28-34)

'요단강 건너편 베다니'에서 있었던 일이다. 예수님께서 세례 요한에게 세례를 받으신 곳은 '요단강 동편(東便)에 위치한 베다니'였다. 신약성경에는 또 다른 '베다니'라는 지명(地名)이 나온다. 그곳은 예루살렘^{37} 바로 동쪽에 위치한 마을이었다.^{38} 그곳과 구별하기 위해, 요한이 세례를 베푼 곳을 성경에서는 '요단강 건너편 베다니'라고 한다. 요한이 죄 사함을 받게 하는 회개의 세례를 전파하자, 온 유대와 예루살렘 사람들이 다 그에게 나아왔다.^{39}

---

37 예루살렘은 '요단강 서편(西便)'에 있다.

38 "^{17}그들을 떠나 성 밖으로 베다니에 가서 거기서 유하시니라 ^{18}이른 아침에 성으로 들어오실 때에 시장하신지라 ^{19}길 가에서 한 무화과나무를 보시고 그리로 가사 잎사귀 밖에 아무것도 찾지 못하시고 나무에게 이르시되 이제부터 영원토록 네가 열매를 맺지 못하리라 하시니 무화과나무가 곧 마른지라"(마태복음 21:17-19). "^{6}예수께서 베다니 나병환자 시몬의 집에 계실 때에 ^{7}한 여자가 매우 귀한 향유 한 옥합을 가지고 나아와서 식사하시는 예수의 머리에 부으니"(마태복음 26:6-7).

39 "^{4}세례 요한이 광야에 이르러 죄 사함을 받게 하는 회개의 세례를 전파하니 ^{5}온 유대 지방과 예

이들 가운데 '베드로와 안드레' 그리고 '야고보와 요한'도 있었다. 즉 예수님의 열두 제자 중 대부분은 이 시기 '요단강 동편 베다니'에 있었다. 예수님도 이때 고향인 나사렛으로부터 베다니에 오셨다.[40] 그리고 세례 요한에게 세례를 받으셨다.

> [13]이때에 예수께서 갈릴리로부터 요단 강에 이르러 요한에게 세례를 받으려 하시니 [14]요한이 말려 이르되 내가 당신에게서 세례를 받아야 할 터인데 당신이 내게로 오시나이까 [15]예수께서 대답하여 이르시되 **이제 허락하라 우리가 이와 같이 하여 모든 의를 이루는 것이 합당하니라 하시니** 이에 요한이 허락하는지라(마태복음 3:13-15)

예수님께서 요한에게 세례를 받으러 오시자, 요한이 말렸다. "내가 당신에게서 세례를 받아야 할 터인데, 당신이 내게로 오시나이까?" 요한의 이 말에 예수님께서 대답하셨다. "이제 허락하라. 우리가 이와 같이 하여 모든 의를 이루는 것이 합당하니라." 예수님의 이 말씀에 요한이 허락했다. **그렇다면 '성자 하나님이신 예수님'이 '피조물(被造物)인 세례 요한'으로부터 '세례를 받아 이루실 의'는 무엇이었을까?**

이 질문에 답하기 위해서는 '성자 하나님이신 우리 주 예수 그리스도는

루살렘 사람이 다 나아가 자기 죄를 자복하고 요단 강에서 그에게 세례를 받더라"(마가복음 1:4-5).
40 "그때에 예수께서 갈릴리 나사렛으로부터 와서 요단 강에서 요한에게 세례를 받으시고"(마가복음 1:9).

왜 사람이 되셔야만 했는가?'에서 시작해야 한다. 삼위일체 하나님께서는 타락한 인류를 '대속(代贖)의 방법'으로 구원하기로 작정하셨다. 이 일은 온 우주를 창조하시기 전에 있었던 '작정(作定)'이셨다.[41] 삼위일체 하나님께서는 인류의 죗값을 '대신 갚으시는 방법'으로 우리를 구원하기로 작정하셨다.

그런데 율법에 따르면, 사람은 사람으로만 갚을 수 있었다.[42] 소는 소로, 양은 양으로 갚아야 하는 것처럼 '사람의 죄로 인한 죽음'[43]은 '사람의 죽음'으로 갚아야만 했다. 그리고 '흠이 있는 존재'는 '대속 제물(代贖 祭物)'이 될 수 없었다.[44] 그러므로 '사람의 죄로 인한 죽음의 대속(代贖)'은 '죄 없는 사람만'이 할 수 있었다. 그러나 첫 번째 아담의 원죄(原罪) 이후 '죄가 없는 사람'이 없었다.[45] 모두가 다 치우쳐 전적으로 무능해졌고, 하나님 앞에서 선을 행할 수 있는 사람이 없었다.[46] 아담의 원죄 이후, 인류는 '전적으로 타락'했다. 그리하여 '전적으로 무능(無能)'하고 '전적으로 부패(腐敗)'하게 되었다. 결과적으로, 인류는 스스로를 죄로부터 구원할 수 없게 되었다.

---

41 "'곧 창세 전에 그리스도 안에서 우리를 택하사 우리로 사랑 안에서 그 앞에 거룩하고 흠이 없게 하시려고 [5]그 기쁘신 뜻대로 우리를 예정하사 예수 그리스도로 말미암아 자기의 아들들이 되게 하셨으니"(에베소서 1:4-5).
42 "[17]사람을 쳐죽인 자는 반드시 죽일 것이요 [18]짐승을 쳐죽인 자는 **짐승으로 짐승을 갚을 것이며** [19]사람이 만일 그의 이웃에게 상해를 입혔으면 그가 행한 대로 그에게 행할 것이니 [20]**상처에는 상처로, 눈에는 눈으로, 이에는 이로** 갚을지라 남에게 상해를 입힌 그대로 그에게 그렇게 할 것이며"(레위기 24:17-20).
43 "죄의 삯은 사망이요 하나님의 은사는 그리스도 예수 우리 주 안에 있는 영생이니라"(로마서 6:23).
44 "그러나 그 짐승이 흠이 있어서 절거나 눈이 멀었거나 무슨 흠이 있으면 네 하나님 여호와께 잡아 드리지 못할지니"(신명기 15:21).
45 "기록된 바 의인은 없나니 하나도 없으며"(로마서 3:10).
46 "다 치우쳐 함께 무익하게 되고 선을 행하는 자는 없나니 하나도 없도다"(로마서 3:12).

그러한 이유로 성자 하나님께서는 사람이 되셔야만 했다. **하나님으로서는 죽음을 죽으실 수 없고 사람으로서는 죽음을 이기실 수 없었으므로, 성자 하나님이신 우리 주 예수 그리스도는 사람이 되셨다. 인성(人性)에 따라서는 자기 자신을 대속 제물(代贖 祭物)로 죽음에 내주시고, 신성(神性)에 따라서는 그 죽음을 죽이시고(이기시고) 부활 생명을 얻으셨다.**[47] [48] 이를 위하여, 예수님은 우리와 같이 '사람인 마리아의 태'에서 잉태되셨다. 그렇게 율법 아래 태어나사 팔일 만에 할례받으시고[49] 이 땅에 사시는 동안 '모든 율법의 요구'를 다 이루셨다.[50] 그리하여 '율법의 저주'를 해결하셨다. 이때 지상에서 이루신 모든 율법 가운데 '회개의 세례'가 들어가는 것이다. 물론, 우리 주 예수 그리스도는 죄가 없으신 분이셨다.[51] 그러나 우리를 구원하시기 위해 '모든 일에 우리와 똑같이 시험'을 받으셨다. 그 시험 가운데 '요한의 세례'가 들어갔다. 그래서 하셨던 말씀이다. **"이제 허락하라. 우리가 이와 같이 하여 모든 의를 이루는 것이 합당하니라."**

이렇게 모든 율법의 요구를 이루신 예수님께서는 십자가에 죽기까지 순종하셔서 우리의 구원을 완성하셨다. 그리고 사흘 만에 부활하셨다. 부활하

---

47 "성결의 영으로는 죽은 자들 가운데서 부활하사 능력으로 하나님의 아들로 선포되셨으니 곧 우리 주 예수 그리스도시니라"(로마서 1:4).

48 Inst. 2.12.3 : Inst.는 『기독교강요』를 의미한다. 그리고 이어지는 세 개의 숫자는 '권. 장. 절.'을 의미한다. 즉 'Inst. 2.12.3'은 『기독교강요』 2권 12장 3절에 나오는 내용을 인용한 것이다.

49 "할례할 팔일이 되매 그 이름을 예수라 하니 곧 잉태하기 전에 천사가 일컬은 바러라"(누가복음 2:21).

50 "예수께서 신 포도주를 받으신 후에 이르시되 **다 이루었다** 하시고 머리를 숙이니 영혼이 떠나가시니라"(요한복음 19:30).

51 "우리에게 있는 대제사장은 우리의 연약함을 동정하지 못하실 이가 아니요 **모든 일에 우리와 똑같이 시험을 받으신 이로되 죄는 없으시니라**"(히브리서 4:15).

신 후 제자들을 만나시고 승천하셨다. 그렇게 승천하신 후 보내주시는 영, 그때부터 '예수의 영'이라 불리는 '성령 하나님'을 통하여 '당신이 이루신 구원'을 '우리에게 적용'시켜 주셨다. 이때로부터 '성령 하나님'의 내주(內住)하심을 입은 자들은(그가 곧 성령으로 세례를 베푸는 이인 줄 알라.) '하나님의 자녀'가 되었다.[52] 하나님을 '아빠 아버지'라고 부를 수 있게 되었다.

그렇게 세례 요한으로부터 세례를 받으신 다음 날 있었던 일이다.

> [35]**또 이튿날** 요한이 자기 제자 중 두 사람과 함께 섰다가 [36]예수께서 거니심을 보고 말하되 보라 하나님의 어린 양이로다 [37]두 제자가 그의 말을 듣고 예수를 따르거늘 [38]예수께서 돌이켜 그 따르는 것을 보시고 물어 이르시되 무엇을 구하느냐 이르되 랍비여 어디 계시오니이까 하니 (랍비는 번역하면 선생이라) [39]예수께서 이르시되 **와서 보라 그러므로 그들이 가서 계신 데를 보고 그 날 함께 거하니 때가 열 시쯤 되었더라** [40]요한의 말을 듣고 **예수를 따르는 두 사람 중의 하나는 시몬 베드로의 형제 안드레라**(요한복음 1:35-40)

세례 요한이 제자 둘과 함께 서 있다가 예수님께서 거니심을 보았다. 그 모습을 보고 요한이 했던 말이다. 이 말은 교회를 다니는 성도들이라면 누

---

52 "[14]무릇 하나님의 영으로 인도함을 받는 사람은 곧 하나님의 아들이라 [15]너희는 다시 무서워하는 종의 영을 받지 아니하고 양자의 영을 받았으므로 우리가 아빠 아버지라고 부르짖느니라"(로마서 8:14-15).

구나 들어본 적이 있을 것이다. "하나님의 어린 양이로다."[53] 요한의 이 말을 듣고 요한의 제자 둘이 예수님을 따랐다. 그 둘 중 하나가 '베드로의 형제 안드레'였다.

> [41]그가 먼저 자기의 형제 시몬을 찾아 말하되 우리가 메시아를 만났다 하고 (메시아는 번역하면 그리스도라) [42]데리고 예수께로 오니 예수께서 보시고 이르시되 **네가 요한의 아들 시몬이니 장차 게바라 하리라** 하시니라 (게바는 번역하면 베드로라)[54](요한복음 1:41-42)

그렇게 예수님과 하루를 같이 지낸 안드레가 그의 형제 베드로를 찾아 메시아를 만났다고 전했다. 그리고 베드로를 예수님께 데려갔다. 원래 이름이 '시몬'이었던 베드로는 그때 '베드로'라는 별명을 얻었다. 이것이 예수님과 '베드로 안드레 형제'의 첫 만남이었다.

> [43]이튿날 예수께서 **갈릴리로 나가려 하시다가** 빌립을 만나 이르시되 **나를 따르라** 하시니 [44]빌립은 안드레와 베드로와 한 동네 벳새다 사람이라 [45]빌립이 나다나엘을 찾아 이르되 모세가 율법에 기록하였고 여러 선지자가 기록한 그이를 우리가 만났으니 요셉의 아들 나사렛 예수니라 [46]나

---

53 "이튿날 요한이 예수께서 자기에게 나아오심을 보고 이르되 **보라 세상 죄를 지고 가는 하나님의 어린 양이로다**"(요한복음 1:29).: "보라, 세상 죄를 지고 가는 하나님의 어린 양이로다." 이 말은 예수님께서 세례 요한에게 세례를 받으러 나오셨을 때 했던 말이다.

54 '반석 혹은 바위'라는 뜻을 가진 '게바'는 아람어'이며 '베드로는 헬라어'다. 아람어는 예수님 당시 팔레스타인 지역에서 쓰였던 언어다.

다나엘이 이르되 나사렛에서 무슨 선한 것이 날 수 있느냐 빌립이 이르
되 **와서 보라** 하니라 (요한복음 1:43-46)

그렇게 베드로를 만난 다음 날, 예수님은 갈릴리로 돌아가시려 길을 나
서다가 '빌립'을 만나셨다. 빌립은 '베드로 안드레 형제'와 같은 동네 사람이
었다. 그들은 '갈릴리 호수 동북쪽 해변'[55]에 위치한 '벳세다 사람들'이었다.
그리고 예수님으로부터 "나를 따르라"라는 말씀을 들은 빌립이 나다나엘을
찾아 예수님을 소개했다는 기록이 요한복음 1장에 기록되어 있다. 무슨 말
을 하려고 이리 장황하게 예수님께서 제자들을 부른 과정을 이야기할까?

'랍비'가 되기 위해 '선지서를 암송'했던 마태에게 예수님이 찾아오셨다.
'세리'로서 '장부를 정리하고 기록하는 훈련'이 된 마태에게 예수님이 찾아오
셨다. 예수님의 공생애 중 첫 번째 해였다. '베드로와 안드레' 그리고 '야고
보와 요한'을 제자로 부르신 후였다. 이때 이들 넷을 제자로 부르신 장소는
'갈릴리 호수 서북쪽 해변'에 위치한 '게네사렛'[56]이었다. 예수님은 이때 베
드로와 안드레를 처음 부르신 것이 아니었다. 앞에서 장황하게 설명했던 것
처럼, 예수님은 이미 이들을 '요단강 동편 베다니'에서 부르신 적이 있었다.
그리고 열두 제자에 들어가는 '빌립' 또한 베다니에서 제자로 부름 받았다.

---

55 호수인데 '해변(海邊)'이라고 한 이유는 비록 '민물로 된 호수'이기는 하나 '갈릴리 호수'를 '갈릴
리 바다'라 부르기 때문이다. 그만큼 갈릴리 호수는 큰 규모를 자랑한다. 남북으로 21km, 동서
로 11km, 호수의 둘레는 53km, 면적은 166km^{2}에 달하는 '갈릴리 호수'는 실제 눈으로 볼 때
바다라 해도 손색이 없다.
56 갈릴리 호수 '동북쪽 해변'에 있는 '벳세다'가 '서북쪽 해변에 있는 게네사렛'보다 북쪽에 있다.

그렇게 예수님의 열두 제자 중 다섯 제자가 부름을 받았다.

> [47]예수께서 나다나엘이 자기에게 오는 것을 보시고 그를 가리켜 이르시
> 되 보라 이는 참으로 이스라엘 사람이라 그 속에 간사한 것이 없도다 [48]
> 나다나엘이 이르되 어떻게 나를 아시나이까 예수께서 대답하여 이르시
> 되 빌립이 너를 부르기 전에 네가 무화과나무 아래에 있을 때에 보았노
> 라 [49]나다나엘이 대답하되 랍비여 당신은 하나님의 아들이시요 당신은
> 이스라엘의 임금이로소이다 [50]예수께서 대답하여 이르시되 내가 너를
> 무화과나무 아래에서 보았다 하므로 믿느냐 이보다 더 큰 일을 보리라
> [51]또 이르시되 진실로 진실로 너희에게 이르노니 하늘이 열리고 하나님
> 의 사자들이 인자 위에 오르락 내리락 하는 것을 보리라 하시니라(요한
> 복음 1:47-51)

물론 '나다나엘'을 열두 제자 중 하나인 '바돌로매'와 동일 인물로 보는 신
학자들이 적지 않다.[57] 이 둘을 동일인물(同一人物)로 보는 신학자들의 주장
은 이러하다. '나다니엘'의 이름 뜻은 '하나님께서 주셨다'이다. 반면 '바돌로
매(바르돌로마이오스)'는 '돌로매(돌로마이오스)의 아들(바르)'이라는 뜻이다. 그
러니 '하나님께서 주셨다'라는 뜻의 '나다나엘'을 당시 사람들이 그의 아버지
의 이름을 따서 '돌로매의 아들'이라고 불렀다는 주장이다. 상당히 개연성

---

57 "[2]열두 사도의 이름은 이러하니 베드로라 하는 시몬을 비롯하여 그의 형제 안드레와 세베대의
아들 야고보와 그의 형제 요한, [3]**빌립과 바돌로매**, 도마와 세리 마태, 알패오의 아들 야고보와
다대오, [4]가나나인 시몬 및 가룟 유다 곧 예수를 판 자라"(마태복음 10:2-4).

이 있는 주장이다. 이러한 주장이 맞다면, 나다나엘은 '돌로매의 아들'로서 예수님의 열두 제자에 들어가는 인물이 된다. 일단 나는 성경에 명시적(明示的)인 기록이 없으므로, 이 둘이 동일 인물(同一 人物)이 아니라는 전제하(前提下)에 이야기를 전개하겠다. 쉽게 말해, 나다나엘이 바돌로매와 동일 인물이라면, 마태는 '예수님의 일곱 번째 제자'가 된다.

어찌 되었든, 열두 제자에 들어가지는 못했어도 예수님을 따르는 제자들이 이미 '요단강 동편 베다니'에서부터 있었다. 예수님을 따르던 제자의 수가 열둘뿐이었을 리는 없으니 말이다. 그들은 공생애 3년간 예수님과 함께 했다.

> [13]들어가 그들이 유하는 다락방으로 올라가니 베드로, 요한, 야고보, 안드레와 빌립, 도마와 바돌로매, 마태와 및 알패오의 아들 야고보, 셀롯인 시몬, 야고보의 아들 유다가 다 거기 있어 [14]여자들과 예수의 어머니 마리아와 예수의 아우들과 더불어 마음을 같이하여 오로지 기도에 힘쓰더라 [15]모인 무리의 수가 약 백이십 명이나 되더라 그때에 베드로가 그 형제들 가운데 일어서서 이르되 [16]형제들아 성령이 다윗의 입을 통하여 **예수 잡는 자들의 길잡이가 된 유다를 가리켜 미리 말씀하신 성경이 응하였으니 마땅하도다** [17]이 사람은 본래 우리 수 가운데 참여하여 이 직무의 한 부분을 맡았던 자라 … [20]시편에 기록하였으되 그의 거처를 황폐하게 하시며 거기 거하는 자가 없게 하소서 하였고 또 일렀으되 **그의 직분을 타인이 취하게 하소서 하였도다** [21]이러하므로 **요한의 세례로부**

터 우리 가운데서 올려져 가신 날까지 주 예수께서 우리 가운데 출입하실 때에 [22]**항상 우리와 함께 다니던 사람 중에** 하나를 세워 우리와 더불어 예수께서 부활하심을 증언할 사람이 되게 하여야 하리라 하거늘 [23]그들이 두 사람을 내세우니 하나는 바사바라고도 하고 별명은 유스도라고 하는 요셉이요 하나는 맛디아라 [24]그들이 기도하여 이르되 뭇 사람의 마음을 아시는 주여 이 두 사람 중에 누가 주님께 택하신 바 되어 [25]봉사와 및 사도의 직무를 대신할 자인지를 보이시옵소서 유다는 이 직무를 버리고 제 곳으로 갔나이다 하고 [26]**제비 뽑아 맛디아를 얻으니 그가 열한 사도의 수에 들어가니라**(사도행전 1:13-17, 20-26)

예수님께서 승천하신 후, '성령 강림'을 기다리며 기도할 때 있었던 일이다. 베드로가 일어나 가룟 유다로 말미암아 생긴 '결원(缺員)'에 대해 이야기했다. 한 자리가 비어있는 열두 제자의 '충원(充員)'에 대한 이야기였다. 그때 베드로가 한 말을 통해서도 우리는 열두 제자 외에도 많은 수의 제자들이 '요단강 동편 베다니'에서부터 예수님을 따랐음을 알 수 있다. 비어있는 자리에 들어갈 열두 제자의 자격은 이러했다. "요한의 세례로부터 우리 가운데서 올려져 가신 날까지 주 예수께서 우리 가운데 출입하실 때에 항상 우리와 함께 다니던 사람 중에"였다. 그렇게 맛디아가 가룟 유다를 대신해 열두 사도의 자리에 들어갔다. 즉 열두 제자는 '요단강 동편 베다니'에서부터 예수님과 함께했다. 그리고 이들 외에도 많은 제자들이 베다니에서부터 예수님을 따랐음을 알 수 있다.

¹²**이때에** 예수께서 기도하시러 산으로 가사 밤이 새도록 하나님께 기도하시고 ¹³밝으매 그 제자들을 부르사 그중에서 **열둘을 택하여 사도라 칭하셨으니**(누가복음 6:12-13)**⁵⁸**

위에 인용한 말씀은 예수님께서 '열두 제자를 확정하신 기사'다. 이때는 예수님의 공생애 중 '두 번째 해'였다. 반면 여섯 번째로 부르심을 받은 마태는 예수님의 공생애 중 '첫 번째 해'에 부름 받았다. 이 사실을 반복해서 강조하는 이유는 무엇일까? 그것은 마태를 제자로 부르시기 전과 부르신 후의 상황변화를 살펴보기 위함이다. **그것을 통해 마태를 제자로 부르신 일이 '어떤 의미'를 가지는지 추적하기 위함이다. 바로 그 의미는 예수님께서 의도하신 것일 테니 말이다. 즉 마태를 제자로 부르신 것은 예수님의 '행위 설교'였다는 이야기다.** 그 의미를 추적하겠다는 것이다.

사복음서가 시간순(順)으로 기록되어 있지 않아 잘 알지 못하는 경우가 많으나, 예수님은 공생애 중 두 번째 유월절을 맞아 예루살렘에 다녀오신 후 열두 제자를 확정하셨다. 이미 두 번째 유월절 전에 여섯 명의 제자를 개별적으로 부르신 상황이었다. 쉽게 말해, 공생애 첫 번째 해에 부름 받은 여

---

58 "¹예수께서 그의 열두 제자를 부르사 더러운 귀신을 쫓아내며 모든 병과 모든 약한 것을 고치는 권능을 주시니라 ²열두 사도의 이름은 이러하니 베드로라 하는 시몬을 비롯하여 그의 형제 안드레와 세베대의 아들 야고보와 그의 형제 요한, ³빌립과 바돌로매, 도마와 세리 마태, 알패오의 아들 야고보와 다대오, ⁴가나나인 시몬 및 가룟 유다 곧 예수를 판 자라"(마태복음 10:1-4). "¹⁴이에 **열둘을 세우셨으니** 이는 자기와 함께 있게 하시고 또 보내사 전도도 하며 ¹⁵귀신을 내쫓는 권능도 가지게 하려 하심이러라"(마가복음 3:14-15). "⁷⁰예수께서 대답하시되 **내가 너희 열둘을 택하지 아니하였느냐** 그러나 너희 중의 한 사람은 마귀니라 하시니 ⁷¹이 말씀은 가룟 시몬의 아들 유다를 가리키심이라 그는 열둘 중의 하나로 예수를 팔 자러라"(요한복음 6:70-71).

섯 명의 제자들은 개별적으로 부름 받았다. 그리고 그 여섯 명 중에 마태가 포함되었다. 그러니까, 세리 출신인 마태를 굳이 열두 제자를 한꺼번에 확정할 때 부르시지 않고 따로 부르신 이유가 무엇이냐는 것이다. 즉 공생애 기간 중, '첫 번째 유월절'과 '두 번째 유월절' 사이에 어떤 상황변화가 있었는지 추적하겠다는 것이다. 예수님께서 '첫 번째 유월절'을 맞아 예루살렘에 방문하셨을 때는 아직 마태를 제자로 부르시기 전이었다. 반면 예수님께서 '두 번째 유월절'을 맞아 예루살렘에 방문하셨을 때는 이미 마태를 제자로 부르신 상황이었다. 즉 이 두 번의 방문 때, 예수님에 대한 '유대 지도자들의 반응'은 마태와 무관하지 않다.

　예수님의 공생애가 3년이라는 것은 누구나 알 것이다. 그리고 공생애 마지막 유월절에 십자가에 못 박히셨다는 사실 또한 잘 알 것이다. 그렇다면 예수님은 공생애 중 '네 번의 유월절'을 맞이하셨다는 이야기가 된다. 그런데 예수님은 공생애 중 맞이한 네 번의 유월절 중 총 세 번 예루살렘을 방문하셨다. 예수님은 공생애 중 두 번째 해와 세 번째 해 사이 유월절에는 예루살렘을 방문하지 않으셨다.

> [7]예수께서 그들에게 이르시되 항아리에 물을 채우라 하신즉 아귀까지 채우니 [8]이제는 떠서 연회장에게 갖다 주라 하시매 갖다 주었더니 [9]연회장은 물로 된 포도주를 맛보고도 어디서 났는지 알지 못하되 물 떠온 하인들은 알더라 연회장이 신랑을 불러 [10]말하되 사람마다 먼저 좋은 포도주를 내고 취한 후에 낮은 것을 내거늘 그대는 지금까지 좋은 포도주를 두었도다 하니라 [11]**예수께서 이 첫 표적을 갈릴리 가나에서 행하여 그의**

영광을 나타내시매 제자들이 그를 믿으니라 ¹²그 후에 예수께서 그 어머니와 형제들과 제자들과 함께 가버나움으로 내려가셨으나 거기에 여러 날 계시지는 아니하시니라 ¹³유대인의 유월절이 가까운지라 예수께서 예루살렘으로 올라가셨더니 ¹⁴성전 안에서 소와 양과 비둘기 파는 사람들과 돈 바꾸는 사람들이 앉아 있는 것을 보시고 ¹⁵노끈으로 채찍을 만드사 양이나 소를 다 성전에서 내쫓으시고 돈 바꾸는 사람들의 돈을 쏟으시며 상을 엎으시고 ¹⁶비둘기 파는 사람들에게 이르시되 이것을 여기서 가져가라 내 아버지의 집으로 장사하는 집을 만들지 말라 하시니 ¹⁷제자들이 성경 말씀에 주의 전을 사모하는 열심이 나를 삼키리라 한 것을 기억하더라(요한복음 2:7-17)

공생애 중, 첫 번째 예루살렘 방문은 '가나의 혼인 잔치' 후였다. 이제 막 공생애를 시작하시던 때였다. 이때 예수님은 제자들과 가버나움에 들르셨다가 예루살렘으로 향하셨다. 그리고 첫 번째 '성전 청결 사건'이 있었다. 이때 '예수님의 첫 번째 기적'⁵⁹인 '포도주 기적'을 보고 믿게 된 제자들은 '요단 동편 베다니'에서부터 함께한 사람들이었다.

¹그 후에 유대인의 명절이 되어 예수께서 예루살렘에 올라가시니라 ²예루살렘에 있는 양문 곁에 히브리 말로 베데스다라 하는 못이 있는데 거

---

59 정확히는 성경에 기록된 첫 번째 기적이다. 그 이유에 대해서는 저의 두 번째 책 『나사렛 여인, 마리아』에 설명해 두었다.

기 행각 다섯이 있고 ³그 안에 많은 병자, 맹인, 다리 저는 사람, 혈기 마른 사람들이 누워 [물의 움직임을 기다리니 ⁴이는 천사가 가끔 못에 내려와 물을 움직이게 하는데 움직인 후에 먼저 들어가는 자는 어떤 병에 걸렸든지 낫게 됨이러라] ⁵**거기 서른여덟 해 된 병자가 있더라** ⁶예수께서 그 누운 것을 보시고 병이 벌써 오래된 줄 아시고 이르시되 네가 낫고자 하느냐 ⁷병자가 대답하되 주여 물이 움직일 때에 나를 못에 넣어 주는 사람이 없어 내가 가는 동안에 다른 사람이 먼저 내려가나이다 ⁸예수께서 이르시되 **일어나 네 자리를 들고 걸어가라** 하시니 ⁹그 사람이 곧 나아서 자리를 들고 걸어가니라 이 날은 안식일이니 ¹⁰유대인들이 병 나은 사람에게 이르되 안식일인데 네가 자리를 들고 가는 것이 옳지 아니하니라 ¹¹대답하되 나를 낫게 한 그가 자리를 들고 걸어가라 하더라 하니 ¹²그들이 묻되 너에게 자리를 들고 걸어가라 한 사람이 누구냐 하되 ¹³고침을 받은 사람은 그가 누구인지 알지 못하니 이는 거기 사람이 많으므로 예수께서 이미 피하셨음이라 ¹⁴그 후에 예수께서 성전에서 그 사람을 만나 이르시되 보라 네가 나았으니 더 심한 것이 생기지 않게 다시는 죄를 범하지 말라 하시니 ¹⁵그 사람이 유대인들에게 가서 자기를 고친 이는 예수라 하니라 ¹⁶**그러므로 안식일에 이러한 일을 행하신다 하여 유대인들이 예수를 박해하게 된지라**(요한복음 5:1-16)

공생애 중, 두 번째 예루살렘 방문은 '공생애 첫 번째 해와 두 번째 해 사이 유월절'에 있었다. 이때 있었던 일이 '베데스다 연못'에서 '서른여덟 해 동안 중풍병으로 고통받던 병자'를 고쳐주신 사건이다. 이 일은 안식일에 있었다. 그 결과, 안식일에 이러한 일을 행하신다는 이유로 유대인들이 예수님을 박해하게 되었다. 그리고 세 번째 예루살렘 방문은 십자가에 못 박히셨을 때다. 즉 공생애 중, 두 번째와 세 번째 예루살렘 방문 사이에는 2년이라는 시간 간격이 있다(유월절에 방문하신 경우에 한해서).

앞에서 언급했듯이, 예수님의 '첫 번째와 두 번째 예루살렘 방문' 사이에는 주목할 부분이 있다. 첫 번째 예루살렘 방문 때, '성전 청결 사건'으로 유대 종교 지도자들의 주목을 받았던 예수님이셨다. "성전 안에서 소와 양과 비둘기 파는 사람들과 돈 바꾸는 사람들이 앉아 있는 것을 보시고, 노끈으로 채찍을 만드사 양이나 소를 다 성전에서 내쫓으시고, 돈 바꾸는 사람들의 돈을 쏟으시며 상을 엎으시고, 비둘기 파는 사람들에게 이르시되, 이것을 여기서 가져가라. 내 아버지의 집으로 장사하는 집을 만들지 말라. 하시니" 정말이지, 대단한 소란이었을 것이다. 게다가 그곳은 당시 '이스라엘 종교 권력의 심장부'인 예루살렘 성전이었다. 그런데 이 사건으로 인해 예수님이 박해받았다는 기록이 없다. 성경은 단지 예수님의 이 모습을 본 제자들의 감상(感想)을 전할 뿐이다. "제자들이 성경 말씀에 주의 전을 사모하는 열심이 나를 삼키리라 한 것을 기억하더라." 물론, 이 사건을 계기로 종교 지도자들은 예수님을 주목하게 되었을 것이다.

예수님을 향한 이러한 주목은 두 번째 예루살렘 방문 때, 베데스다 연못에서 있었던 일로 더욱 심해졌다. 그리고 예수님을 향한 박해가 시작되었다. "그러므로 안식일에 이러한 일을 행하신다 하여 유대인들이 예수를 박해하게 된지라." 물론 '안식일'이 계기가 되었다. '안식일'이 명분이 되었다. 그러나 그것이 전부였을까? 예수님의 '첫 번째와 두 번째 예루살렘 방문' 사이에는 분명한 변화가 하나 있었다. 그것은 '세리'를 제자 삼으신 일이었다. 참고로 '성전 청결 사건'은 예수님의 공생애 중 '첫 번째 유월절'과 '마지막 유월절'에 있었다. 즉 두 번 있었다.

> **¹안식일에 예수께서 밀밭 사이로 지나가실새 제자들이 이삭을 잘라 손으로 비비어 먹으니 ²어떤 바리새인들이 말하되 어찌하여 안식일에 하지 못할 일을 하느냐** ³예수께서 대답하여 이르시되 다윗이 자기 및 자기와 함께 한 자들이 시장할 때에 한 일을 읽지 못하였느냐 ⁴그가 하나님의 전에 들어가서 다만 제사장 외에는 먹어서는 안 되는 진설병을 먹고 함께 한 자들에게도 주지 아니하였느냐 ⁵또 이르시되 인자는 안식일의 주인이니라 하시더라 ⁶또 다른 안식일에 예수께서 회당에 들어가사 가르치실새 거기 오른손 마른 사람이 있는지라 **⁷서기관과 바리새인들이 예수를 고발할 증거를 찾으려 하여 안식일에 병을 고치시는가 엿보니** ⁸예수께서 그들의 생각을 아시고 손 마른 사람에게 이르시되 일어나 한 가운데 서라 하시니 그가 일어나 서거늘 ⁹예수께서 그들에게 이르시되 내가 너희에게 묻노니 안식일에 선을 행하는 것과 악을 행하는 것, 생명을 구하는 것과 죽이는 것, 어느 것이 옳으냐 하시며 ¹⁰무리를 둘러보시고 그 사람에게 이르시되 네 손을 내밀라 하시니 그가 그리하매 그 손이 회복된지라 **¹¹그들은 노기가 가득하여 예수를 어떻게 할까 하고 서로 의논하니라**(누가복음 6:1-11)

'베데스다 연못'에서 있었던 일 이후, 서기관과 바래새인들은 '고발할 증거'를 찾으려 예수님을 졸졸 따라다녔다. 첫 번째 성전 청결 사건에도 없었던 일이었다. 생각해 보라. 예루살렘 성전 전체를 뒤엎었던 '성전 청결 사건'과 베데스다 연못에서 '서른여덟 해 중풍병으로 고통받던 병자'를 고쳐주신 사건 중 어느 쪽이 더 위협적으로 보였을까? 어느 쪽이 더 '서기관들과 바리새인들'을 자극했을까? '성전 청결 사건'은 당시 종교 지도자들의 자금줄을 건드린 사건이었다. '성전 안에서 소와 양과 비둘기 파는 사람들과 돈 바꾸는 사람들'이 했던 일은 소위(所謂) '성전 제물(祭物)과 연관된 사업'이었다. 이 과정에서 상인들과 종교 지도자들이 막대한 이익을 공유했다는 것은 널리 알려진 사실이다.

그런데 서기관과 바리새인들은 예수님의 '두 번째 예루살렘 방문 뒤'부터 본격적으로 행동에 나섰다. 그렇다면 예수님의 '첫 번째와 두 번째 예루살렘 방문' 사이에 어떤 변화가 있었던 것일까? 그들의 자금줄을 건드린 '성전 청결 사건'에도 직접 나서지 않았던 종교 지도자들이었다. 그러니 하는 말이다. 그 사이 도대체 무슨 일이 있었기에, 종교 지도자들이 직접 행동에 나선 것일까? 1년 사이 변한 것은 하나였다. 그것은 '세리 출신'인 마태가 제자로 부르심을 받았다는 사실이었다.

안식일에 밀밭 사이로 지나가며 제자들이 이삭을 잘라 손으로 비비어 먹었던 사건이 이때 일어났다. 혹시나 하는 마음에 짚고 넘어간다. 21세기 대한민국의 기준으로 볼 때, 남의 밀밭에서 제자들이 한 일은 범죄(절도)로 보일 것이다. 그러나 그 시대에는 합법적인 일이었다. **"네 이웃의 포도원에 들어갈 때에는 마음대로 그 포도를 배불리 먹어도 되느니라.** 그러나 그릇에

담지는 말 것이요, **네 이웃의 곡식밭에 들어갈 때에는 네가 손으로 그 이삭을 따도 되느니라.** 그러나 네 이웃의 곡식밭에 낫을 대지는 말지니라."[60]

안식일에 회당에서 손 마른 사람을 고쳐주신 일 또한 이때 일어났다. 쉽게 예상할 수 있듯이, 공생애 첫 번째 해와 두 번째 해에 예수님과 제자들의 모습에는 특별한 변화가 없었을 것이다. 예수님과 제자들은 평소에 하듯이 똑같이 행동했을 것이다. 두 번째 예루살렘 방문 이전에도 이후에도 예수님은 안식일이든 평일이든 상관하지 않고 환자들을 고쳐주셨을 것이다. 제자들 또한 당시의 일반적인 사람들이 행동하듯이 이삭을 잘라 손으로 비비어 먹었을 것이다. 달라진 것은, 예수님을 향한 '유대 종교 지도자들의 태도'였다.

> [12]**이때에** 예수께서 기도하시러 산으로 가사 밤이 새도록 하나님께 기도하시고 [13]밝으매 그 제자들을 부르사 **그중에서 열둘을 택하여 사도라 칭하셨으니**(누가복음 6:12-13)

그렇게 두 번째 예루살렘 방문 이후, 서기관과 바리새인들의 박해가 심해졌다. 그리고 예수님의 열두 제자는 예수님의 공생애 두 번째 해가 시작되고 두세 달 뒤쯤 확정되었다.[61] 즉, 예수님을 향한 유대 종교 지도자들의

---

60 신명기 23:24-25
61 '유월절'을 공생애 첫 번째 해와 두 번째 해 그리고 세 번째 해를 구별하는 기준으로 볼 때 그렇다. 팔레스타인 지역에서 밀 수확은 보통 6월에서 7월 사이에 이루어진다. 그리고 유월절은 해마다 약간의 차이는 있지만 4월경에 있다.

박해가 심해진 후, 열두 제자가 확정되었다. 그러니 이때 열두 제자로 확정된 '여섯 명의 제자'는 유대 종교 지도자들의 박해와는 상관이 없는 인물들이었다. 반면 마태는 유대 종교 지도자들의 박해가 시작되기 전 부르심을 받았다. 즉 마태를 제자로 부르시기 전에는 본격적인 '유대 종교 지도자들의 박해'가 없었다. 물론 예수님을 못마땅해하는 종교 지도자들은 적지 않았을 것이다. 하지만, 그러한 속마음을 행동으로 옮기기에는 명분이 모자랐을 것이다. 더군다나 예수님께서 보여주시는 여러 능력들은 종교 지도자들의 마음속에도 '혹시나 하는 희망'을 불러일으켰을 것이다.

이번 단원에서 나는 마태가 예수님의 부르심을 받던 순간 전후로, 예수님을 둘러싼 분위기를 조명(照明)했다. 다음 단원에 이어질 내용까지 미리 요약하면 이러하다. 마태를 부르시기 직전, 유대 민중(民衆)은 예수님에게 열광하고 있었다. 예수님을 향하여 '다윗의 자손'으로 오실 '그 메시아'가 아니냐는 기대가 커가던 시절이었다. 그들은 예수님을 향하여 '로마의 식민 지배'로부터 그들을 구원해 주실 '다윗의 자손'이 아니냐며 열광했다. 쉽게 말해, '군사적 정치적 메시아'로 예수님을 바라보았다.

반면 마태를 제자로 부르신 후, 예수님을 향하던 관심은 '두 가지 색채'를 띠게 되었다. 물론 '예수님이 구약에 예언된 다윗의 자손이 아니냐?'라는 민중(民衆)들의 기대는 꺾이지 않았다. 그러나 종교 지도자들을 중심으로 '예수님을 죽이기 위한 모의'가 구체화되기 시작했다. 특별히 유대 종교 지도자들의 비위를 건드린 부분은 '안식일에 병자를 고친 일'이었다. 그 당시 유대 지도자들은 '그들이 이방 민족(異邦 民族)의 지배를 받는 이유'를 '안식일'

과 연관 지어 생각했다고 전해진다. 혈통적으로 유대인으로 태어난 자 모두가 한 명도 빠짐없이 온전한 안식일을 지키게 될 경우, 하나님께서 그들을 이방인의 지배에서 구원해 주실 것이라는 믿음을 가졌다는 것이다. 물론 마태를 부르시기 전에도 예수님은 안식일에 병자를 고쳐주셨을 것이다. 하지만 '민중(民衆)들의 열광'에 감히 어쩌지 못했을 것이다. 무엇보다도 예수님을 박해할 '눈에 보이는 확실한 물증(物證)'이 없었을 것이다. 그러나 복음서의 기록으로 볼 때, 마태를 제자로 부르신 후부터 예수님을 향한 '종교 지도자들의 박해와 감시'가 구체화되는 것을 알 수 있다.

즉 성경에 구체적으로 명시(明示)되어 있지는 않지만, 예수님께서 마태를 제자로 부르신 일은 간단한 일이 아니었다. 마태를 제자로 부르신 일은 '예수님의 분명한 메시지(message)'였다. 세리를 제자로 부르신 일은 예수님의 분명한 '행위 설교'였다. 반면 예수님을 반대하는 종교 지도자들에게 마태는 예수님을 박해할 확실히 '살아 움직이는 물증(物證)'이었다. 그들 중 아직도 예수님을 박해하는 데 머뭇거리는 사람들을 설득할 수 있는 '확실한 명분'이었다. 다음 단원에서는 '세리를 제자로 부르신 의미'를 조금 더 구체적으로 추적할 것이다. 열두 제자를 공생애 두 번째 해에 확정하시기 전, 첫 번째 해에 마태를 개별적(個別的)으로 제자로 부르신 '예수님의 분명한 메시지(message)'가 무엇이었는지 살펴볼 것이다.

자기 백성을
그들의 죄에서 구원하러 오신 예수님

이전 단원에도 언급했지만, 사복음서는 시간순(順)으로 기록되어 있지 않다. 그러한 이유로 자세한 설명과 함께 따로 살펴보지 않는 한, 열두 제자가 어떤 순서로 부름 받았는지 알기란 쉽지 않다. 그러므로 '마태를 제자로 부르신 의미'를 추적하기 위해서는 먼저 그 부분을 정리할 필요가 있다. **"나를 따르라."** 예수님의 이 말씀을 기준으로 볼 때, 가장 먼저 부르심을 받은 제자는 '빌립'이었다. 이후 '베드로와 안드레' 그리고 '야고보와 요한'이 그 뒤를 이었다.

> [40]요한의 말을 듣고 **예수를 따르는 두 사람 중의 하나는 시몬 베드로의 형제 안드레라** [41]그가 먼저 자기의 형제 시몬을 찾아 말하되 우리가 메시아를 만났다 하고 (메시아는 번역하면 그리스도라) [42]데리고 예수께로 오니 예수께서 보시고 이르시되 **네가 요한의 아들 시몬이니 장차 게바라 하리라** 하시니라 (게바는 번역하면 베드로라)(요한복음 1:40-42)

물론 요한복음 1장 40절에서 42절 기록을 '제자로의 부르심'으로 본다면, '베드로의 형제 안드레'가 가장 먼저 부르심을 받은 제자가 된다. 그리고 '베드로'가 두 번째, '빌립'이 세 번째 제자가 된다.

> **¹⁷이때부터**⁶² 예수께서 비로소 전파하여 이르시되 회개하라 천국이 가까이 왔느니라 하시더라 ¹⁸갈릴리 해변에 다니시다가 **두 형제 곧 베드로라 하는 시몬과 그의 형제 안드레가** 바다에 그물 던지는 것을 보시니 그들은 어부라 ¹⁹말씀하시되 나를 따라오라 내가 너희를 사람을 낚는 어부가 되게 하리라 하시니 ²⁰**그들이 곧 그물을 버려 두고 예수를 따르니라** ²¹거기서 더 가시다가 **다른 두 형제 곧 세베대의 아들 야고보와 그의 형제 요한이** 그의 아버지 세베대와 함께 배에서 그물 깁는 것을 보시고 부르시니 ²²**그들이 곧 배와 아버지를 버려 두고 예수를 따르니라**(마태복음 4:17-22)

그러나 나는 '베다니(세례 요한이 세례를 주던 요단강 동편 베다니)에서의 부르심'에 '베드로와 안드레'가 온전히 반응했다고 보지 않았다. 그러한 이유로 나는 갈릴리 호수에서 물고기를 잡던 '베드로와 안드레'가 '그물을 버려두고' 예수님의 부르심에 응(應)한 시점(時點)을 온전한 제자가 된 때로 보았다. 마찬가지로 '야고보와 요한' 또한 '배와 아버지를 버려두고' 예수님을 따른 시

---

62 세례 요한이 잡혔다는 소식을 들으시고 갈릴리로 물러가셨다가 나사렛을 떠나 가버나움에 가서 사신 때로부터

점을 온전한 제자가 된 때로 보았다. 예수님의 공생애 중 첫 번째 해에 있었던 일이다.

> ²³**예수께서 온 갈릴리에 두루 다니사** 그들의 회당에서 가르치시며 천국 복음을 전파하시며 백성 중의 모든 병과 모든 약한 것을 고치시니 ²⁴그의 소문이 온 수리아에 퍼진지라 사람들이 모든 앓는 자 곧 각종 병에 걸려서 고통 당하는 자, 귀신 들린 자, 간질하는 자, 중풍병자들을 데려오니 그들을 고치시더라 ²⁵갈릴리와 데가볼리와 예루살렘과 유대와 요단 강 건너편에서 수많은 무리가 따르니라(마태복음 4:23-25)

'베드로와 안드레' 그리고 '야고보와 요한'을 제자로 부르신 후, 예수님은 갈릴리에 두루 다니시며 전도하셨다. 쉽게 말해, 순회(巡廻) 전도를 하셨다. 물론 이때도 많은 제자들이 함께했다. 그러나 이 당시 예수님께서 '정식 제자'로 부르신 수는 다섯이었다.[63]

그렇게 예수님은 회당에서 가르치며 천국 복음을 전파하셨다. 백성 중에 있는 모든 병과 약한 것을 고쳐주셨다. 그러자 그 소문이 온 갈릴리와 수리아 지역에 퍼졌다. 그렇게 예수님의 소문을 들은 사람들이 각종 병에 걸려 고통당하는 자, 귀신 들린 자, 간질하는 자, 중풍 병자들을 데려왔다. 그리고 예수님께서는 그들을 고쳐주셨다. 그 결과, 팔레스타인 전 지역에서 수

---

63 빌립, 베드로, 안드레, 야고보, 요한: '나다나엘'과 '바돌로매'를 동일(同一) 인물로 보지 않았을 때 그렇다.

많은 무리가 예수님을 따르기 시작했다. 아직 예수님께서 마태를 제자로 부르시기 전이었다.

> ¹그때에 가이사 아구스도가 영을 내려 천하로 다 호적하라 하였으니 ²이 호적은 구레뇨가 수리아 총독이 되었을 때에 처음 한 것이라 ³모든 **사람이 호적하러 각각 고향으로 돌아가매** ⁴**요셉도 다윗의 집 족속이므로** 갈릴리 나사렛 동네에서 유대를 향하여 **베들레헴이라 하는 다윗의 동네로** ⁵**그 약혼한 마리아와 함께 호적하러 올라가니** 마리아가 이미 잉태하였더라(누가복음 2:1-5)

그렇다면, 이 당시 예수님을 따르던 사람들의 눈에는 예수님이 누구로 보였을까? 당연히 오실 '그 메시아'로 보였을 것이다. 아니, 그 기대를 가지고 예수님을 바라보기 시작했을 것이다. '혹시 저분이 오시기로 예언된 바로 그 메시아가 아니실까?' 게다가 예수님은 '다윗의 자손'으로 태어나셨다. 예수님께서 태어나신 베들레헴은 '다윗의 고향'이었다. 더군다나 예수님은 요셉과 마리아가 호적하러 고향에 방문했을 때 태어나셨다.

유대인들의 '메시아 대망(待望) 사상'에 따르면, '그 메시아'는 '다윗의 자손'으로 오시는 분이셨다. 그러니 그 당시 유대인들의 눈에 예수님은 '다윗의 자손'으로 오실 '그 메시아'로 보였을 것이다. 문제는 여기에서 발생했다. **특별히 예수님을 바라보는 유대인들의 이러한 시선은 예수님의 입장에서는 '심각한 문제'였다.**

¹⁸**예수 그리스도의 나심은 이러하니라** 그의 어머니 마리아가 요셉과 약혼하고 동거하기 전에 성령으로 잉태된 것이 나타났더니 ¹⁹그의 남편 요셉은 의로운 사람이라 그를 드러내지 아니하고 가만히 끊고자 하여 ²⁰이 일을 생각할 때에 주의 사자가 현몽하여 이르되 다윗의 자손 요셉아 네 아내 마리아 데려오기를 무서워하지 말라 그에게 잉태된 자는 성령으로 된 것이라 ²¹**아들을 낳으리니 이름을 예수라 하라 이는 그가 자기 백성을 그들의 죄에서 구원할 자이심이라** 하니라(마태복음 1:18-21)

유대인들이 기대하고 바랬던 '그 메시아'는 다윗과 같은 '군사적 정치적 메시아'였다. 유대인들은 다윗과 같이 팔레스타인 전 지역을 완벽하게 통제했던 '군사적 메시아'를 열망(熱望)했다. 다윗과 같이 '열두 지파로 나뉘어 갈등하던 이스라엘'을 '하나의 통일 국가'로 묶어낸 '정치적 메시아'를 기대(期待)했다. 그러나 예수님은 로마의 식민 통치를 받던 '유대 민족만을 위한 메시아'로 오시지 않았다. **"아들을 낳으리니 이름을 예수라 하라. 이는 그가 자기 백성을 그들의 죄에서 구원할 자이심이라."** 예수님은 온 인류의 죄 문제를 해결하기 위해 오신 하나님이셨다. **즉 유대 민중(民衆)의 열광적인 반응이 본격적으로 시작될 즈음, 예수님은 유대인들의 이러한 시선을 교정시키실 필요가 있으셨다.** 물론, 이러한 예수님의 시도는 십자가에 매달려 죽으실 때까지도 성공하지 못했다.

²⁰저녁 먹은 후에 잔도 그와 같이 하여 이르시되 **이 잔은 내 피로 세우는 새 언약이니 곧 너희를 위하여 붓는 것이라** ²¹그러나 보라 나를 파는 자

의 손이 나와 함께 상 위에 있도다 ²²인자는 이미 작정된 대로 가거니와 그를 파는 그 사람에게는 화가 있으리로다 하시니 ²³그들이 서로 묻되 우리 중에서 이 일을 행할 자가 누구일까 하더라 ²⁴**또 그들 사이에 그중 누가 크냐 하는 다툼이 난지라**(누가복음 22:20-24)

"또 그들 사이에 그중 누가 크냐 하는 다툼이 난지라." 최후의 만찬 후에도 제자들은 누가 큰지 다툼을 벌였다. 그들은 예루살렘에 입성할 때 목격한 '이스라엘 백성들의 환호'에 흥분되어 있는 상황이었다.**64** 그러니 '우리를 위하여 흘리실 당신의 피'와 '우리를 위하여 찢기실 당신의 살'을 기념하라는 예수님의 말씀이 귀에 들어올 리가 없었다.

²⁰**그때에** 세베대의 아들의 어머니가 그 아들들을 데리고 예수께 와서 절하며 무엇을 구하니 ²¹예수께서 이르시되 무엇을 원하느냐 이르되 **나의 이 두 아들을 주의 나라에서 하나는 주의 우편에, 하나는 주의 좌편에 앉게 명하소서** ²²예수께서 대답하여 이르시되 너희는 너희가 구하는 것을 알지 못하는도다 내가 마시려는 잔을 너희가 마실 수 있느냐 그들이 말하되 할 수 있나이다 ²³이르시되 너희가 과연 내 잔을 마시려니와 내 좌우편에 앉는 것은 내가 주는 것이 아니라 내 아버지께서 누구를 위하여 예비하셨든지 그들이 얻을 것이니라 ²⁴**열 제자가 듣고 그 두 형제에**

---

64 "⁸무리의 대다수는 그들의 겉옷을 길에 펴고 다른 이들은 나뭇가지를 베어 길에 펴고 ⁹앞에서 가고 뒤에서 따르는 무리가 소리 높여 이르되 호산나 다윗의 자손이여 찬송하리로다 주의 이름으로 오시는 이여 가장 높은 곳에서 호산나 하더라"(마태복음 21:8-9).

대하여 분히 여기거늘(마태복음 20:20-24)

"열 제자가 듣고 그 두 형제에 대하여 분히 여기거늘" 최후의 만찬 장소에서 누가 크냐를 두고 제자들끼리 다투는 일은 처음이 아니었다. 십자가에 달리시기 위해 예루살렘으로 올라가시던 길에 있었던 일이다. '야고보와 요한의 어머니'가 아들 둘을 데리고 예수님께 와서 절하며 했던 말이다. "나의 이 두 아들을 주의 나라에서 하나는 주의 우편에, 하나는 주의 좌편에 앉게 명하소서." 이 사건의 기록은 '그때에'라는 말로 시작한다. 그렇다면, '그때'는 언제일까?

> [17]예수께서 예루살렘으로 올라가려 하실 때에 열두 제자를 따로 데리시고 길에서 이르시되 [18]**보라 우리가 예루살렘으로 올라가노니 인자가 대제사장들과 서기관들에게 넘겨지매 그들이 죽이기로 결의하고 [19]이방인들에게 넘겨 주어 그를 조롱하며 채찍질하며 십자가에 못 박게 할 것이나 제삼 일에 살아나리라**(마태복음 20:17-19)

"보라, 우리가 예루살렘으로 올라가노니 인자가 대제사장들과 서기관들에게 넘겨지매 그들이 죽이기로 결의하고 이방인들에게 넘겨주어 그를 조롱하며 채찍질하며 십자가에 못 박게 할 것이나 제삼 일에 살아나리라." 예수님께서 이 말씀을 하실 때 '야고보와 요한의 어머니'가 두 아들과 함께 들어와 예수님께 했던 말이다. "나의 이 두 아들을 주의 나라에서 하나는 주의 우편에, 하나는 주의 좌편에 앉게 명하소서."

무슨 말인가? 열두 제자도 예수님께서 이 땅에 오신 이유를 제대로 알지 못했다. 이때까지도 열두 제자들조차 예수님을 '군사적 정치적 메시아'로 믿었다는 이야기다. 열두 제자들 또한 '오순절 성령 강림' 이후(以後)에야 비로소 예수님의 말씀을 깨닫게 되었다.[65]

> 이튿날 요한이 예수께서 자기에게 나아오심을 보고 이르되 **보라 세상 죄를 지고 가는 하나님의 어린 양이로다**(요한복음 1:29)

"보라, 세상 죄를 지고 가는 하나님의 어린 양이로다." 예수님을 향하여 이렇게 증언했던 '세례 요한'마저도 예수님께 아래와 같이 질문했다. 예수님께서 하신 일을 감옥에서 전해 듣고서 제자들을 보내어 했던 질문이다.

> [2]요한이 옥에서 그리스도께서 하신 일을 듣고 제자들을 보내어 [3]예수께 여짜오되 **오실 그이가 당신이오니이까 우리가 다른 이를 기다리오리이까** [4]예수께서 대답하여 이르시되 너희가 가서 듣고 보는 것을 요한에게 알리되 [5]맹인이 보며 못 걷는 사람이 걸으며 나병환자가 깨끗함을 받으며 못 듣는 자가 들으며 죽은 자가 살아나며 가난한 자에게 복음이 전파된다 하라 [6]누구든지 나로 말미암아 실족하지 아니하는 자는 복이 있도다 하시니라(마태복음 11:2-6)

---

[65] "보혜사 곧 아버지께서 내 이름으로 보내실 성령 그가 너희에게 모든 것을 가르치고 **내가 너희에게 말한 모든 것을 생각나게 하리라**"(요한복음 14:26).

"오실 그이가 당신이오니이까? 우리가 다른 이를 기다리오리이까?" 예수님을 증언하기 위해 세우심을 받았던 '세례 요한'이었다. 그의 사역으로 많은 사람들이 예수님께로 돌아오는 역사가 있었던 인물이었다.[66] 그는 주의 길을 예비하기 위해 세우심을 받은 인물이었다.[67] 그런 그도 예수님께서 하신 일을 듣고 이렇게 질문했다. "오실 그이가 당신이오니이까? 우리가 다른 이를 기다리오리이까?" 무슨 말인가? 그 정도로 유대인들이 '그 메시아'에 대해 기대했던 바와, 우리를 죄로부터 구원하기 위해 '사람이 되신 성자 하나님'의 사역 사이에 간극(間隙)이 있었다는 이야기다.

이러한 세례 요한의 질문에 예수님께서는 이사야 말씀을 인용하여 답하셨다. "너희가 가서 듣고 보는 것을 요한에게 알리되, 맹인이 보며 못 걷는 사람이 걸으며 나병환자가 깨끗함을 받으며 못 듣는 자가 들으며 죽은 자가 살아나며 가난한 자에게 복음이 전파된다 하라. 누구든지 나로 말미암아 실족하지 아니하는 자는 복이 있도다."[68]

---

66 "³바울이 이르되 그러면 너희가 무슨 세례를 받았느냐 대답하되 요한의 세례니라 ⁴바울이 이르되 요한이 회개의 세례를 베풀며 백성에게 말하되 내 뒤에 오시는 이를 믿으라 하였으니 이는 곧 예수라 하거늘 ⁵그들이 듣고 주 예수의 이름으로 세례를 받으니"(사도행전 19:3-5).

67 "¹그때에 세례 요한이 이르러 유대 광야에서 전파하여 말하되 ²회개하라 천국이 가까이 왔느니라 하였으니 ³그는 선지자 이사야를 통하여 말씀하신 자라 일렀으되 광야에 외치는 자의 소리가 있어 이르되 너희는 주의 길을 준비하라 그가 오실 길을 곧게 하라 하였느니라"(마태복음 3:1-3).

68 "주의 죽은 자들은 살아나고 그들의 시체들은 일어나리이다 티끌에 누운 자들아 너희는 깨어 노래하라 주의 이슬은 빛난 이슬이니 땅이 죽은 자들을 내놓으리로다"(이사야 26:19). "그날에 못 듣는 사람이 책의 말을 들을 것이며 어둡고 캄캄한 데에서 맹인의 눈이 볼 것이며"(이사야 29:18). "⁵그때에 맹인의 눈이 밝을 것이며 못 듣는 사람의 귀가 열릴 것이며 ⁶그때에 저는 자는 사슴 같이 뛸 것이며 말 못하는 자의 혀는 노래하리니 이는 광야에서 물이 솟겠고 사막에서 시내가 흐를 것임이라"(이사야 35:5-6). "네가 눈먼 자들의 눈을 밝히며 갇힌 자를 감옥에서 이끌어 내며 흑암에 앉은 자를 감방에서 나오게 하리라"(이사야 42:7). "너희 못 듣는 자들

수많은 무리가 예수님을 본격적으로 따르기 시작한 때였다.[69] 이제는 '다
윗의 자손'으로 오시는 '그 메시아'에 대한 유대 백성의 관점을 교정할 필요
가 생긴 것이다. "아들을 낳으리니 이름을 예수라 하라. 이는 그가 자기 백
성을 그들의 죄에서 구원할 자이심이라."[70] 온 인류의 죄 문제를 해결하러
오신 '성자 하나님의 구원 사역'을 설명할 때가 온 것이다. 예수님께서 이 땅
에 오신 진짜 이유를 설명할 때가 온 것이다. 유대 민중(民衆)의 오해(誤解)를
교정할 때가 온 것이다. 하지만 이러한 오해는 예수님의 길을 예비하기 위
해 세움 받은 '세례 요한'마저 하는 것이었다.

바로 그 시점에 예수님께서는 마태를 제자로 부르셨다.

> [1]**예수께서 무리를 보시고 산에 올라가 앉으시니** 제자들이 나아온지라
> [2]입을 열어 가르쳐 이르시되(마태복음 5:1-2)

다섯 제자를 부르신 후, 갈릴리 순회 전도를 다니신 후였다. 갈릴리 순회
전도 후, 무리를 보시고 산에 올라가 '팔복(八福)'을 가르쳐 주신 후였다.

아 들으라 너희 맹인들아 밝히 보라"(이사야 42:18). "주 여호와의 영이 내게 내리셨으니 이는
여호와께서 내게 기름을 부으사 가난한 자에게 아름다운 소식을 전하게 하려 하심이라 나를
보내사 마음이 상한 자를 고치며 포로된 자에게 자유를, 갇힌 자에게 놓임을 선포하며"(이사야
61:1).
69 "갈릴리와 데가볼리와 예루살렘과 유대와 요단 강 건너편에서 수많은 무리가 따르니라"(마태
복음 4:25).
70 마태복음 1:21

¹예수께서 산에서 내려 오시니 수많은 무리가 따르니라 ²한 **나병환자가**
나아와 절하며 이르되 주여 원하시면 저를 깨끗하게 하실 수 있나이다
하거늘 ³**예수께서 손을 내밀어 그에게 대시며 이르시되 내가 원하노니**
깨끗함을 받으라 하시니 즉시 그의 나병이 깨끗하여진지라 ⁴예수께서
이르시되 삼가 아무에게도 이르지 말고 다만 가서 제사장에게 네 몸을
보이고 모세가 명한 예물을 드려 그들에게 입증하라 하시니라(마태복음
8:1-4)

그렇게 '팔복(八福)'을 가르쳐 주신 후, 산에서 내려오시는 길에 한 나병환
자를 고쳐주셨다. 세례 요한의 질문에 이사야 말씀을 인용하여 답하셨던 대
로였다. "너희가 가서 듣고 보는 것을 요한에게 알리되, … 나병환자가 깨끗
함을 받으며 …." 마태를 제자로 부르시기 얼마 전에 있었던 이 일은 예수님
이 누구신가를 드러낸 중요한 사건이었다. 나병환자가 먼저 예수님께 나아
와 절하며 말했다. "주여 원하시면 저를 깨끗하게 하실 수 있나이다." 그러
자 예수님께서는 손을 내밀어 그를 만지시며 이렇게 말씀하셨다. "내가 원
하노니 깨끗함을 받으라." 그러자 그 즉시 그의 나병이 깨끗해졌다. 이 일은
혁명적인 일이었다. 원래 나병환자는 격리(隔離)가 원칙이었다.⁷¹ 쉽게 말해,
나병환자는 이스라엘 공동체에서 '추방된 존재'였다. 나병환자가 사람이 있
는 곳을 지날 때에는 윗입술을 가리고 "부정하다. 부정하다"라고 외쳐야 했

---

71 "⁴⁵나병환자는 옷을 찢고 머리를 풀며 윗입술을 가리고 외치기를 부정하다 부정하다 할 것이요
⁴⁶병 있는 날 동안은 늘 부정할 것이라 그가 부정한즉 혼자 살되 진영 밖에서 살지니라"(레위기
13:45-46).

다. 그러지 않을 경우, 그는 돌에 맞아 죽을 수도 있었다. 그런 나병환자가 수많은 무리가 따르는 예수님 앞에 나아온 것이었다. 이것은 목숨을 건 행동이었다. "주여 원하시면 저를 깨끗하게 하실 수 있나이다." 그런 의미에서 그가 한 말은 '그 메시아'에 대한 '신앙고백'이기도 했다.

> [9]**여호와께서 그들을 향하여 진노하시고 떠나시매** [10]구름이 장막 위에서 떠나갔고 **미리암은 나병에 걸려 눈과 같더라** 아론이 미리암을 본즉 나병에 걸렸는지라 [11]아론이 이에 모세에게 이르되 슬프도다 내 주여 우리가 어리석은 일을 하여 죄를 지었으나 청하건대 그 벌을 우리에게 돌리지 마소서 [12]그가 살이 반이나 썩어 모태로부터 죽어서 나온 자 같이 되지 않게 하소서(민수기 12:9-12)

유대인들에게 있어서 나병은 '하나님의 심판'을 의미했다.[72] 모세를 비방하던 아론과 미리암에게 진노하신 하나님께서 그들을 꾸짖으신 후에 일어난 일이었다.[73] "구름이 장막 위에서 떠나갔고", 광야 교회에서 이 구름은

---

72 "대제사장 아사랴와 모든 제사장이 왕의 이마에 나병이 생겼음을 보고 성전에서 급히 쫓아내고 여호와께서 치시므로 왕도 속히 나가니라"(역대하 26:20).

73 "[1]모세가 구스 여자를 취하였더니 그 구스 여자를 취하였으므로 미리암과 아론이 모세를 비방하니라 [2]그들이 이르되 여호와께서 모세와만 말씀하셨느냐 우리와도 말씀하지 아니하셨느냐 하매 여호와께서 이 말을 들으셨더라 [3]이 사람 모세는 온유함이 지면의 모든 사람보다 더하더라 [4]여호와께서 갑자기 모세와 아론과 미리암에게 이르시되 너희 세 사람은 회막으로 나아오라 하시니 그 세 사람이 나아가매 [5]여호와께서 구름 기둥 가운데로부터 강림하사 장막 문에 서시고 아론과 미리암을 부르시는지라 그 두 사람이 나아가매 [6]이르시되 내 말을 들으라 너희 중에 선지자가 있으면 나 여호와가 환상으로 나를 그에게 알리기도 하고 꿈으로 그와 말하기도 하거니와 [7]내 종 모세와는 그렇지 아니하니 그는 내 온 집에 충성함이라 [8]그와는 내가 대면하

'하나님의 임재(臨在)'를 가시적(可視的)으로 보여주는 상징이었다. 낮에는 '구름 기둥'으로, 밤에는 '불 기둥'으로 그들을 인도해 주시던 하나님께서 그들에게 분노하여 떠나가신 것이다.[74] 이것은 모세의 권위에 도전한 아론과 미리암을 향한 하나님의 분노가 얼마나 크신지를 보여주는 사건이었다. 그렇게 하나님께서 진노하여 떠나시자, 미리암은 나병에 걸려 하얗게 되었다.

> [13]모세가 여호와께 부르짖어 이르되 **하나님이여 원하건대 그를 고쳐 주옵소서** [14]여호와께서 모세에게 이르시되 그의 아버지가 그의 얼굴에 침을 뱉었을지라도 그가 이레 동안 부끄러워하지 않겠느냐 **그런즉 그를 진영 밖에 이레 동안 가두고 그 후에 들어오게 할지니라** 하시니(민수기 12:13-14)

이에 모세가 하나님께 부르짖었다. "하나님이여, 원하건대 그를 고쳐 주옵소서." 모세의 부르짖음을 들은 하나님께서 대답하셨다. "그의 아버지가 그의 얼굴에 침을 뱉었을지라도 그가 이레 동안 부끄러워하지 않겠느냐? 그런즉 그를 진영 밖에 이레 동안 가두고 그 후에 들어오게 할지니라." 그 결과, 미리암의 나병은 일주일 만에 나을 수 있었다.

여 명백히 말하고 은밀한 말로 하지 아니하며 그는 또 여호와의 형상을 보거늘 너희가 어찌하여 내 종 모세 비방하기를 두려워하지 아니하느냐"(민수기 12:1-8).
74 "[20]그들이 숙곳을 떠나서 광야 끝 에담에 장막을 치니 [21]여호와께서 그들 앞에서 가시며 낮에는 구름 기둥으로 그들의 길을 인도하시고 밤에는 불 기둥을 그들에게 비추사 낮이나 밤이나 진행하게 하시니 [22]낮에는 구름 기둥, 밤에는 불 기둥이 백성 앞에서 떠나지 아니하니라"(출애굽기 13:20-22).

> **네 하나님 여호와께서** 너희 가운데 네 형제 중에서 너를 위하여 **나와 같**
> **은 선지자 하나를 일으키시리니** 너희는 그의 말을 들을지니라(신명기
> 18:15)

그랬던 모세가 했던 예언이 신명기 18장 15절 말씀이다. "네 하나님 여호
와께서 너희 가운데 네 형제 중에서 너를 위하여 **나와 같은 선지자** 하나를
일으키시리니, 너희는 그의 말을 들을지니라." 그런 점에서 나병환자를 고
쳐주신 사건은, 예수님이 모세가 예언한 '모세와 같은 선지자'라는 의미였
다. 예수님이 오실 '그 메시아'라는 것을 의미했다.[75] 예수님이 바로 이스라
엘이 그렇게 기다리고 기다리던 '다윗의 자손'으로 오실 '그 메시아'라는 것을
의미했다. 그러니 나병환자를 고친 모습을 본 무리에게 어떤 희망이 가득 차
올랐을지는 따로 언급하지 않아도 되리라 믿는다. 그들은 로마의 식민 지배
로부터 자신들을 해방시켜 주실 '다윗의 자손'이 왔다고 생각했을 것이다.

> 아들을 낳으리니 이름을 예수라 하라 **이는 그가 자기 백성을 그들의 죄**
> **에서 구원할 자이심이라** 하니라(마태복음 1:21)

그러나 유대인들의 이러한 기대는 '예수님이 이 땅에 오신 이유'가 아니
었다. 예수님은 이 땅에 '당신의 백성들을 죄에서 구원하기 위해' 오셨다. 그

---

75 "[22]모세가 말하되 주 하나님이 너희를 위하여 너희 형제 가운데서 나 같은 선지자 하나를 세울
것이니 너희가 무엇이든지 그의 모든 말을 들을 것이라 [23]누구든지 그 선지자의 말을 듣지 아
니하는 자는 백성 중에서 멸망 받으리라 하였고"(사도행전 3:22-23).

러나 이스라엘 백성들은 로마군을 쳐부술 '정치적 군사적 메시아'로 예수님을 인식했다. 이렇게 이스라엘 백성들은 예수님을 그들의 '현실적인 문제를 해결해 주실 분'으로 인식했다. 같은 맥락으로, 21세기 대한민국을 살아가는 우리 또한 예수님을 '우리의 현실적인 문제를 해결해 주시는 분'으로만 인식하는 것은 아닐까? **이렇게 예수님을 향한 유대 민중의 헛된 꿈이 커가던 시절에 예수님은 마태를 제자로 부르셨다.** 모두가 알고 있듯이, 이 당시 세리는 '친(親)로마 성향의 인사(人士)'들이었다.

> [1]예수께서 배에 오르사 건너가 **본 동네에 이르시니** [2]**침상에 누운 중풍병자를 사람들이 데리고 오거늘** 예수께서 그들의 믿음을 보시고 중풍병자에게 이르시되 **작은 자야 안심하라 네 죄 사함을 받았느니라** [3]어떤 서기관들이 속으로 이르되 이 사람이 신성을 모독하도다 [4]예수께서 그 생각을 아시고 이르시되 너희가 어찌하여 마음에 악한 생각을 하느냐 [5]네 죄 사함을 받았느니라 하는 말과 일어나 걸어가라 하는 말 중에 어느 것이 쉽겠느냐 [6]**그러나 인자가 세상에서 죄를 사하는 권능이 있는 줄을 너희로 알게 하려 하노라** 하시고 중풍병자에게 말씀하시되 **일어나 네 침상을 가지고 집으로 가라** 하시니 [7]그가 일어나 집으로 돌아가거늘 [8]무리가 보고 두려워하며 이런 권능을 사람에게 주신 하나님께 영광을 돌리니라 (마태복음 9:1-8)

마태를 제자로 부르시기 바로 전에 있었던 일이다. 마태를 제자로 부르시기 직전에 있었던 이 사건 또한 예수님이 누구신가를 드러낸 중요한 사건

이었다. 이처럼 예수님은 당신이 누구신가를 분명히 드러내신 후 마태를 제
자로 부르셨다. 예수님께서 '본 동네'에 이르자 사람들이 침상에 누운 중풍
병자를 데려왔다. 이때 '본 동네'는 '가버나움'을 의미했다. 예수님은 당신의
고향인 '나사렛'에서 배척당하신 후, 거처(居處)를 '가버나움'으로 옮기셨다.[76]
그렇게 '중풍 병자와 중풍 병자를 데리고 온 사람들의 믿음'을 보신 예수님
께서 말씀하셨다. "작은 자야 안심하라. 네 죄 사함을 받았느니라." 예수님
의 이 말씀을 들은 서기관들이 속으로 생각했다. '이 사람이 신성을 모독하
도다.'

　서기관들의 이러한 생각은 나름 근거가 있었다. 선지자 이사야의 예언처
럼 사람의 허물을 도말하고, 죄를 안개 같이 없애 주시는 분은 오직 하나님
이셨다.[77] 그러나 그들은 예수님의 다음 말씀을 들었을 때 생각을 바꾸었어
야 했다. 예수님께서 서기관들이 속으로 생각하는 바를 아시고 이렇게 말씀
하셨다. "너희가 어찌하여 마음에 악한 생각을 하느냐? 네 죄 사함을 받았
느니라 하는 말과 일어나 걸어가라 하는 말 중에 어느 것이 쉽겠느냐? 그러
나 인자(人子)가 세상에서 죄를 사하는 권능이 있는 줄을 너희로 알게 하려
하노라." 이 당시 서기관들은 사람이 속으로 생각하는 바를 아는 존재는 하
나님밖에 없다고 가르쳤다고 전해진다. 그러한 서기관들이 속으로 생각하
는 바를 예수님께서 정확히 지적하셨던 것이다. "그러나 인자(人子)가 세상

76　"나사렛을 떠나 스불론과 납달리 지경 해변에 있는 **가버나움에 가서 사시니**"(마태복음 4:13).
77　"나 곧 나는 나를 위하여 **네 허물을 도말하는 자니** 네 죄를 기억하지 아니하리라."(이사야
　　43:25). "내가 네 허물을 빽빽한 구름 같이, **네 죄를 안개 같이 없이하였으니** 너는 내게로 돌아
　　오라 내가 너를 구속하였음이니라"(이사야 44:22).

에서 죄를 사하는 권능이 있는 줄을 너희로 알게 하려 하노라." 즉 예수님의
이 말씀은 '사람의 아들(인자, 人子)'이신 예수님 당신이 바로 '하나님'이시라
는 선언이셨다. 그러나 사람이라는 존재가 원래 그렇다. 아무리 평소에 자
신이 가르치고 주장하던 것이라 해도, 실제 현장에서 그 상황을 만났을 때
그대로 적용하는 사람은 소수다. 더군다나, 그 상대에게 '선입견(先入見)'을
가지고 있는 경우는 더욱 그러하다.

그렇게 당신의 존재를 드러내신 예수님께서 중풍 병자를 향하여 이렇게
말씀하셨다. "네 침상을 가지고 집으로 가라." 그 말씀에 중풍 병자가 일어
나 그의 침상을 들고 집으로 돌아갔다. 이로써 예수님은 당신이 세상에서
죄를 사하는 권능이 있다는 사실을 증명하셨다. 즉 당신이 하나님이시라는
사실을 증명하셨다. 이 일은 예수님에게 '다윗과 같은 군사적 정치적 메시
아'를 기대하던 무리 앞에서 일어났다. 즉 예수님은 당신을 향하여 '군사적
정치적 메시아'를 기대하던 무리 앞에서 당신이 이 땅에 오신 목적이 '죄에
서의 구원'임을 분명히 하신 것이다. 물론 그들은 알아듣지 못했지만 말이
다. 당연히 21세기를 살아내는 우리 또한 다르지 않지만 말이다.

> 예수께서 그 곳을 떠나 지나가시다가 **마태라 하는 사람이 세관에 앉아**
> **있는 것을 보시고** 이르시되 **나를 따르라** 하시니 일어나 따르니라(마태
> 복음 9:9)

그렇게 당신이 바로 '그 메시아'이심을 밝히신 예수님께서 '세리 마태'를
제자로 부르셨다. 그렇게 당신이 이 땅에 오신 목적을 밝히신 예수님께서

'세리 마태'를 제자로 부르셨다. 이 당시 세리는 '로마의 관원'이 아니었다. 쉽게 표현하면, 그들은 로마 당국과 계약을 맺은 '자영업자(?)'였다. 그리고 이들은 로마 당국과 해마다 계약을 갱신(更新)했다고 전해진다. 로마 당국이 해당 지역에 기대하는 '세금 총액'을 걷어 납부하는 한 로마는 이들의 업무에 관여하지 않았다. 그렇게 이들은 해마다 로마 당국과 '세금 총액에 대한 계약'을 갱신했다. 그러한 이유로 계약을 유지하기 위해 세리들은 로마 관리들에게 막대한 '로비(lobby)'를 했다. 당연히 그 과정에서 세리들의 '친(親) 로마적 성향'은 강화되었다. 즉 이 당시 로마 관리와 세리 사이는 소위 '밀월 관계(蜜月關係)'였다.

　그러니 마태를 '여섯 번째 제자'로 부르신 예수님의 목적이 무엇이었는지 예측하는 것은 어렵지 않다. 예수님을 향한 유대 민중(民衆)의 열망(熱望)이 커지던 때였다. 다윗과 같은 '군사적 정치적 메시아'로서 로마를 쳐부수실 분이라는 기대가 커지던 때였다. 그러나 예수님은 '유대 민족을 로마로부터 구원하기 위해' 이 땅에 오시지 않았다. 예수님은 '당신의 백성들을 죄로부터 구원하기 위해' 이 땅에 오셨다. 구약 전체가 그 사실을 예언하고 있었다. 다만 '혈통적 선입견(血統的 先入見)'에 갇혀 유대인들이 '그 메시아'에 대해 잘못 이해하고 있었을 뿐이다. '선민의식(選民意識)'에 갇혀 '다윗의 자손'으로 오신 예수님에 대해 오해했을 뿐이다.

　바로 그러한 열망이 커지던 때, 예수님께서 '친(親)로마 인사(人士)'인 세리 마태를 '여섯 번째 제자'로 부르셨다. 중풍 병자를 향해 "네 죄 사함을 받았느니라"라는 말씀을 하신 후였다. **즉 마태를 '여섯 번째 제자'로 부르신 예수님의 선택은 '정치적 군사적 메시아'로서의 '그 메시아'를 기대했던 '유대 민**

중의 잘못된 기대'를 교정하기 위한 '행위 설교'였다.

> [10]예수께서 마태의 집에서 앉아 음식을 잡수실 때에 많은 세리와 죄인들
> 이 와서 예수와 그의 제자들과 함께 앉았더니 [11]바리새인들이 보고 그의
> 제자들에게 이르되 어찌하여 너희 선생은 세리와 죄인들과 함께 잡수시
> 느냐 [12]예수께서 들으시고 이르시되 **건강한 자에게는 의사가 쓸 데 없고**
> **병든 자에게라야 쓸 데 있느니라** [13]너희는 가서 내가 긍휼을 원하고 제
> 사를 원하지 아니하노라 하신 뜻이 무엇인지 배우라 **나는 의인을 부르**
> **러 온 것이 아니요 죄인을 부르러 왔노라** 하시니라(마태복음 9:10-13)

"나는 의인을 부르러 온 것이 아니요. 죄인을 부르러 왔노라." 또한 마태
를 제자로 부르신 일은 민족의 반역자인 세리마저도 구원받을 수 있다는
'선언(宣言)'이었다. 그러니 예수님 앞에 나아오지 못할 죄인은 존재하지 않
는다는 '선포(宣布)'였다. 예수님의 구원 사역 앞에 용서받지 못할 죄인은 존
재하지 않는다는 '행위 설교(行爲 說敎)'였다. 예수님께서 이 땅에 오신 목적
에 대한 분명한 '확인(確認)'이었다. "아들을 낳으리니 이름을 예수라 하라.
이는 그가 자기 백성을 그들의 죄에서 구원할 자이심이라 하니라."[78] 그리
고 마태는 이러한 예수님의 '행위 설교'를 삶으로 살아낼 수 있는 훈련을 마
친 상태였다.

---

78 마태복음 1:21

"다윗과 아브라함의 자손, 예수 그리스도의 기원에 대한 두루마리라."[79] 이렇게 시작되는 마태의 마태복음은 이렇게 마무리된다.

> [18]예수께서 나아와 말씀하여 이르시되 하늘과 땅의 모든 권세를 내게 주셨으니 [19]그러므로 **너희는 가서 모든 민족을 제자로 삼아** 아버지와 아들과 성령의 이름으로 세례를 베풀고 [20]내가 너희에게 분부한 모든 것을 가르쳐 지키게 하라 볼지어다 내가 세상 끝날까지 너희와 항상 함께 있으리라 하시니라(마태복음 28:18-20)

"너희는 가서 모든 민족을 제자로 삼아" 사복음서 중, 유대인을 넘어 모든 민족을 제자로 삼으라는 '예수님의 대위임령(大委任令)'이 온전히 기록된 책은 마태복음뿐이다. 즉 마무리로만 볼 때, 마태복음은 사복음서 중 가장 '이방인에게 열린 모습'을 보이고 있다. 유대인들에게 있어 이방인은 사람이 아니었다. 하나님께서 이방인을 창조하신 목적을 일부 랍비들은 이렇게 가르쳤다. "지옥에 불을 지피기 위한 땔감으로 사용하기 위해서다."

마태복음은 가장 '유대적인 복음서'로 알려져 있다. 사복음서 중 구약성경이 가장 많이 인용된 것이 마태복음이다. 분명히 마태복음은 '혈통적 유대인'을 독자로 상정(想定)하고 있다. 그런데 그런 마태복음의 마지막은 '예수님의 대위임령(大委任令)'으로 마무리된다. 즉 가장 '유대적인 복음서'가 가장 '이방인에게 열린 마무리'를 보여주고 있다.

---

79 마태복음 1:1

"다윗과 아브라함의 자손, 예수 그리스도의 기원에 대한 두루마리라." 이렇게 '유대인을 위한 복음서'는 첫 문장을 '다윗'으로 시작한다.

> 그런즉 모든 대 수가 아브라함부터 다윗까지 **열네 대요** 다윗부터 바벨론으로 사로잡혀 갈 때까지 **열네 대요** 바벨론으로 사로잡혀 간 후부터 그리스도까지 **열네 대더라**(마태복음 1:17)

마태복음 1장에 나오는 예수님의 족보는 '열네 대'씩 '세 묶음'으로 소개되어 있다. 마태복음 1장의 족보에 '생략된 인물'이 있다는 사실은 이제는 널리 알려진 이야기다. 그리고 각 묶음을 구성하는 14라는 숫자가 '다윗'을 뜻한다는 것 또한 잘 알려져 있다. 이렇게 이름을 숫자로 표기하는 방법을 '게마트리아'라고 한다. 쉽게 설명하면, 'ㄱ'은 '1', 'ㄴ'은 '2'라는 식으로 히브리 문자를 숫자로 치환한 뒤, 암호화하는 것이다. '게마트리아 방식'에 따르면, 다윗의 히브리어 이름 세 글자는 각각 '4', '6', '4'로 치환된다. 그 숫자를 더해 '14'로 바꾸어 말하는 것이 '게마트리아'다. 즉 '아브라함부터 다윗까지 열네 대요'에서의 '열넷'은 '다윗'을 의미한다. 그렇게 마태복음 1장에 기록된 예수님의 족보는 당신의 백성을 죄로부터 구원하기 위해 오신 '그 메시아'이신 예수님이 '다윗의 자손'이심을 드러내고 있다.

> [8]그러므로 회개에 합당한 열매를 맺고 [9]**속으로 아브라함이 우리 조상이라고 생각하지 말라** 내가 너희에게 이르노니 하나님이 능히 이 돌들로도 아브라함의 자손이 되게 하시리라(마태복음 3:8-9)

"속으로 아브라함이 우리 조상이라고 생각하지 말라." 세례 요한이 그에게 나오던 바리새인들과 사두개인들을 향하여 했던 말이다.

> [31] 그러므로 예수께서 자기를 믿은 유대인들에게 이르시되 너희가 내 말에 거하면 참으로 내 제자가 되고 [32] 진리를 알지니 진리가 너희를 자유롭게 하리라 [33] 그들이 대답하되 **우리가 아브라함의 자손이라** 남의 종이 된 적이 없거늘 어찌하여 우리가 자유롭게 되리라 하느냐(요한복음 8:31-33)

"우리가 아브라함의 자손이라. 남의 종이 된 적이 없거늘 어찌하여 우리가 자유롭게 되리라 하느냐." 진리가 너희를 자유롭게 할 것이라는 예수님의 말씀에 유대인들이 반박하며 했던 말이다.

이렇듯 '아브라함과 다윗'은 유대인들의 '자랑이자 자부심'이었다. 그러한 이유로 '유대인을 위한 복음서'인 마태복음은 '다윗과 아브라함'으로 시작된다. 이러한 마태복음의 족보는 이방인 저자가 쓴 누가복음의 족보가 '다윗과 아브라함'을 넘어 '아담과 하나님'에 이르는 것과 대비된다. "그 위는 에노스요 그 위는 셋이요 그 위는 아담이요 그 위는 하나님이시니라."[80]

또한 마태복음은 '율법을 가졌다는 자부심'으로 가득한 유대인들의 자랑

---

80 누가복음 3:38

인 구약성경'이 가장 많이 인용된 복음서다.[81] 즉 마태는 그를 증오하고 경멸했던 동족(同族)의 구원을 위해 마태복음을 기록했다. 이것이 가능했던 것은 그가 소년 시절에 '존경받는 랍비'를 꿈꾸며 '서기관 학교에서 교육'을 받았기 때문이다.

또한 마태복음의 본론은 '예수님의 다섯 가르침'으로 구성되어 있다. 마태복음의 이러한 구성은 '모세오경'을 연상시킨다. 마태는 이러한 구조를 통해 예수님이 '모세가 예언한 바로 그 선지자'임을 강조한다.[82] 이것이 가능했던 것은 그가 '증오와 경멸을 받는 세리'로 사는 동안 '장부를 정리하고 기록하는 훈련'이 되어 있었기 때문이다.

앞에서도 언급했지만, 하나님은 준비된 사람을 사용하신다. 그리고 그 준비는 하나님을 믿는 곳에서만 이루어지지 않는다. 즉 이 세상 어느 한 곳도 '하나님의 손'[83]을 벗어나는 곳은 존재하지 않는다. 하나님은 모세를 '애굽의 궁전'에서 키우셨다. 하나님은 사도 바울을 '유대교'에서 키우셨다. 그런 점에서, 하나님께서 사용하시는 사람의 인생 경험 중 필요 없는 시간은 존재하지 않는다. 이것은 우리에게 많은 위로를 준다. 특별히 방황의 시간을 지나고 있는 지체들에게는 많은 힘과 희망을 준다. 다만 한 가지 기억해

---

81 "성문이 땅에 묻히며 빗장이 부서져 파괴되고 왕과 지도자들이 **율법 없는 이방인들** 가운데에 있으며 그 성의 선지자들은 여호와의 묵시를 받지 못하는도다"(예레미야애가 2:9).
82 "네 **하나님 여호와께서** 너희 가운데 네 형제 중에서 너를 위하여 **나와 같은 선지자 하나를** 일으키시리니 너희는 그의 말을 들을지니라"(신명기 18:15).
83 하나님의 섭리

야 할 점이 있다. 성경에 나오는 하나님의 사람 중 '게으른 사람'은 없었다. 모세는 '애굽의 궁전'에서 제왕(帝王) 수업에 열심이었다.[84] 사도 바울도 마찬가지다. 그는 '가말리엘의 문하'에서 율법의 엄한 교훈을 받았고, 하나님께 대하여 열심인 사람이었다.[85]

　그렇게 '서기관 학교와 가버나움 세관'에서 훈련된 마태는 '예수님의 여섯 번째 제자'가 되었다. 그리고 그를 통하여 '가장 유대적인 복음서'인 '마태복음'이 기록되었다. "다윗과 아브라함의 자손, 예수 그리스도의 기원에 대한 두루마리라." 그렇게 첫 문장을 '다윗'으로 시작한 '유대인을 위한 복음서'는 부활하신 '예수님의 대위임령(大委任令)'으로 마무리된다. 즉 마태복음은 '가장 유대적으로 시작'하여 '가장 탈(脫)유대적인 마무리'를 가진 복음서다.

　앞에서도 언급했듯이, 복음서 중 온전한 '예수님의 대위임령(大委任令)'을 기록한 책은 '마태복음'뿐이다. 그렇게 '예수님의 대위임령(大委任令)'으로 '마태복음'을 마친 마태는 에티오피아에서 전도하다 순교했다. 그렇게 '당신의 백성을 죄로부터 구원하기 위해 오신 예수님의 목적'을 마태는 '마태복음과 그의 모든 삶'을 통하여 증거했다. **이것은 예수님을 향하여 유대 민중이 '정치적 군사적 메시아'이기를 열망하던 시절, 예수님께서 '행위 설교'로서 선**

84　"²¹버려진 후에 바로의 딸이 그를 데려다가 자기 아들로 기르매 ²²모세가 애굽 사람의 모든 지혜를 배워 그의 말과 하는 일들이 능하더라"(사도행전 7:21-22).: 이 부분에 대해서는 하나님의 은혜로 모세 인물 설교를 하게 될 때 자세히 다루겠다.

85　"나는 유대인으로 길리기아 다소에서 났고 이 성에서 자라 가말리엘의 문하에서 우리 조상들의 율법의 엄한 교훈을 받았고 오늘 너희 모든 사람처럼 하나님께 대하여 열심이 있는 자라"(사도행전 22:3).

택하신 '여섯 번째 제자 마태의 전 생애에 걸친 응답'이었다.

그 결과, 가장 '유대적인 복음서'인 마태복음은 가장 '반(反)유대적인 복음서'가 되었다. 그리고 **"자기 백성을 그들의 죄에서 구원하러 오신 예수님, 그 분은 하나님이시다."**라는 '메시지(message)'를 유대를 넘어 '모든 민족에게 전하는 복음서'가 되었다.[86]

---

86 "[18]예수께서 나아와 말씀하여 이르시되 하늘과 땅의 모든 권세를 내게 주셨으니 [19]그러므로 너희는 가서 모든 민족을 제자로 삼아 아버지와 아들과 성령의 이름으로 세례를 베풀고 [20]내가 너희에게 분부한 모든 것을 가르쳐 지키게 하라 볼지어다 내가 세상 끝날까지 너희와 항상 함께 있으리라 하시니라"(마태복음 28:18-20).

마태는 어떻게 '유대인을 위한' 가장 '반유대적'인 복음서를 썼을까?

마태는 열두 제자 중 여섯 번째로 부름 받았다.[87] 예수님의 공생애 첫 번째 해에 있었던 일이다. 반면 나머지 여섯 제자는 두 번째 해에 한꺼번에 부름 받았다. 정확히는 '요단강 동편 베다니'에서부터 따르던 무리 중 여섯 명을 추가하여 열두 제자를 확정한 것이다. 즉 마태까지는 개별적(個別的)으로 부름 받은 제자들이었다.

그 여섯 명 중, 빌립과 마태를 제외한 넷은 각각 둘씩 형제였다. '베드로와 안드레' 그리고 '야고보와 요한'이 그들이었다. 이들 중 셋은 예수님의 각별한 관심과 사랑을 받던 제자들이었다. 소위(所謂) '수제자'들이었다.

---

87 이전 단원에 이미 설명했듯이, 나다나엘과 바돌로매를 동일인물(同一人物)로 보지 않았을 때 그렇다.

⁴¹이에 **회당장인 야이로라 하는 사람이** 와서 예수의 발 아래에 엎드려 자기 집에 오시기를 간구하니 ⁴²**이는 자기에게 열두 살 된 외딸이 있어 죽어감이러라** 예수께서 가실 때에 무리가 밀려들더라 … ⁴⁹아직 말씀하실 때에 회당장의 집에서 사람이 와서 말하되 **당신의 딸이 죽었나이다 선생님을 더 괴롭게 하지 마소서** 하거늘 ⁵⁰예수께서 들으시고 이르시되 **두려워하지 말고 믿기만 하라 그리하면 딸이 구원을 얻으리라** 하시고 ⁵¹그 집에 이르러 **베드로와 요한과 야고보와 아이의 부모 외에는 함께 들어가기를 허락하지 아니하시니라** ⁵²모든 사람이 아이를 위하여 울며 통곡하매 예수께서 이르시되 울지 말라 죽은 것이 아니라 잔다 하시니 ⁵³그들이 그 죽은 것을 아는 고로 비웃더라 ⁵⁴예수께서 아이의 손을 잡고 불러 이르시되 아이야 일어나라 하시니 ⁵⁵그 영이 돌아와 아이가 곧 일어나거늘 예수께서 먹을 것을 주라 명하시니 ⁵⁶그 부모가 놀라는지라 예수께서 경고하사 이 일을 아무에게도 말하지 말라 하시니라(누가복음 8:41-42, 49-56)

'회당장 야이로'의 열두 살 된 딸을 살려주실 때도 이들 셋만 그 장면을 목격할 수 있었다. "그 집에 이르러 **베드로와 요한과 야고보와** 아이의 부모 외에는 함께 들어가기를 허락하지 아니하시니라."

¹엿새 후에 **예수께서 베드로와 야고보와 그 형제 요한을 데리시고 따로 높은 산에 올라가셨더니** ²그들 앞에서 변형되사 그 얼굴이 해 같이 빛나며 옷이 빛과 같이 희어졌더라 ³그때에 모세와 엘리야가 예수와 더불어

말하는 것이 그들에게 보이거늘 ⁴베드로가 예수께 여쭈어 이르되 주여 우리가 여기 있는 것이 좋사오니 만일 주께서 원하시면 내가 여기서 초막 셋을 짓되 하나는 주님을 위하여, 하나는 모세를 위하여, 하나는 엘리야를 위하여 하리이다 ⁵말할 때에 홀연히 빛난 구름이 그들을 덮으며 구름 속에서 소리가 나서 이르시되 이는 내 사랑하는 아들이요 내 기뻐하는 자니 너희는 그의 말을 들으라 하시는지라(마태복음 17:1-5)

'변화산 사건' 때도 마찬가지였다. "예수께서 **베드로와 야고보와 그 형제 요한을** 데리시고 따로 높은 산에 올라가셨더니"

³⁶이에 예수께서 제자들과 함께 겟세마네라 하는 곳에 이르러 제자들에게 이르시되 내가 저기 가서 기도할 동안에 너희는 여기 앉아 있으라 하시고 ³⁷**베드로와 세베대의 두 아들을 데리고 가실새** 고민하고 슬퍼하사 ³⁸이에 말씀하시되 내 마음이 매우 고민하여 죽게 되었으니 너희는 여기 머물러 나와 함께 깨어 있으라 하시고 ³⁹조금 나아가사 얼굴을 땅에 대시고 엎드려 기도하여 이르시되 **내 아버지여 만일 할 만하시거든 이 잔을 내게서 지나가게 하옵소서 그러나 나의 원대로 마시옵고 아버지의 원대로 하옵소서** 하시고(마태복음 26:36-39)

십자가에 못 박히시기 전, 겟세마네 동산에서 기도하실 때 또한 마찬가지였다. "이에 예수께서 제자들과 함께 겟세마네라 하는 곳에 이르러 제자들에게 이르시되 내가 저기 가서 기도할 동안에 너희는 여기 앉아 있으라

하시고, **베드로와 세베대의 두 아들**[88]을 데리고 가실새" 중요한 순간, 예수
님은 항상 '**베드로와 야고보 그리고 요한**'과 함께 하셨다.

즉, 개별적(個別的)으로 부르신 제자 중 '베드로와 야고보 그리고 요한'은
'핵심 그룹(group)'에 들어간 인물들이었다. 조용한 성품으로 알려진 안드레
를 포함하여 이들 넷은 각각 형제였다. 그리고 빌립은 첫 번째로 부르심을
받은 제자였다. 그렇다면 개별적(個別的)으로 부르신 제자 중, 예수님은 왜
마태를 따로 부르셨을까? 왜 그 시점에 제자로 부르셨을까? **첫 번째로 부
르신 것도 아니고, 그렇다고 핵심 그룹에 들어간 형제도 아니라면, 왜 굳이
세리 출신인 마태를 따로 부르셨을까?** 그 이유를 추적한 것이 지난 두 단원
에서 다룬 내용이다.

마태를 그 시점에 따로 제자로 부르신 이유는 유대 민중(民衆)의 '잘못된
기대'를 교정(敎正)하기 위해서였다. 예수님을 향한 '정치적 군사적 메시아'
로서의 기대가 높아져 가던 시점(時點)이었다. 로마의 식민 지배로 고통받던
그들의 '민족적 아픔을 해결해 주실 그 메시아'로 예수님을 몰아가기 시작
하던 때였다. '다윗의 자손'으로 오실 '그 메시아'에 대한 '잘못된 기대'가 예
수님을 향해가던 시점(時點)이었다. 즉 유대 민중(民衆)의 입장에서 예수님은
'**반(反)로마 인사(人士)**'여야만 했다. 그러나 예수님은 '유대인들을 로마의 식
민 지배로부터 해방 시키기 위해' 이 땅에 오지 않으셨다. 예수님은 '온 인류

---

[88] "거기서 더 가시다가 다른 두 형제 곧 **세베대의 아들 야고보와 그의 형제 요한**이 그의 아버지
세베대와 함께 배에서 그물 깁는 것을 보시고 부르시니"(마태복음 4:21).

의 죄 문제를 해결하기 위해' 이 땅에 오셨다. 예수님은 '당신의 백성을 죄로 부터 구원하기 위해' 이 땅에 오신 '성자 하나님'이셨다.

즉 예수님은 그때 그 시점(時點)에 유대 민중(民衆)의 '잘못된 기대'를 교정 (敎正)하실 필요가 있었다. 말과 행동으로 그들의 기대를 고쳐주실 필요가 있었다. 바로 그 확실한 '행위 설교'가 마태를 '여섯 번째 제자'로 부르신 일 이었다. 그 시절, 대표적인 '친(親)로마 인사(人士)'인 세리를 당신의 제자로 부르신 일이었다.

> [10]예수께서 마태의 집에서 앉아 음식을 잡수실 때에 많은 세리와 죄인들 이 와서 예수와 그의 제자들과 함께 앉았더니 [11]바리새인들이 보고 그 의 제자들에게 이르되 어찌하여 너희 선생은 세리와 죄인들과 함께 잡 수시느냐 [12]예수께서 들으시고 이르시되 **건강한 자에게는 의사가 쓸 데 없고 병든 자에게라야 쓸 데 있느니라** [13]너희는 가서 내가 긍휼을 원하 고 제사를 원하지 아니하노라 하신 뜻이 무엇인지 배우라 **나는 의인을 부르러 온 것이 아니요 죄인을 부르러 왔노라** 하시니라(마태복음 9:10– 13)[89]

---

[89] "[15]그의 집에 앉아 잡수실 때에 많은 세리와 죄인들이 예수와 그의 제자들과 함께 앉았으니 이 는 그러한 사람들이 많이 있어서 예수를 따름이러라 [16]바리새인의 서기관들이 예수께서 죄인 및 세리들과 함께 잡수시는 것을 보고 그의 제자들에게 이르되 어찌하여 세리 및 죄인들과 함 께 먹는가 [17]예수께서 들으시고 그들에게 이르시되 **건강한 자에게는 의사가 쓸 데 없고 병든 자에게라야 쓸 데 있느니라 나는 의인을 부르러 온 것이 아니요 죄인을 부르러 왔노라** 하시니 라"(마가복음 2:15–17).

그렇게 세리 마태를 제자로 부르신 후, 마태의 집에서 잔치가 벌어졌다. 마태가 예수님을 위하여 베푼 잔치였다.[90] 그 자리에 많은 세리들이 함께했다. 아마도 그들은 마태와 같이 '가버나움 세관'에서 근무했던 자들이었을 것이다. 마태의 동료들이었을 것이다.

이후 이들은 당연히 예수님과 '친분(親分)'이 생겼을 것이다. 더군다나, 가버나움은 예수님 사역의 '베이스 캠프(base camp)'였다. 그러니 유대인들은 예수님께서 오가시는 길에 세리들과 만나 반갑게 인사하는 모습을 쉽게 목격할 수 있었을 것이다.[91] 그들과 음식을 나누는 모습을 자주 볼 수 있었을 것이다. 특별히 유대인들은 친분이 있지 않은 사람과는 음식을 나누지 않는 풍습이 있었다. "우리도 그렇지 않나요?"라고 질문할 수도 있다. 그렇지 않다. 유대인들에게 있어서 식탁 교제는 다른 민족에 비해 훨씬 중요한 의미가 있었다.

> 예수의 제자 중 하나 곧 그가 사랑하시는 자가 예수의 품에 의지하여 누웠는지라(요한복음 13:23)

---

90 "29레위가 예수를 위하여 자기 집에서 큰 잔치를 하니 세리와 다른 사람이 많이 함께 앉아 있는지라 30바리새인과 그들의 서기관들이 그 제자들을 비방하여 이르되 너희가 어찌하여 세리와 죄인과 함께 먹고 마시느냐 31예수께서 대답하여 이르시되 건강한 자에게는 의사가 쓸 데 없고 병든 자에게라야 쓸 데 있나니 32내가 의인을 부르러 온 것이 아니요 죄인을 불러 회개시키러 왔노라"(누가복음 5:29-32).

91 "인자는 와서 먹고 마시매 말하기를 보라 먹기를 탐하고 포도주를 즐기는 사람이요 세리와 죄인의 친구로다 하니 지혜는 그 행한 일로 인하여 옳다 함을 얻느니라"(마태복음 11:19).

"예수의 품에 의지하여 누웠는지라." 최후의 만찬을 기록한 부분이다. 최후의 만찬 때, 사도 요한은 예수님의 품에 의지하여 누웠다. 바로 그 자세로 식사했다. 이것이 이 당시 '유대인들의 전형적인 식사 모습'이었다. 그러므로 유대인들은 정말 가까운 사이가 아니면 음식을 나누지 않았다. 그러니 예수님을 향한 '세리와 죄인의 친구'라는 비방은 전혀 근거 없는 것이 아니었다. 그렇게 예수님과 반갑게 인사하던 세리 중 적지 않은 수가 예수님을 믿는 복을 누렸을 것이다.

그렇게 마태의 집에서 세리들과 '식탁 교제'를 하는 모습을 본 바리새인들이 예수님의 제자들에게 따지듯 물었다. "어찌하여 너희 선생은 세리와 죄인들과 함께 잡수시느냐?" 다시 한번 말하지만, 유대인들에게 있어서 식사 자리는 중요했다. 이방인과 세리 그리고 죄인들과 같은 사람들과의 식사는 '금기(禁忌)'였다.[92]

> [11]게바가 안디옥에 이르렀을 때에 책망 받을 일이 있기로 내가 그를 대면하여 책망하였노라 [12]야고보에게서 온 어떤 이들이 이르기 전에 **게바가 이방인과 함께 먹다가 그들이 오매 그가 할례자들을 두려워하여 떠나 물러가매** [13]남은 유대인들도 그와 같이 외식하므로 바나바도 그들의 외식에 유혹되었느니라 [14]그러므로 나는 그들이 복음의 진리를 따라 바

---

[92] "[25]마침 베드로가 들어올 때에 고넬료가 맞아 발 앞에 엎드리어 절하니 [26]베드로가 일으켜 이르되 일어서라 나도 사람이라 하고 [27]더불어 말하며 들어가 여러 사람이 모인 것을 보고 [28]이르되 유대인으로서 이방인과 교제하며 가까이 하는 것이 위법인 줄은 너희도 알거니와 하나님께서 내게 지시하사 아무도 속되다 하거나 깨끗하지 않다 하지 말라 하시기로 [29]부름을 사양하지 아니하고 왔노라 묻노니 무슨 일로 나를 불렀느냐"(사도행전 10:25-29).

르게 행하지 아니함을 보고 모든 자 앞에서 게바에게 이르되 네가 유대
인으로서 이방인을 따르고 유대인답게 살지 아니하면서 어찌하여 억지
로 이방인을 유대인답게 살게 하려느냐 하였노라(갈라디아서 2:11-14)

초대교회 당시 베드로는 안디옥 교회에서 했던 실수로 바울에게 공개적
으로 책망을 받았다. '유대적 성향'이 강했던 야고보[93]가 보낸 사람들이 안
디옥 교회에 도착하는 상황이었다. 야고보로부터 사람들이 온다는 소식에,
이방인과 함께 식사하던 베드로가 자리에서 일어나 피했다. 이는 '유대적
성향'이 강한 야고보의 사람들이 이방인과의 식사를 문제 삼을 것이 두려웠
던 '베드로의 실수'였다. 베드로의 이러한 행동은 곧바로 같이 있던 사람들
에게 영향을 주었다. 예수님을 믿는 한 형제자매로 같이 식사하던 사람 중,
유대인들이 베드로를 따라 자리를 피했다. 그 가운데는 바울을 안디옥 교회
로 초청한 바나바도 있었다. 그들이 복음의 진리를 따라 바르게 행동하지
않는 것을 보고, 바울이 모든 교인들 앞에서 공개적으로 베드로를 질책했
다. "네가 유대인으로서 이방인을 따르고 유대인답게 살지 아니하면서 어찌
하여 억지로 이방인을 유대인답게 살게 하려느냐?"
바울이 이 일을 현장에서 질책하는 것을 넘어 갈라디아서에 기록한 이유
는 분명하다. 베드로의 그러한 행동은 '우리 주 예수 그리스도께서 이 땅에
오신 목적'을 정면으로 훼손하는 것이었기 때문이다. 예수님은 '유대 민족

---

93 이때의 야고보는 '예수님의 열두 제자 중 하나인 야고보'가 아니라 '예수님의 친동생 야고보'다.
'예수님의 친동생 야고보'에 대해서는 하나님의 은혜로 '야고보에 대한 인물 설교'를 하게 될 때
자세히 설명하겠다.

만을 위해' 이 땅에 오시지 않았다. 그들의 '선민의식(選民意識)'을 만족시키는 것'은 '예수님의 사역'이 아니었다. 우리 주 예수 그리스도는 '온 인류의 죄 문제를 해결하기 위해' 이 땅에 오셨다. 그러므로 안디옥 교회에서 있었던 '베드로의 실수'는 예수님께서 공생애 내내 싸우신 '유대 민중(民衆)의 잘못된 인식(認識)'에 힘을 실어주는 행동이었다.

"어찌하여 너희 선생은 세리와 죄인들과 함께 잡수시느냐?" 바리새인들의 질문에 예수님께서는 이렇게 답하셨다. "건강한 자에게는 의사가 쓸 데 없고 병든 자에게라야 쓸 데 있느니라. 나는 의인을 부르러 온 것이 아니요, 죄인을 부르러 왔노라." 예수님의 이 말씀은 공관복음서(共觀福音書)인 '마태복음, 마가복음, 누가복음' 모두에 기록되어 있다. 그런데 마태복음에는 이 말씀 사이에 한마디가 추가로 삽입되어 있다. "너희는 가서 내가 긍휼을 원하고 **제사를 원하지 아니하노라** 하신 뜻이 무엇인지 배우라."

> **나는 인애를 원하고 제사를 원하지 아니하며** 번제보다 하나님을 아는
> 것을 원하노라(호세아 6:6)

"나는 인애(仁愛)를 원하고 제사를 원하지 아니하며", 호세아서에 나온 말씀이다. 구약 시대에도 이 말씀은 '혁명적인 선언'이었다. 유대인의 신앙의 두 기둥은 '성전과 율법'이었다. 제사는 '성전의 존재 이유'였다. 또한 이방인과 세리 그리고 죄인의 문제는 '정결례(淨潔禮)'와 연관되었다. 그런데 하나님께서는 유대인들이 그토록 귀하게 여겼던 '신앙의 두 기둥'보다 '인애(仁

愛)'를 원하신다는 것이다. '하나님을 아는 것'을 원하신다고 선언하셨다.

즉, 하나님은 구약 시대부터 선지자들을 통하여 '유대인들의 잘못된 인식
(認識)'을 끊임없이 지적해 오셨다. 그러나 예수님 때와 같이 그들은 하나님
의 말씀을 알아듣지 못했다. 이것이 사람의 중요한 특성이다. 사람은 듣고
싶은 것만 듣고, 보고 싶은 것만 보는 특성이 있다. 사람의 이러한 특성은
선악과 사건 이후 그 마음에 박힌 '뿌리 깊은 자기 중심성'과 연관된다. 그런
점에서, 마태복음에만 기록된 예수님의 이 말씀은 '박제된 유대인들의 굳은
마음과 지식'을 향해 던지신 것이었다. "너희는 가서 내가 긍휼을 원하고 제
사를 원하지 아니하노라 하신 뜻이 무엇인지 배우라."

그리고 이 말씀은 한국 교회 성도라면 누구나 잘 알고 있는 말씀으로 감
싸져 있다. **"건강한 자에게는 의사가 쓸 데 없고 병든 자에게라야 쓸 데 있
느니라.** 너희는 가서 내가 긍휼을 원하고 제사를 원하지 아니하노라 하신
뜻이 무엇인지 배우라. **나는 의인을 부르러 온 것이 아니요, 죄인을 부르러
왔노라."**

**그렇다면, 누가 '건강한 자'이고 누가 '병든 자'일까? 누가 '의인'이며 누가
'죄인'일까?** 물론 겉으로 볼 때, 세리 마태와 같은 자들이 '병든 자'이며 '죄
인'이었다. 그러한 이유로 '세리 마태'를 제자로 부르신 것이다. 이와 같은
자들을 고쳐주시기 위해 예수님께서 이 땅에 오셨다. 하지만 그것이 전부일
까? 혹시 더 깊은 뜻이 숨겨져 있는 것은 아닐까? 이것이 이번 단원의 제목
이 "마태는 어떻게 '유대인을 위한' 가장 '반유대적'인 복음서를 썼을까?"인
이유다.

아래 인용한 본문은 마태복음 한가운데 있는 말씀이다. 성경은 맨 가운데 가장 중요한 메시지(message)가 기록되어 있다는 이야기를 들어본 적이 있을 것이다. 참고로 마태복음은 28장으로 구성되어 있다. 그런 점에서 아래 인용한 '수로보니게 여인 이야기'[94]는 마태복음의 가운데 위치해 있다.

> [21]**예수께서 거기서 나가사** 두로와 시돈 지방으로 들어가시니 [22]가나안 여자 하나가 그 지경에서 나와서 소리 질러 이르되 **주 다윗의 자손이여 나를 불쌍히 여기소서 내 딸이 흉악하게 귀신 들렸나이다** 하되 [23]예수는 한 말씀도 대답하지 아니하시니 제자들이 와서 청하여 말하되 그 여자

---

[94] "[26]그 여자는 헬라인이요 수로보니게 족속이라 자기 딸에게서 귀신 쫓아내 주시기를 간구하거늘 [27]예수께서 이르시되 자녀로 먼저 배불리 먹게 할지니 자녀의 떡을 취하여 개들에게 던짐이 마땅치 아니하니라 [28]여자가 대답하여 이르되 주여 옳소이다마는 상 아래 개들도 아이들이 먹던 부스러기를 먹나이다"(마가복음 7:26-28).: 마가복음은 이 '가나안 여인'이 '수로보니게 족속'이었다고 밝히고 있다. 즉 '수로보니게 여인에 대한 이야기'는 마태복음에만 기록되어 있지 않다. 그러므로 마가 또한 '마태와 같은 마음'으로 이 이야기를 기록한 것이 아니냐고 따지는 사람이 있을 수 있다. 그러나 글을 써본 사람이라면 누구나 아는 사실이 있다. '비슷한 이야기 혹은 같은 이야기'를 기록한다 한들, 그 글을 기록하는 사람의 마음속에서 '뿜어져 나오는 마음과 그 깊이'마저 같은 것은 아니다. 특별히 마가복음은 마태복음보다 먼저 기록되었다고 전해진다. 즉 마태는 마가복음에 나오는 '수로보니게 여인 이야기'를 읽어본 상태에서 이 이야기를 기록했을 것이다. 그러니 하는 말이다. 마태의 마음에 '진정으로 하고 싶은 이야기'가 용솟음치지 않았다면, 과연 '이 이야기와 그 앞에 나오는 이야기'를 좀 더 자세히 정리하여 그렇게 기록하였을까? 더군다나 '수로보니게 여인 사건'과 '그 앞뒤에 기록된 사건들'은 마태가 예수님의 제자가 된 이후에 있었던 일이다. 즉 '수로보니게 여인 이야기'를 마가가 먼저 기록한 것은 사실이지만, '베드로의 양자'였던 마가는 이 이야기를 베드로로부터 전해 들은 뒤에 기록했을 것이다. (마가가 이 사건을 목격하지 않았을 것이라고 확정적으로 이야기하는 이유는 마가가 '최후의 만찬' 때 잠자고 있었다는 사실을 통해서도 쉽게 유추할 수 있다. 이 부분은 2부에 나오는 '마가 이야기' 중 '바나바와 베드로 그리고 바울의 면류관' 단원에서 확인하기 바란다.) 반면 마태는 '자신이 직접 목격한 내용'을 기록했다. 즉 마가복음에도 동일한 사건이 기록되어 있다는 이유로, '수로보니게 여인 사건'과 '그 앞뒤에 기록된 사건들'을 기록한 '마태의 마음'을 '마태의 인생 가운데 뿜어져 나온 마태만이 가지는 고유한 마음'이 아니라고 하는 것은 무리가 있어 보인다.

가 우리 뒤에서 소리를 지르오니 그를 보내소서 ²⁴예수께서 대답하여 이
르시되 **나는 이스라엘 집의 잃어버린 양 외에는 다른 데로 보내심을 받
지 아니하였노라** 하시니 ²⁵여자가 와서 예수께 절하며 이르되 주여 저를
도우소서 ²⁶대답하여 이르시되 **자녀의 떡을 취하여 개들에게 던짐이 마
땅하지 아니하니라** ²⁷여자가 이르되 **주여 옳소이다마는 개들도 제 주인
의 상에서 떨어지는 부스러기를 먹나이다** 하니 ²⁸이에 예수께서 대답하
여 이르시되 여자여 네 믿음이 크도다 네 소원대로 되리라 하시니 그때
로부터 그의 딸이 나으니라(마태복음 15:21-28)

성경 통독 중, 예수님께서 '갑질'을 하신 것이 아니냐는 질문이 들어오는
구절이다. 결론부터 이야기하면, "아니다." 성경을 읽다가 이와 같이 이해
할 수 없는 구절이 나오는 경우, 취해야 할 자세는 분명하다. 그냥 "하나님
은 무조건 옳으시다." 이해가 안 되는 것은 '우리의 문제'이지 '하나님의 문
제'가 아니다. 정말 설명이 되지 않는 내용은 아직 우리 '인류의 지혜'가 그
자리에까지 가지 못했기 때문이다. 훗날 하나님께서 정하신 때에 은혜 주시
면, 그 말씀마저 온전히 해석할 수 있는 지혜를 가지게 될 것이다.

예수님께서 '게네사렛'⁹⁵에서 병자들을 고쳐주실 때였다.⁹⁶ 그 자리에 예
루살렘으로부터 온 바리새인들과 서기관들이 있었다. 그리고 그들은 평소

---

95 게네사렛은 갈릴리 호수 북서쪽에 있는 지명(地名)이다.
96 "³⁴그들이 건너가 게네사렛 땅에 이르니 ³⁵그곳 사람들이 예수이신 줄을 알고 그 근방에 두루
통지하여 모든 병든 자를 예수께 데리고 와서 ³⁶다만 예수의 옷자락에라도 손을 대게 하시기를
간구하니 손을 대는 자는 다 나음을 얻으니라"(마태복음 14:34-36).

하던 대로 예수님께 따졌다.[97] "당신의 제자들이 어찌하여 장로들의 전통을 범하나이까? **떡 먹을 때에 손을 씻지 아니하나이다**." 이때 예수님의 그 유명한 말씀이 나온다. "입으로 들어가는 모든 것은 배로 들어가서 뒤로 내버려지는 줄 알지 못하느냐? 입에서 나오는 것들은 마음에서 나오나니 이것이야말로 사람을 더럽게 하느니라. 마음에서 나오는 것은 악한 생각과 살인과 간음과 음란과 도둑질과 거짓 증언과 비방이니 이런 것들이 사람을 더럽게 하는 것이요, 씻지 않은 손으로 먹는 것은 사람을 더럽게 하지 못하느니라."[98]

"**예수께서 거기서 나가사** 두로와 시돈 지방으로 들어가시니", 그렇게 '**떡 먹을 때** 손을 씻지 않는 제자들'에 대한 항의를 뒤로 하고 예수님께서 '두로와 시돈 지방'으로 들어가시자 일어난 일이었다. 아마도 '게네사렛'에서 병자를 고쳐주신 소문이 퍼진 때문이었을 것이다. '가나안 여자'가 나와 예수님을 향해 소리 질렀다. "주 다윗의 자손이여, 나를 불쌍히 여기소서. 내 딸이 흉악하게 귀신 들렸나이다." 그러나 예수님은 한 말씀도 답하지 아니하셨다. 외면하는 듯한 예수님의 모습을 보고 제자들이 와서 말했다. "그 여자가 우리 뒤에서 소리를 지르오니 그를 보내소서." 그러자 예수님께서 제자들에게 답하셨다. "나는 이스라엘 집의 잃어버린 양 외에는 다른 데로 보내심을 받지 아니하였노라." 마태복음을 읽던 유대인들은 어쩌면 이 구절에서

---

97 "그때에 바리새인과 서기관들이 예루살렘으로부터 예수께 나아와 이르되 '당신의 제자들이 어찌하여 장로들의 전통을 범하나이까 떡 먹을 때에 손을 씻지 아니하나이다'(마태복음 15:1–2).
98 마태복음 15:17–20

은혜를 받았을지 모른다. 그런 점에서, 마태복음은 겉으로 볼 때 '유대인을
위한 복음서'로 보인다. 그러나 겉으로 볼 때, '가장 유대적인 복음서'인 마
태복음은 '가장 반(反)유대적인 복음서'다.

이번에는 그 여인이 예수님께 직접 절하며 간청했다. "주여 저를 도우소
서." 아마도 간절하게 외치는 모습을 보기 안쓰러웠던 제자들이 그 여인을
예수님께 데려왔던 것 같다. 그런데 예수님의 대답은 냉담했다. "**자녀의 떡
을 취하여 개들에게 던짐이 마땅하지 아니하니라.**" 이 지점에서도 유대인
독자들은 은혜를 받았을지 모른다. 예수님의 이 말씀에 여인이 이렇게 대
답했다. "주여 옳소이다마는 **개들도 제 주인의 상에서 떨어지는 부스러기
를 먹나이다.**" 이에 예수님께서 답하셨다. "여자여 네 믿음이 크도다. 네 소
원대로 되리라." 그리고 예수님의 이 말씀이 떨어지는 순간 여인의 딸이 나
았다.

"**자녀의 떡을 취하여 개들에게 던짐이 마땅하지 아니하니라.**" 바로 이 말
씀이 예수님께서 가나안 여인에게 소위(所謂) '갑질'을 하신 것이 아니냐는
질문이 나오는 지점이다. 과연 그럴까?

성경을 읽다가 이해되지 않는 부분이 나올 때, 처음 해야 하는 일은 이것
이다. 우선 이 말씀이 무슨 말씀을 하다가 나온 말씀인지를 살피는 것이다.
그리고 뒤에 무슨 말씀을 하려고 이 말씀이 나오는가를 확인하는 것이다.
즉 이해되지 않는 말씀의 앞뒤를 살피는 것이다. 거기에 더해 그 말씀들 사
이에 '공통된 주제'를 찾을 수 있다면 '금상첨화(錦上添花)'다.

이 사실을 머리에 두고 '수로보니게 여인 사건' 전후에 어떤 말씀이 있는

지를 살펴보자. 우선 가나안 여인에게 소위(所謂) '갑질'을 하신 것이 아니냐는 기사에서, 예수님과 가나안 여인은 '**떡**'을 '매개(媒介)'로 대화했다. 그리고 이 기사 앞에는 제자들이 왜 손을 씻지 않고 "**떡을 먹냐?**"는 바리새인들과 서기관들의 항의가 있었다. 쉽게 말해, 가나안 여인 이야기와 그 앞의 기사는 '**떡**'이라는 '공통 주제'를 가지고 있다. 이때 바리새인과 서기관들은 예루살렘으로부터 온 자들이었다. 걸어서 2–3주 이상이 걸리는 거리를 와서, 그들이 따진 내용은 "왜 손을 씻지 않고 **떡을 먹냐?**"는 것이었다.

> ¹⁸너는 물두멍을 놋으로 만들고 그 받침도 놋으로 만들어 씻게 하되 그 것을 회막과 제단 사이에 두고 그 속에 물을 담으라 ¹⁹**아론과 그의 아들들이 그 두멍에서 수족을 씻되** ²⁰그들이 **회막에 들어갈 때에 물로 씻어** 죽기를 면할 것이요 제단에 가까이 가서 그 직분을 행하여 여호와 앞에 화제를 사를 때에도 그리 할지니라 ²¹이와 같이 그들이 그 **수족을 씻어** 죽기를 면할지니 이는 그와 그의 자손이 대대로 영원히 지킬 규례니라 (출애굽기 30:18–21)^{**99**}

팔레스타인 지역은 물이 귀한 곳이었다. 그러니 먹을 물을 구하는 것조차 힘겨웠던 일반 백성들에게 음식을 먹을 때마다 손을 씻으라는 요구는 현

---

99 "²⁹또 회막의 성막 문 앞에 번제단을 두고 번제와 소제를 그 위에 드리니 여호와께서 모세에게 명령하신 대로 되니라 ³⁰그는 또 물두멍을 회막과 제단 사이에 두고 거기 씻을 물을 담으니라 ³¹모세와 아론과 그 아들들이 거기서 수족을 씻되 ³²그들이 회막에 들어갈 때와 제단에 가까이 갈 때에 씻었으니 여호와께서 모세에게 명령하신 대로 되니라"(출애굽기 40:29–32).

실적이지 않았다. 과도한 요구였다. 더군다나 율법에서 정결례(淨潔禮)의 목적으로 손을 씻으라고 한 것은 '희생 제사'를 드리는 제사장에게 한 것이 유일(唯一)하다. 즉 음식을 먹을 때마다 손을 씻으라는 요구는 '성경적 근거'가 없었다. 그런데 '희생 제사 때 제사장들에게만 요구된 율법'을 '일반 백성과 일반적인 상황에 확대 적용한 것'은 서기관들이 했던 일이었다. 즉 음식 먹을 때 손을 씻지 않는다는 이유로 누군가를 정죄하는 것은 '성경적 근거'가 없었다. 이러한 바리새인과 서기관들의 행패 가운데 예수님과 이들 사이에 오간 대화의 '매개(媒介)' 또한 '떡'이었다. 예수님 당시 종교 지도자였던 바리새인들과 서기관들은 '떡'을 매개로 예수님과 대화하는 과정에서 바른말을 하지 않았다. 그들은 잘못 말하고 있었다. 쉽게 말해, 그들은 예수님과의 대화에 '실패'하고 있었다.

그런데, 이 두 사건 앞뒤에는 그 유명한 '**오병이어(五餅二魚)**'와 '**칠병이어(七餅二魚)**'의 기적이 나온다. '**떡 다섯 개**와 물고기 두 마리로 여자와 어린이 외에 오천 명을 먹인 사건'이 '수로보니게 여인 사건' 앞에 나온다. 즉 '가나안 여인 이야기' 앞에는 계속 '**떡 이야기**'를 하는 중이었다.

[16]예수께서 이르시되 갈 것 없다 너희가 먹을 것을 주라 [17]제자들이 이르되 여기 우리에게 있는 것은 떡 다섯 개와 물고기 두 마리뿐이니이다 [18]이르시되 그것을 내게 가져오라 하시고 [19]무리를 명하여 잔디 위에 앉히시고 **떡 다섯 개와 물고기 두 마리를 가지사 하늘을 우러러 축사하시고 떡을 떼어 제자들에게 주시매** 제자들이 무리에게 주니 [20]다 배불리

먹고 남은 조각을 열두 바구니에 차게 거두었으며 [21]**먹은 사람은 여자와 어린이 외에 오천 명이나 되었더라**(마태복음 14:16-21)

그리고 '가나안 여인 이야기' 뒤에는 '**떡 일곱 개**와 생선 두어 마리로 여자와 어린이 외에 사천 명을 먹인 사건'이 나온다. 쉽게 말해, '가나안 여인 이야기'의 앞과 뒤에는 '**떡 이야기**'가 계속되고 있다.

[34]예수께서 이르시되 너희에게 떡이 몇 개나 있느냐 이르되 일곱 개와 작은 생선 두어 마리가 있나이다 하거늘 [35]예수께서 무리에게 명하사 땅에 앉게 하시고 [36]**떡 일곱 개와 그 생선을 가지사 축사하시고 떼어 제자들에게 주시니** 제자들이 무리에게 주매 [37]다 배불리 먹고 남은 조각을 일곱 광주리에 차게 거두었으며 [38]**먹은 자는 여자와 어린이 외에 사천 명이었더라**(마태복음 15:34-38)

더군다나, '**칠병이어(七餅二魚)**'의 기적 다음에는 이런 이야기가 증언되어 있다.

[5]제자들이 건너편으로 갈새 **떡 가져가기를 잊었더니** [6]예수께서 이르시되 삼가 바리새인과 사두개인들의 누룩을 주의하라 하시니 [7]제자들이 서로 논의하여 이르되 **우리가 떡을 가져오지 아니하였도다** 하거늘 [8]예수께서 아시고 이르시되 **믿음이 작은 자들아 어찌 떡이 없으므로 서로 논의하느냐** [9]너희가 아직도 깨닫지 못하느냐 **떡 다섯 개로 오천 명을 먹**

이고 주운 것이 몇 바구니며 ¹⁰**떡 일곱 개**로 사천 명을 먹이고 주운 것이 몇 광주리였는지를 기억하지 못하느냐 ¹¹**어찌 내 말한 것이 떡에 관함이 아닌 줄을 깨닫지 못하느냐** 오직 바리새인과 사두개인들의 누룩을 주의 하라 하시니 ¹²그제서야 제자들이 **떡의 누룩**이 아니요 바리새인과 사두 개인들의 교훈을 삼가라고 말씀하신 줄을 깨달으니라(마태복음 16:5- 12)

바리새인들과 사두개인들이 예수님께 하늘로부터 오는 표적을 요구하 자 '요나의 표적 밖에는 보여줄 것이 없다'며 그들을 떠나가셨을 때의 일이 다.¹⁰⁰ '칠병이어(七餠二魚)'의 기적은 갈릴리 호수 동편에서 일어난 사건이었 다. 즉 '이방인의 지역'에서 있었던 일이다. 쉽게 말해, 이방인의 지역까지 바리새인들과 사두개인들이 예수님을 쫓아와 표적을 요구한 것이다. "제자 들이 건너편으로 갈새", 그렇게 끈질긴 바리새인들과 사두개인들의 시비를 뒤로하고 이방지역을 떠나 갈릴리로 향하는 배 안에서 있었던 일이다. 예수 님께서 제자들을 교훈하기 위해 말씀하셨다. "삼가 바리새인과 사두개인들 의 누룩을 주의하라."

예수님의 이 말씀은 배에 오르기 전, 예수님께 하늘로부터 오는 표적을 요구했던 '바리새인들과 사두개인들의 교훈'을 조심하라는 의미였다. 하지

---

100 "바리새인과 사두개인들이 와서 예수를 시험하여 하늘로부터 오는 표적 보이기를 청하니 ²예 수께서 대답하여 이르시되 너희가 저녁에 하늘이 붉으면 날이 좋겠다 하고 ³아침에 하늘이 붉 고 흐리면 오늘은 날이 궂겠다 하나니 너희가 날씨는 분별할 줄 알면서 시대의 표적은 분별할 수 없느냐 ⁴악하고 음란한 세대가 표적을 구하나 요나의 표적 밖에는 보여 줄 표적이 없느니라 하시고 그들을 떠나 가시니라"(마태복음 16:1-4).

만 **떡** 가져오는 것을 잊었던 제자들은 예수님의 말씀을 알아듣지 못했다. 그리하여 서로 작은 소리로 논의했다. "우리가 떡을 가져오지 아니하였도 다." 이때 제자들이 말한 떡은 '**칠병이어(七餅二魚)**'의 기적으로 여자와 어린 이 외에 사천 명을 먹이고도 남은 그 떡이었을 것이다. '**칠병이어(七餅二魚)**' 의 기적 때 남은 떡은 일곱 광주리 가득이었다. 제자들의 이 모습이 기가 막 혀 보이겠지만, 이것이 사람이다. 사람은 보고 싶은 것만 보고, 듣고 싶은 것만 듣는 존재다. 쉽게 말해, 이때까지도 제자들의 관심사는 예수님의 '구 원 사역'이 아니었다. 이때까지도 제자들의 마음 한가운데는 '**떡**'이 차지하 고 있었다.

제자들의 속닥거리는 소리를 아신 예수님께서 말씀하셨다. "믿음이 작 은 자들아, 어찌 **떡이** 없으므로 서로 논의하느냐? 너희가 아직도 깨닫지 못 하느냐? **떡 다섯 개**로 오천 명을 먹이고 주운 것이 몇 바구니며 **떡 일곱 개** 로 사천 명을 먹이고 주운 것이 몇 광주리였는지를 기억하지 못하느냐? 어 찌 내 말한 것이 **떡에** 관함이 아닌 줄을 깨닫지 못하느냐? 오직 바리새인과 사두개인들의 누룩을 주의하라." 이렇게 갈릴리로 돌아오는 배 안에서 예수 님과 제자들 사이에 오갔던 대화의 '매개(媒介)' 또한 '**떡**'이었다. 즉 예수님의 제자들 또한 '**떡**'을 매개로 예수님과 대화하는 과정에서 바른말을 하지 못했 다. 그들 또한 깨닫지 못하고 잘못 말했다. 쉽게 말해, 제자들 또한 예수님 과의 대화에 '실패'하고 있었다.

'오병이어(五餅二魚)'의 기적 이후, 제자들이 손을 씻지 않고 떡을 먹는다 며 항의했던 바리새인과 서기관들은 '**예수님과의 떡 이야기**'에서 '실패'했다.

즉 언약 백성의 종교 지도자들은 '**예수님과의 떡 이야기**'에서 '실패'했다.

'칠병이어(七餠二魚)'의 기적 이후, 바리새인과 서기관들의 누룩을 조심하라는 가르침을 받던 제자들 또한 '**예수님과의 떡 이야기**'에서 '실패'했다. 즉 '이스라엘 집의 잃어버린 양 외에는 다른 데로 보내심을 받지 않았다는 예수님'의 '유대인 제자들' 또한 '**예수님과의 떡 이야기**'에서 '실패'했다.

이러한 두 사건 한가운데 '수로보니게 여인 이야기'가 위치해 있다. 그렇게 '가나안 여인 이야기'와 '그 앞뒤에 배치된 이야기' 모두 예수님과 등장인물들이 '**떡을 매개**'로 대화하고 있다. 그런데 그 등장인물 중 예수님과의 대화에 '성공'한 사람은 오직 한 명뿐이다. 그리고 아이러니하게도 예수님과 '**떡을 매개**'로 대화에 성공한 사람은 '주인의 상 밑에서 떨어지는 부스러기를 먹던 개'였다. 그 결과, 그 여인은 '주인의 상 밑에 떨어진 부스러기'로 '흉악한 귀신 들린 딸'을 고칠 수 있었다.

'수로보니게 여인 사건'과 '**칠병이어(七餠二魚)**'의 기적 사이에는 '작은 이야기'가 지나가듯이 잠깐 언급되어 있다.

> [29]예수께서 거기서 떠나사 갈릴리 호숫가에 이르러 산에 올라가 거기 앉으시니 [30]큰 무리가 다리 저는 사람과 장애인과 **맹인과 말 못하는 사람과** 기타 여럿을 데리고 와서 예수의 발 앞에 앉히매 **고쳐 주시니** [31]**말 못하는 사람이 말하고** 장애인이 온전하게 되고 다리 저는 사람이 걸으며 **맹인이 보는 것을** 무리가 보고 놀랍게 여겨 이스라엘의 하나님께 영광을 돌리니라(마태복음 15:29-31)

"이에 예수께서 대답하여 이르시되, 여자여 네 믿음이 크도다. 네 소원대로 되리라 하시니, 그때로부터 그의 딸이 나으니라." 이 말씀 바로 다음에 나오는 이야기다. 예수님께서는 수로보니게 여인과 헤어진 후, 갈릴리 호숫가에 있는 산에 올라가 앉으셨다.

물론, 수로보니게 여인의 딸을 고쳐주신 곳과 예수님께서 올라가 앉으신 곳은 '지리적으로나 시간적으로' 상당한 거리가 있다. '수로보니게 여인의 딸'을 고쳐주신 지역은 '지중해 해안'으로 알려져 있다. 반면, '칠병이어(七餅二魚)'의 기적은 '갈릴리 호수 동편'에서 있었던 일이다. 예수님은 '수로보니게 여인의 딸'을 고쳐주신 뒤[101], '지중해 해변에 있는 두로와 시돈'을 떠나 '갈릴리 호수 동편 데가볼리 지역'에서 '칠병이어(七餅二魚)'의 기적을 일으키셨다.

즉, 수로보니게 여인의 딸을 고쳐주신 뒤, 갈릴리 호수 동편으로 오신 뒤의 일이었다. 많은 사람들이 '맹인과 말 못하는 사람들'을 데려왔다. 그리고 예수님께서는 그들을 고쳐주셨다. 그렇게 많은 병자들을 고쳐주신 뒤, 예수님께서 베풀어 주신 기적이 '칠병이어(七餅二魚)'의 기적이다. 그런데 앞에서도 언급했듯이, 이 지역은 '이방인의 지역'이었다. 즉 이때 예수님께서 고쳐주신 병자들은 '이방인들'이었다. 이때 고침을 받은 자들 가운데는 '보지 못하고 말하지 못하는 자'들이 있었다. 그렇게 예수님께서는 그들을 고쳐주신 뒤 그들을 먹이신 것이다. 더군다나 예수님께서 '칠병이어(七餅二魚)'의 기적을 일으키시며 하셨던 말씀은 이러했다. **"내가 무리를 불쌍히 여기노라. 그**

---

101 두로에서

들이 나와 함께 있은 지 이미 사흘이매 먹을 것이 없도다. 길에서 기진할까 하여 굶겨 보내지 못하겠노라." 즉 예수님의 이 말씀은 이방인들을 향한 것이었다.

그런데 수로보니게 여인과 오갔던 대화는 이러했다. **"자녀의 떡을 취하여 개들에게 던짐이 마땅하지 아니하니라."** 수로보니게 여인이 뒤에서 소리 지르니 그녀를 어떻게 해보라는 제자들의 요구에 이 말씀을 하신 뒤였다. **"나는 이스라엘 집의 잃어버린 양 외에는 다른 데로 보내심을 받지 아니하였노라."** 예수님의 이 말씀에 수로보니게 여인이 했던 답이다. "주여 옳소이다마는 개들도 제 주인의 상에서 떨어지는 부스러기를 먹나이다." 이제 보이는가? 이스라엘 집의 잃어버린 양 외에는 다른 데로 보내심을 받지 않았다는 예수님께서는 수로보니게 여인과 헤어진 뒤 '이방지역'으로 가셨다. 그리고 그 지역에 있는 '이방인들'을 고치시고 먹이셨다. "나는 이스라엘 집의 잃어버린 양 외에는 다른 데로 보내심을 받지 아니하였노라."라고 말씀하신 예수님이셨다. **그렇다면 예수님께서 말씀하신 "이스라엘 집의 잃어버린 양"은 과연 누구일까?**

마태복음의 한가운데는 '떡 이야기'가 나온다. 그리고 이때 등장인물은 '예수님, 바리새인과 서기관들, 예수님의 제자들, 그리고 수로보니게 여인'이다. 이들 중 예수님과 '떡 이야기'를 나누는 가운데 '예수님과 말이 통했던 인물'은 누구였는가? 그렇다. 바로 '수로보니게 여인' 단 한 명뿐이었다.

그렇게 '수로보니게 여인의 귀신들린 딸'을 고쳐주신 뒤, 예수님께서는 이방인들 가운데 '보지 못하는 자와 말 못하는 자'들을 고쳐주셨다. 그러니 생각해 보라. **마태복음의 '떡 이야기'에 등장하는 유대인 가운데 예수님께서 하시는 일과 말씀을 '보고 들을 수 있었던 자'가 있었는가?** 단 한 명도 없었다. 그렇다면, 마태는 마태복음 한가운데 기록한 '떡 이야기'를 통하여 누구를 고발하고 있는 것일까? 누가 '보지 못하며 누가 말 못하는 자'라고 이야기하는 것일까? 누가 예수님께 나아와 고침을 받아야 한다는 것일까? 궁극적으로 누가 '주인의 상에서 떨어지는 부스러기가 필요한 개'라는 이야기일까? 그러니까, 누가 '진정한 이방인'이며 누가 '진정한 이스라엘 집의 잃어버린 양'이라는 이야기일까? 더 설명이 필요할까?

그렇게 대화를 마친 뒤, 예수님께서 수로보니게 여인에게 화답(和答)하셨다. "여자여, 네 믿음이 크도다. 네 소원대로 되리라." 그렇다. **진정한 '이스라엘 집의 잃어버린 양'은 바로 '수로보니게 여인'이었다!**

같은 맥락으로, 누가 '건강한 자'이고 누가 '병든 자'일까? 누가 '의인'이며 누가 '죄인'일까? **"건강한 자에게는 의사가 쓸 데 없고 병든 자에게라야 쓸 데 있느니라.** 너희는 가서 내가 긍휼을 원하고 제사를 원하지 아니하노라 하신 뜻이 무엇인지 배우라. **나는 의인을 부르러 온 것이 아니요 죄인을 부르러 왔노라."**

그렇다면, 마태는 어떻게 이러한 글을 쓸 수 있었을까? "성경은 100% 하나님의 작품인 동시에, 100% 사람의 작품이다. 그러므로 참 하나님의 말씀이다." 그리고 성경 기자는 하나님께서 주신 말씀을 단순히 받아쓴 것이

아니다. 하나님은 당신의 사람들을 그렇게 사용하지 않으신다. 하나님의 도
구로 사용 받는 사람마저 하나님께는 '소중한 자녀'다. 그들을 위해서도 성
자 하나님이신 우리 주 예수 그리스도께서는 십자가에 못 박혀 죽으셨다.
그러므로 성경에는 '성경 기자의 삶과 신앙고백'이 오롯이 녹아들어 있다.
그렇게 '오류투성이인 사람의 아픔과 기쁨 그리고 그의 모든 성장 스토리
(story)'가 녹아들어 있다. 그럼에도 불구하고, 오류 없는 성경이 완성되도록
하신 것은 '하나님의 은혜'인 동시에 '하나님의 위대함'이다.

즉, 마태복음은 마태의 삶이 녹아들어 있는 작품이다. 랍비를 꿈꿨던 한
소년이 산전수전(山戰水戰)을 다 겪어낸 후 펴낸 작품이다. 동족(同族)에게 존
경받는 랍비를 꿈꿨던 똑똑한 소년이 그의 꿈이 좌절된 뒤 '세상으로부터
받은 상처의 흔적'이 오롯이 새겨져 있는 작품이다. '사랑과 존경을 받고 싶
었던 동족(同族)'으로부터 '증오와 경멸의 세월'을 견디어 낸 후 펴낸 '조용한
외침'이다. 그러니 그 '조용한 외침' 가운데는 동족(同族)을 향한 '원망과 사랑
의 흔적'이 새겨져 있을 수밖에 없다. 앞 문장에서 '원망의 흔적'을 이상하게
생각할 필요는 없다. 예수님의 사랑으로 '모든 것을 이겨내야 하는 것 아니
냐?'는 질문은 우리의 육체를 입고 오신 '예수님의 성육신'을 충분히 이해하
지 못한 결과다.[102] 우리를 시공간(時空間) 가운데 창조하시고, 허락하신 그
시공간 가운데 우리를 성장시켜 가시는 하나님의 방식을 가볍게 여긴 결과
다. 우리 인생 가운데 새겨진 상처와 아픔을 통해서도 구원을 이루어 가시

---

[102] "우리에게 있는 대제사장은 우리의 연약함을 동정하지 못하실 이가 아니요 모든 일에 우리와
똑같이 시험을 받으신 이로되 죄는 없으시니라"(히브리서 4:15).

는 하나님의 깊은 지혜와 지식의 풍성함을 묵상하기 바란다.[103]

마태가 근무했던 '가버나움 세관'은 다메섹에서 지중해로 통하는 무역로에 위치했다. 즉 지중해를 통해 갈릴리로 들어오는 물품에 관세를 매기는 역할을 했다고 알려진 곳이다. 동시에 그곳은 다메섹에서 예루살렘으로 이어지는 간선도로변(邊)에 있었다. 그리고 갈릴리 호수에서 어업을 하거나 맞은편 이방지역으로 상업활동을 하던 배로부터 세금을 걷는 역할 또한 했던 곳이다. 그러한 이유로 당시 '가버나움 세관'에서 근무하던 세리들은 소위 (所謂) '엘리트(elite) 집단'이었다고 전해진다.

유대인인 그들은 '히브리어'와 고대 오리엔트 지역의 국제어였던 '아람어'[104]를 사용했다. 참고로 유대인들은 바벨론에 포로로 잡혀간 후, '아람어'를 배우게 되었다. 즉 포로기 이후 유대인의 일상어는 아람어였다. 그러니 히브리어와 아람어를 하는 것까지는 어려운 일이 아니었다. 그러나 로마관청과 공문서를 주고받았던 그들은 '라틴어'를 할 줄 알아야 했다. 동시에 헬라 문화권에서 오가는 물품에 세금을 매기기 위해 '헬라어'에도 능통해야 그 일을 감당할 수 있었다고 전해진다. 즉 마태는 '4개 국어'에 능통한 '엘리트(elite)'였다. 모두가 알고 있듯이, 구약성경은 '히브리어'로, 신약성경은 '헬라

---

103 "³²하나님이 모든 사람을 순종하지 아니하는 가운데 가두어 두심은 모든 사람에게 긍휼을 베풀려 하심이로다 ³³깊도다 하나님의 지혜와 지식의 풍성함이여, 그의 판단은 헤아리지 못할 것이며 그의 길은 찾지 못할 것이로다 ³⁴누가 주의 마음을 알았느냐 누가 그의 모사가 되었느냐 ³⁵누가 주께 먼저 드려서 갚으심을 받겠느냐 ³⁶이는 만물이 주에게서 나오고 주로 말미암고 주에게로 돌아감이라 그에게 영광이 세세에 있을지어다 아멘"(로마서 11:32-36).

104 기원전 500년경부터 기원후 600년경까지 고대 오리엔트 지역에서 사용된 국제어.

어'로 기록되었다.[105] 그러니 마태는 예수님의 행적과 사역을 기록한 복음서의 '준비된 저자'였다. 그런데 그가 소년 시절 꿈꾸었던 랍비가 되었다면 과연 '헬라어'에 능통할 수 있었을까? 그 결과, 헬라어로 기록된 마태복음을 쓸 수 있었을까? 이것이 예수님께서 그를 여섯 번째 제자로 부르신 또 다른 이유였을 것이다. 쉽게 말해, 마태복음에는 마태의 '아픈 삶의 흔적'이 승화되어 녹아져 있다. 마태가 '아픈 삶의 궤적 가운데 익히게 된 기능들'이 오롯이 녹아있다.

그런 점에서, 마태는 예수님의 열두 제자 중 '가장 뛰어난 학식과 더불어 실무능력'을 갖춘 '엘리트(elite)'였다. 그런 엘리트였지만, 사복음서 어디에도 마태가 세리였다는 것 외에 따로 기록된 사건이 없다. 물론 세리였던 경력 때문에, 나머지 열한 제자가 그를 인정하지 않았을 수도 있다. 하지만 누구와 다투었다든지 혹은 누구에게 자신의 권리와 인정을 받기 위해 항의했다는 기록이 전무(全無)하다.[106] 이러한 정황으로 보아, 그는 최소한 '나서는 성격'은 아니었던 것으로 보인다. 이 말은 그가 '사회성이 떨어졌을 것'이라는 이야기가 아니다. 예수님으로부터 여섯 번째 제자로 부르심을 받은 후, 그

---

105 물론, 다른 언어도 아주 조금 섞여 있기는 하다. 하도 시비를 거는 시대여서 혹시나 하는 마음에 기록해 둔다.

106 "[20]그때에 세베대의 아들들의 어머니가 그 아들들을 데리고 예수께 와서 절하며 무엇을 구하니 [21]예수께서 이르시되 무엇을 원하느냐 이르되 나의 이 두 아들을 주의 나라에서 하나는 주의 우편에, 하나는 주의 좌편에 앉게 명하소서 [22]예수께서 대답하여 이르시되 너희는 너희가 구하는 것을 알지 못하는도다 내가 마시려는 잔을 너희가 마실 수 있느냐 그들이 말하되 할 수 있나이다 [23]이르시되 너희가 과연 내 잔을 마시려니와 내 좌우편에 앉는 것은 내가 주는 것이 아니라 내 아버지께서 누구를 위하여 예비하셨든지 그들이 얻을 것이니라 [24]**열 제자가 듣고 그 두 형제에 대하여 분히 여기거늘**"(마태복음 20:20-24).: 이렇게 예수님의 열두 제자 중 하나로 기록된 기사가 전부이다.

가 베푼 잔치에 수많은 세리가 참석했었다. 즉 그는 내성적이기보다는 '자신의 일'을 묵묵히 해나가는 사람이었던 것 같다. '자기 색깔'이 있었던 사람으로 보인다.

　이 글을 쓸 당시 인기를 끌고 있었던 음악 프로그램(program) "싱 어게인(sing again)" 2기에 나오는 '김이나 작사가'의 심사평을 옮기겠다. '김소연 가수'가 부른 "미소를 띠우며 나를 보낸 그 모습처럼"[107]이라는 곡을 들은 뒤 했던 심사평이다. "저는 혼자 또 상상하는 걸 좋아하는 사람이다 보니까 멘탈(mental) 멘탈(mental) 이야기가 많이 나오는데, 저는 혼자서 항상 의심을 하곤 했습니다. 소연님의 제가 기억하는 표정이 딱 두 개에요. 완전히 무표정한 표정 하나 하고, 하나는 약간 냉소적인 미소 하나. 겉으로 내가 느끼는 감정을 다른 사람에게 표현하는 것이 평소에 굉장히 서투르다. 근데 노래를 하면 다른 사람이 되는 거에요. 그 갭(gap) 차이가 굉장히 큰 것 같아요. 밤에 혼자 내가 낮에 아까 하지 못했던 말, 아까 짓지 않은 표정, 그걸 막 헤아리며 혼자 힘들었던 밤이 많아서 그런 것들이 음악으로 나오는 게 아닐까? 그래서 그런 게 생각이 났어요. 그러니까 안에 수천 겹의 꽃잎을 물고 있는 봉오리 있잖아요. 아직 안 핀 거 만개를 안에서, 우리 눈에 쉽게 안 드러날 뿐, 분명히 안에 수천 겹 수만 겹에 무언가가 있다. 저는 그렇게 느꼈어요." 나는 '김이나 작사가'의 심사평을 들으며 '마태'를 생각했다.

　　[1]예수께서 그의 열두 제자를 부르사 더러운 귀신을 쫓아내며 모든 병과

---

107 1986년에 발표된 곡, 이은하 작사, 장덕 작곡, 이은하 부름.

모든 약한 것을 고치는 권능을 주시니라 [2]열두 사도의 이름은 이러하니 베드로라 하는 시몬을 비롯하여 그의 형제 안드레와 세베대의 아들 야고보와 그의 형제 요한, [3]빌립과 바돌로매, 도마와 세리 마태, 알패오의 아들 야고보와 다대오, [4]**가나나인 시몬** 및 가룟 유다 곧 예수를 판 자라 (마태복음 10:1-4)

　예수님의 공생애 두 번째 해에 한꺼번에 열두 제자 안에 들어온 제자 가운데는 '열심 당원'도 있었다. '가나나인 시몬'이 바로 그다.[108] '가나나인'이라는 말은 '가나안 사람'이라는 뜻이 아니다. '가나나인'이라는 말은 '열심 당원'을 뜻했다. 같은 말로 '셀롯, 셀롯인'이 있다.[109] '열심당'은 예수님 당시 로마의 식민 지배에 항거(抗拒)하여 조직된 '급진파 유대인 단체'였다. 훗날 예루살렘 성전의 파괴를 가져온, 제1차 유대-로마전쟁[110]의 중심에 있었던 단체가 바로 이 '열심당'이다. 폭력항쟁을 주장했던 이들은 평소 '팔레스타인에 파견된 로마 관리'와 유대인 내 '친(親)로마 인사(人士)'의 암살이 '주 임무'였다. 그리고 세리는 그들의 '주요한 표적'이었다.

　그런 점에서 생각해 볼 때, 열두 제자에 '가나나인 시몬'이 들어왔을 때 마태의 마음은 어떠했을까? 당연히 '가나나인 시몬'은 먼저 예수님께 부름받은 마태의 존재를 알고 있었을 것이다. 그렇다면 마태는 '가나나인 시몬'

---

108 "또 안드레와 빌립과 바돌로매와 마태와 도마와 알패오의 아들 야고보와 및 다대오와 가나나인 시몬이며"(마가복음 3:18).
109 "마태와 도마와 알패오의 아들 야고보와 **셀롯이라는 시몬과**"(누가복음 6:15).
110 기원후 66년에서 73년경

의 존재를 시몬이 열두 제자로 부름 받은 후 알게 되었을까? 아니면 그 이전부터 알고 있었을까?

> [13]들어가 그들이 유하는 다락방으로 올라가니 베드로, 요한, 야고보, 안드레와 빌립, 도마와 바돌로매, **마태**와 및 알패오의 아들 야고보, **셀롯인 시몬**, 야고보의 아들 유다가 다 거기 있어 [14]여자들과 예수의 어머니 마리아와 예수의 아우들과 더불어 **마음을 같이하여 오로지 기도에 힘쓰더라**(사도행전 1:13-14)

물론 예수님의 부활 승천 후, 이들은 서로 마음을 같이하여 기도에 힘썼다. 오순절 성령 강림 직전의 일이었다. 그러니 성령을 받은 후 이 둘의 관계는 이전보다 분명히 끈끈해졌을 것이다. 그리고 각주 106에서 인용했듯이, 세베대의 아내가 그녀의 두 아들 야고보와 요한을 데리고 예수님께 "주의 나라에서 하나는 주의 우편에, 하나는 주의 좌편에 앉게 해달라"고 했을 때는 한 목소리로 화를 냈다. 즉 공통의 이익과 입장을 위해서는 공동전선을 취하기도 했다. 그러나 평소 이 둘의 관계는 어떠했을까?

> [34]이르시되 **베드로야 내가 네게 말하노니 오늘 닭 울기 전에 네가 세 번 나를 모른다고 부인하리라** 하시니라 [35]그들에게 이르시되 내가 너희를 전대와 배낭과 신발도 없이 보내었을 때에 부족한 것이 있더냐 이르되 없었나이다 [36]이르시되 이제는 전대 있는 자는 가질 것이요 배낭도 그리하고 **검 없는 자는 겉옷을 팔아 살지어다** [37]내가 너희에게 말하노니

기록된 바 그는 불법자의 동류로 여김을 받았다 한 말이 내게 이루어져
야 하리니 내게 관한 일이 이루어져 감이니라 [38]그들이 여짜오되 **주여
보소서 여기 검 둘이 있나이다** 대답하시되 **족하다** 하시니라(누가복음
22:34-38)

예수님께서 십자가에 못 박히시기 전, 베드로가 세 번 예수님을 부인할
것을 말씀하신 후였다. "내가 너희를 전대와 배낭과 신발도 없이 보내었을
때에 부족한 것이 있더냐?" 제자들이 대답했다. "없었나이다." 제자들의 이
대답에 예수님께서 이렇게 말씀하셨다. "이제는 전대 있는 자는 가질 것이
요, 배낭도 그리하고 **검 없는 자는 겉옷을 팔아 살지어다**. 내가 너희에게
말하노니 기록된 바 그는 불법자의 동류로 여김을 받았다 한 말이 내게 이
루어져야 하리니 내게 관한 일이 이루어져 감이니라." 예수님의 이 말씀에
그 자리에서 제자들이 칼 두 개를 보여드렸다. "주여, 보소서. 여기 검 둘이
있나이다." 그 칼을 보는 순간, 예수님의 얼굴에는 쓸쓸한 기운이 가득 피어
올랐을 것이다. "족(足)[111]하다." 무슨 뜻일까? 그만하면 되었다는 뜻이다.

이때 제자들이 예수님 앞에 내어놓은 칼 중 하나는 분명히 '가나나인 시
몬'의 것이었을 것이다. 그리고 그것은 '열심당 당원'들이 평소 암살(暗殺)을
목적으로 품고 다니던 것들과 같은 종류였을 것이다. 마태는 평소 언뜻언뜻
시몬의 품속에 비치던 칼을 보며 무슨 생각을 했을까? 어떤 느낌을 받았을
까? 밤이 되어 열두 제자들이 단체로 잠자리를 잡을 때, 혹시나 시몬의 곁

---

111 만족(滿足)에서의 족(足)자다. 하지만 예수님의 이 말씀은 만족하셨다는 뜻이 아니다.

에 자리가 잡힐 때는 어떠했을까? 특별히 달도 뜨지 않는 그믐에 노숙(露宿)하게 되었을 때는 무슨 생각이 들었을까?

예수님의 전도 여행 중, 이방인들을 마주쳐 통역이 필요한 경우 통역(通譯)은 '마태의 몫'이었을 것이다. 그렇게 통역을 마친 후, 일을 잘 마쳤다는 뿌듯함과 한편으로는 자랑스러운 마음에 몸을 돌이키다 시몬과 눈이 마주쳤을 때 마태는 순간 움찔했을까? 그렇게 '세리의 경력'은 마태를 옭아매는 '족쇄'가 되었을 것이다. 그러는 가운데 앞에 인용한 '김이나 작사가'의 심사평처럼 마태의 마음 안에는 '수천 겹 수만 겹의 무언가'가 쌓여갔을 것이다. 미처 피지 못한 수천 겹의 꽃잎이 쌓여갔을 것이다. 그런 점에서 마태의 평소 표정은 '무표정하거나 약간 냉소적인 미소'를 지었을 가능성이 높다.

앞에서도 언급했듯이, 그는 원래 '나서는 성격'은 아니었을 것이다. 그렇다고 '사회성이 떨어지는 것' 또한 아니었을 것이다. 그저 '자신의 일'을 묵묵히 해나가는 '자기만의 색깔'이 있는 사람이었을 것이다. 그것이 그의 매력이었을 것이다. 최소한 그와 같은 처지였던 세리들 사이에서는 그랬을 것이다.

하지만 예수님의 '여섯 번째 제자'로 부르심을 받은 후, 그는 '진정한 경멸과 증오'를 맞닥뜨려야 했을 것이다. 그것도 더 '교묘한 방식'으로 말이다. 세리로 있었을 때, 그 경멸과 증오는 직접적으로 표현되기는 했어도 한 다리 건너 표현되었을 것이다. 어찌 되었든, 로마가 지배하는 세상이었다. 어찌 되었든, 현실 세계에서 힘을 가진 존재였다. 하지만 예수님의 제자가 된 후, 그를 향한 경멸과 증오는 방어막 없이 그에게 다가왔을 것이다. 그것도 바로 곁 예수님의 제자들로부터 오는 것이 가장 아프고 가깝게 다가왔을 것이다. 또한 그런 증오와 경멸은 예수님의 존재로 말미암아, 직접적이기보다는 다른 방식으로 표현되었을 것이다. 이것만큼 사람을 죽이는 것이 없다. 그런 점에서 교회를 다닌다는 것은, 그리고 선교단체에서 생활한다는 것은, 어떤 점에서는 마태와 같은 처지에 노출된다는 것을 의미한다.

그렇게 쌓인 세월이, 그렇게 쌓인 감정들이, 그렇게 겹겹이 쌓인 꽃잎이 봉오리가 되어 터진 것이 '마태복음'이다. 그렇게 자신의 감정을 다른 사람에게 표현하기 힘들었던 마태의 하지 못했던 말들이 '마태복음' 가운데 녹아 있다. 그렇게 하지 못했던 말, 짓지 못한 표정, 그것들을 헤아리며 혼자 힘들었던 세월이 쌓여 승화된 것이 '마태복음'이다. 그리고 하나님께서는 마태의 이러한 상처를 모아 '새로운 생명을 살리는 복음서'를 완성하셨다. 이것이 바로 하나님께서 '하나님의 사람의 인생'을 통하여 이루시는 '구원 역사'다. 이것이 바로 하나님의 사람의 아픔에 담는 '구원의 통로'다. 내 인생에서 '무슨 일이 일어났느냐?'보다 중요한 것은 바로 '그 일이 무슨 의미를 갖느냐?'이다. 그리고 그 의미를 부여해 주시는 분은 바로 "하나님"이시다.

베드로와 바울이
로마에서 복음을 전할 때 기록된 마태복음

사복음서 중, 두 번째로 기록된 것으로 알려진 마태복음의 '저작(著作) 시기'에 대해서는 이런저런 말이 많다. 우선 '저작 시기'에 대해 기록한 책마다 연도가 다르다. 더군다나 '저작 시기'가 몇십 년에 걸쳐 있어서 눈에 쉽게 들어오지도 않는다. 참고로 합의된 사복음서의 기록 순서는 이와 같다. '마가복음, 마태복음, 누가복음, 요한복음.' 그런데 재미있는 것은 마가복음이 마태복음보다 먼저 기록되었다고 하는 책에서조차, 마태복음의 '저작 연도 일부'가 마가복음보다 앞서는 경우가 적지 않다. 아마도 이러한 현상은 해당 복음서의 '저작(著作) 시기'에 대해 학자들이 주장하는 연도 대부분을 포괄했기 때문일 것이다. 그러한 이유로 나는 마태복음의 '저작(著作) 시기'를 초대 교회 당시 일부 기록에 근거해서 '특정(特定)'할 생각이다. 쉽게 말해, 여기서 전제(前提)하는 마태복음의 '저작(著作) 시기'와 다른 이야기를 하는 책은 차고도 넘친다.

2세기에 『이단 반박』이라는 글을 남겼으며, '신학의 아버지'로 존경받는 '이레나이우스(Irenaeus)'는 "베드로와 바울이 로마에서 복음을 전하며 교회를 세우는 동안 마태가 그의 책을 기록했다"라고 한 바 있다. 이레나이우스의 기록이 사실이라면, 마태복음은 기원후 60년대 초에 기록되었을 것이다. 이유는 간단하다. 그 시기에 베드로와 바울이 로마에서 복음을 전하며 교회를 세우고 있었기 때문이다.

일부 신학자들의 주장에 따르면, 바울은 기원후 64년에서 67년 사이에 순교한 것으로 알려져 있다. 그리고 베드로는 기원후 67년 전후에 순교한 것으로 알려져 있다. 이렇게 놓고 보면, 바울이 베드로보다 먼저 순교한 것으로 보인다. 그런데 그 반대의 의견도 있다. 적지 않은 수의 교회 역사가들은 기원후 65년 전후에 베드로가 순교했고, 바울은 67년에서 68년 사이에 순교했을 것이라고 주장한다. 이렇게 놓고 보면, 베드로가 바울보다 먼저 순교한 것으로 보인다.

그렇다면 이 둘 중 누가 먼저 순교했을까? 처음에[112] 나는 베드로가 바울보다 먼저 순교했을 것으로 보았다. 내가 그렇게 보았던 이유는 이러했다.

> 누가만 나와 함께 있느니라 **네가 올 때에 마가를 데리고 오라** 그가 나의 일에 유익하니라(디모데후서 4:11)

---

[112] 이 말을 통해서도 알 수 있듯이, 지금은 그렇게 생각하지 않는다. 그러면 베드로와 바울 중 누가 먼저 순교했을까? 글쎄다. 누가 먼저 순교했느냐보다는, 성경의 기록을 통하여 사실관계를 어떻게 추적해 나가느냐를 살펴보는 것이 더 유익할 것이다.

마가는 '바울을 안디옥 교회로 부른 바나바의 생질'이었다.[113] 바나바는
'마가의 외삼촌'이었다. '마가의 다락방'이라는 이야기는 한 번쯤 들어봤을
것이다. 예수님과 제자들이 예루살렘에서 머무를 때마다 주요 '아지트(hide-
out)'로 사용했던 그곳은 '마가의 어머니 집'으로 알려져 있다.[114] 그 당시 그
지역의 문화를 감안(勘案)할 때, 여자의 이름으로 큰 저택이 불렸다는 것은
마가의 아버지가 일찍 세상을 떠났다는 것을 의미했다. 그러한 이유로 마가
의 외삼촌이었던 바나바는 마가에게 있어서 '아버지와 같은 존재'였을 것이
다. 그런데 바나바와 바울의 첫 번째 전도 여행에 따라나섰던 마가가 중간
에 선교팀에서 이탈하는 일이 있었다.[115] 그리고 그 이유로 두 번째 전도 여
행에 마가를 데려갈 것인가에 대한 문제로, 바울과 바나바가 심히 다투는
일이 벌어지고 말았다.[116] 결과적으로 바나바는 마가를 데리고 구브로로 가
고, 바울은 실라를 택한 후 수리아와 길리기아로 향하게 되었다. 그렇게 마

---

113 "²⁴바나바는 착한 사람이요 성령과 믿음이 충만한 사람이라 이에 큰 무리가 주께 더하여지더라
²⁵바나바가 사울을 찾으러 다소에 가서 ²⁶만나매 안디옥에 데리고 와서 둘이 교회에 일 년간 모
여 있어 큰 무리를 가르쳤고 제자들이 안디옥에서 비로소 그리스도인이라 일컬음을 받게 되었
더라"(사도행전 11:24-26). "나와 함께 갇힌 아리스다고와 **바나바의 생질 마가와** (이 마가에
대하여 너희가 명을 받았으매 그가 이르거든 영접하라)"(골로새서 4:10).
114 "깨닫고 **마가라 하는 요한의 어머니 마리아의 집**에 가니 여러 사람이 거기에 모여 기도하고 있
더라"(사도행전 12:12).
115 "바울과 및 동행하는 사람들이 바보에서 배 타고 밤빌리아에 있는 버가에 이르니 **요한은 그들
에게서 떠나 예루살렘으로 돌아가고**"(사도행전 13:13).: 이 요한이 바로 '마가'다.
116 "³⁶며칠 후에 바울이 바나바더러 말하되 우리가 주의 말씀을 전한 각 성으로 다시 가서 형제들
이 어떠한가 방문하자 하고 ³⁷바나바는 **마가라 하는 요한도** 데리고 가고자 하나 ³⁸바울은 밤빌
리아에서 자기들을 떠나 함께 일하러 가지 아니한 자를 데리고 가는 것이 옳지 않다 하여 ³⁹서
로 심히 다투어 피차 갈라서니 바나바는 마가를 데리고 배 타고 구브로로 가고 ⁴⁰바울은 실라
를 택한 후에 형제들에게 주의 은혜에 부탁함을 받고 떠나 ⁴¹수리아와 길리기아로 다니며 교회
들을 견고하게 하니라"(사도행전 15:36-41).

가로 말미암아 '바울의 제1차 전도 여행팀'은 둘로 나뉘어지게 되었다.

> 택하심을 함께 받은 바벨론에 있는 교회가 너희에게 문안하고 **내 아들 마가도 그리하느니라**(베드로전서 5:13)

이후 바나바와 함께했던 마가는 언제부터인가 베드로와 한 팀(team)을 이루게 되었다. 베드로가 바울보다 먼저 순교했을 것이라고 주장하는 신학자들은 이 과정을 이렇게 설명한다. 마가와 함께 구브로로 향했던 바나바가 시간이 지나 세상을 떠나자, 혼자 남겨진 마가를 베드로가 거두었다는 것이다. 예수님의 공생애 시절부터 예루살렘에 올 때마다 마가의 어머니 집에 머물렀던 계기로 베드로는 마가를 잘 알고 있었을 것이다. 즉 그러한 인연과 과정을 거쳐 마가는 '베드로의 아들'로 불리게 되었다. 이것이 마가에 의해 기록된 마가복음을 일부 신학자들이 '베드로 복음'이라 부르는 이유이다.

> 나와 함께 갇힌 아리스다고와 **바나바의 생질 마가와** (이 마가에 대하여 너희가 명을 받았으매 그가 이르거든 영접하라)(골로새서 4:10)

그렇게 베드로와 함께했던 마가였다. 그런데 어느 순간 마가는 바울의 곁에 있는 것으로 확인된다. "나와 함께 갇힌 아리스다고와 바나바의 생질 마가와" 이것은 사도 바울의 기록이다. 즉 베드로가 먼저 순교했다고 주장하는 신학자들은, 베드로의 순교 후 바울이 마가를 거두었다고 설명한다. 그러니 베드로가 바울보다 먼저 순교했다는 것이다. 그런데 마태에 이어 마가 설교문을 쓰던 중, 나는 '바울이 베드로보다 먼저 순교했을 수도 있겠구나'라고 생각하게 되었다. 그렇게 생각하게 된 이유는 아이러니하게도 바로 위에 인용한 '골로새서 4장 10절 본문' 때문이다.[117] 이 부분에 대해서는 '마가 인물 설교'에서 자세히 다루겠다.

　어찌 되었든, 베드로와 바울의 순교는 기원후 64년 7월 19일에 일어났던 '로마 대화재'와 연관되어 있었다. 당시 로마 황제였던 네로는 '로마 대화재'로 흉흉해진 민심 수습을 위해 초대교회에 대한 대대적인 박해를 일으켰다. 그리고 그 사건의 여파로 '베드로와 바울'이 순교했다.

　즉 '베드로와 바울이 로마에서 복음을 전하며 교회를 세우는 동안 마태가 그의 책을 기록했다'라는 '이레나이우스(Irenaeus)'의 기록에 비추어 볼 때, 마태복음은 60년대 초반에 기록되었음을 알 수 있다. 최소한 베드로와 바울은 64년 7월 19일 이전에는 순교하지 않았을 테니 말이다.

---

117 결론만 먼저 이야기하면 이와 같다. 골로새서는 바울의 '로마 1차 투옥(投獄)' 때 기록되었다. 이때는 분명히 '베드로가 순교하기 전'이었다. 그런데 이 시기에 이미 마가는 바울 곁에 있다는 사실을 확인할 수 있다. 그러니 베드로의 순교 후 바울이 마가를 거두었다고 설명하는 신학자들의 주장은 이 부분에서 근거를 잃게 된다. 더군다나 골로새서보다 늦게 기록된 베드로전서의 기록에 따르면 마가는 이 시기 베드로 곁에 있다는 사실을 확인할 수 있다. 쉽게 말해, 골로새서와 베드로전서의 기록만으로 볼 때, 바울 곁에 있던 마가는 어느 순간 베드로 곁에 있다는 사실을 확인할 수 있다. 즉 이러한 성경의 기록으로 볼 때, 마가는 베드로와 바울 사이를 왔다 갔다 했던 것으로 보인다. "네가 올 때에 마가를 데리고 오라." 바울이 마가를 찾고 있는 디모데후서는 '로마 2차 투옥(投獄)' 때 기록되었다. 이때는 베드로가 순교하기 전인지 후인지를 특정하기 힘들다. 그러니 성경 각각의 기록 시기를 추적해 볼 때, 베드로의 순교 후 바울이 마가를 거두었다는 설명은 너무 단선적인 이야기다.

이러한 사실은 마태복음의 저자가 마태가 아닐 것이라는 일부 신학자들의 주장이 '허구'임을 보여 준다. 그러한 주장을 하는 신학자들의 근거가 '신뢰할 수 없다는 것'을 증명한다. 마태복음이 기록되던 시기, 예수님의 열두 제자 중 적지 않은 수가 살아있었다. 더군다나 예수님의 수제자인 베드로가 로마에 건재해 있던 시절이었다. 그리고 마태복음은 마가복음이 기록된 이후 써졌다. 복음서 본문에는 저자의 이름이 기록되어 있지 않다. 그 때문에 여러 복음서가 연이어 기록된 이후, 구별을 위해 이름이 붙여졌다는 신학자들의 의견에 나는 동의한다. 그렇다면 '마태복음'이라는 이름은 '마가복음'과 구별하기 위해 붙여진 이름일 것이다. 즉 마가복음은 마태복음 덕분에 이름을 가지게 되었을 것이다. 그런데 마태복음이라는 이름이 붙여진 후, 예수님의 제자 중 어느 누구도 이의(異議)를 제기했다는 기록이 교회사에 없다. 마태는 '세리 출신'이었다. 세리 출신이 유대인에게 보내는 복음서를 기록했다. 그런데 초대교회에서 이 문서가 마태가 쓴 것이 아니라고 어느 누구도 이의(異議)를 제기하지 않았다. 이것보다 마태복음의 저자가 마태라는 확실한 증거가 있을까?

마태는 60년대 초반, 에티오피아에서 복음을 전하다 순교한 것으로 알려져 있다. 질질 끌려가는 과정에서도 전도했던 마태는 '도끼와 창 그리고 갈고리를 하나로 묶어 놓은 무기'로 살해당했다. 결국 목이 잘려 순교했다고 전해진다.

오순절 성령 강림 후, 팔레스타인 지역에서 주로 전도했던 마태는 에티오피아로 떠나기 전 마태복음을 기록한 것으로 알려져 있다. 그리고 마태복음의 기록 장소에 대해서는 여러 견해가 있다. 크게 나누어, '팔레스타인과 그 인접(隣接) 지역(수리아)'에서 기록했다는 견해와 '팔레스타인 지역이 아닌 다른 지역(알렉산드리아)'에서 기록했다는 견해가 있다. 나는 그중 바나바와 바울이 사역했던 '수리아 안디옥 지역'이었을 것이라는 견해를 따랐다. 즉 '팔레스타인과 그 인접(隣接) 지역'에서 기록했다는 견해를 따랐다. 이유는 아래와 같다.

> [16]열한 제자가 갈릴리에 가서 예수께서 지시하신 산에 이르러 [17]예수를 뵈옵고 경배하나 아직도 의심하는 사람들이 있더라 [18]예수께서 나아와 말씀하여 이르시되 하늘과 땅의 모든 권세를 내게 주셨으니 [19]**그러므로 너희는 가서 모든 민족을 제자로 삼아 아버지와 아들과 성령의 이름으로 세례를 베풀고 [20]내가 너희에게 분부한 모든 것을 가르쳐 지키게 하라** 볼지어다 내가 세상 끝날까지 너희와 항상 함께 있으리라 하시니라 (마태복음 28:16-20)

마태복음의 마무리다. 마태는 이 부분을 기록하며 '예수님의 명령'을 기억했을 것이다. '예수님의 대위임령(大委任令)'을 떠올렸을 것이다. "하늘과 땅의 모든 권세를 내게 주셨으니 그러므로 너희는 가서 모든 민족을 제자로 삼아 아버지와 아들과 성령의 이름으로 세례를 베풀고 내가 너희에게 분부한 모든 것을 가르쳐 지키게 하라. 볼지어다, 내가 세상 끝날까지 너희와 항상 함께 있으리라." 책을 써본 사람은 아는 사실이 있다. 한 권의 책을 위해

산고(産苦)를 겪어낸 사람이라면 아는 것이 있다. 책을 출판하는 과정을 '출산의 과정'에 비유하는 데는 다 이유가 있다.

마태는 마태복음을 '예수님의 대위임령(大委任令)'으로 마치며 마음을 굳혔을 것이다. '이제는 팔레스타인[118] 지역을 떠나 유대인이 없는 곳으로 가야겠구나. 유대인을 넘어 모든 민족에게 복음을 전해야겠구나.' 이미 지난 30여 년간 동족(同族)인 유대인들을 위해 할 만큼 했다는 생각도 했을 것이다. '유대인을 위한 복음서'인 마태복음도 완성한 상황이었다. 어쩌면 랍비가 되어 존경받고 싶었던 동족(同族)들에게 갚을 만큼 충분한 빚을 갚았다는 마음도 있었을 것이다. 이미 마태는 '진정한 주의 법도인 예수 그리스도의 복음(福音)을 야곱에게, 진정한 주의 율법인 예수의 도(道)를 이스라엘에게 가르치는 일'에 충성한 상황이었다. 즉 '소년 시절 꿈꾸었던 랍비'의 수준을 넘어 '진정한 랍비'로서의 삶을 살아낸 후였다.

그리고 로마에서 복음을 전하며 교회를 세우고 있던 '베드로와 바울'을 떠올렸을 것이다. 그 둘은 마태와 오묘하게 연결된 사람들이었다. 우선 베드로는 그에게 '세금을 내던 어부'였다.[119] 물론 마태가 직접 베드로에게 세금을 받았던 적은 없었을 수도 있다. 가버나움의 다른 세리가 했을 수도 있다. 그러나 다음의 사건은 베드로와 마태 사이에 묘한 감정을 느끼게 했을

---

118 당시에는 팔레스타인 지역과 바로 북쪽 지역을 합쳐 '수리아'라고 칭했다.
119 "갈릴리 해변에 다니시다가 두 형제 곧 **베드로라 하는 시몬**과 그의 형제 안드레가 바다에 그물 던지는 것을 보시니 **그들은 어부라**"(마태복음 4:18).

가능성이 높다.

> ²⁴**가버나움에 이르니 반 세겔 받는 자들이 베드로에게 나아와 이르되 너의 선생은 반 세겔을 내지 아니하느냐** ²⁵이르되 내신다 하고 집에 들어가니 예수께서 먼저 이르시되 시몬아 네 생각은 어떠하냐 세상 임금들이 누구에게 관세와 국세를 받느냐 자기 아들에게냐 타인에게냐 ²⁶베드로가 이르되 타인에게니이다 예수께서 이르시되 그렇다면 아들들은 세를 면하리라 ²⁷그러나 우리가 그들이 실족하지 않게 하기 위하여 네가 바다에 가서 낚시를 던져 먼저 오르는 고기를 가져 입을 열면 돈 한 세겔을 얻을 것이니 가져다가 나와 너를 위하여 주라 하시니라(마태복음 17:24-27)

　　예수님의 공생애 기간 '베이스 캠프(base camp)'였던 가버나움에서 있었던 일이다. 가버나움에는 마태가 근무했던 세관이 있었다. 물론 '반 세겔 받는 자'들은 세리가 아니었다. '성전세'를 걷는 '반 세겔 받는 자'들은 예루살렘 성전에서 임명된 집행관이었을 것이다. 그러나 세금이라는 공통점 때문에, 이 사건이 일어났을 때 마태는 베드로의 얼굴을 보기 민망했을 가능성이 높다. 베드로 입장에서 특별한 언급이나 표정이 없었어도 말이다.

> 그들이 베드로와 요한이 담대하게 말함을 보고 **그들을 본래 학문 없는 범인으로 알았다가** 이상히 여기며 또 전에 예수와 함께 있던 줄도 알고 (사도행전 4:13)

더군다나, 베드로는 본래 학문 없는 평범한 사람이었다. 쉽게 말해, 마태가 받았던 영재교육인 '서기관 학교' 출신이 아니었다. 그런 베드로가 오순절 성령 강림 후 달라졌다.

> [27]그들을 끌어다가 공회 앞에 세우니 대제사장이 물어 [28]이르되 우리가 이 이름으로 사람을 가르치지 말라고 엄금하였으되 너희가 너희 가르침을 예루살렘에 가득하게 하니 이 사람의 피를 우리에게로 돌리고자 함이로다 [29]**베드로와 사도들이 대답하여 이르되 사람보다 하나님께 순종하는 것이 마땅하니라** … [33]그들이 듣고 크게 노하여 사도들을 없이하고자 할새 [34]바리새인 가말리엘은 율법교사로 모든 백성에게 존경을 받는 자라 공회 중에 일어나 명하여 사도들을 잠깐 밖에 나가게 하고 [35]말하되 이스라엘 사람들아 너희가 이 사람들에게 대하여 어떻게 하려는지 조심하라 … [40]그들이 옳게 여겨 **사도들을 불러들여 채찍질하며 예수의 이름으로 말하는 것을 금하고 놓으니** [41]**사도들은 그 이름을 위하여 능욕 받는 일에 합당한 자로 여기심을 기뻐하면서 공회 앞을 떠나니라**(사도행전 5:27-29, 33-35, 40-41)

오순절 성령 강림 후, 사도들의 손을 통하여 민간에 표적과 기사가 많이 일어나게 되었다. 그 결과, 믿는 사람들이 다 마음을 같이하여 예루살렘 성전에 있는 솔로몬 행각에 모였다. 그곳으로 많은 사람들이 나아와 예수님을 믿게 되었다. 심지어 병든 사람을 메고 거리에 나가 침대와 요 위에 누이고 베드로가 지나갈 때 그의 그림자라도 덮이기를 바랐다. 예루살렘 부근의 수

많은 사람들도 병든 사람과 더러운 귀신에게 괴로움을 받는 사람을 데리고 왔고 다 나음을 얻었다.[120]

이에 대제사장과 사두개인의 당파가 다 마음에 시기가 가득하여 일으킨 일이었다. 사도들을 잡아 옥에 가두었으나 주의 사자가 그들을 옥에서 끌어낸 뒤에 있었던 일이었다.[121] 감옥에서 나온 사도들이 성전에 서서 백성을 가르치는 모습을 보고 그들을 끌어다가 공회 앞에 세운 뒤 대제사장이 했던 추궁이다. "우리가 이 이름으로 사람을 가르치지 말라고 엄금(嚴禁)하였으되 너희가 너희 가르침을 예루살렘에 가득하게 하니 이 사람의 피를 우리에게로 돌리고자 함이로다." 대제사장의 추궁에 베드로와 사도들이 이렇게 대답했다. "사람보다 하나님께 순종하는 것이 마땅하니라. 너희가 나무에 달아 죽인 예수를 우리 조상의 하나님이 살리시고 이스라엘에게 회개함과 죄 사함을 주시려고 그를 오른손으로 높이사 임금과 구주로 삼으셨느니라. 우리

---

120 "[12]사도들의 손을 통하여 민간에 표적과 기사가 많이 일어나매 믿는 사람이 다 마음을 같이하여 솔로몬 행각에 모이고 [13]그 나머지는 감히 그들과 상종하는 사람이 없으나 백성이 칭송하더라 [14]믿고 주께로 나아오는 자가 더 많으니 남녀의 큰 무리더라 [15]심지어 병든 사람을 메고 거리에 나가 침대와 요 위에 누이고 베드로가 지날 때에 혹 그의 그림자라도 누구에게 덮일까 바라고 [16]예루살렘 부근의 수많은 사람들도 모여 병든 사람과 더러운 귀신에게 괴로움 받는 사람을 데리고 와서 다 나음을 얻으니라"(사도행전 5:12-16).

121 "[17]대제사장과 그와 함께 있는 사람 즉 사두개인의 당파가 다 마음에 시기가 가득하여 일어나서 [18]사도들을 잡아다가 옥에 가두었더니 [19]주의 사자가 밤에 옥문을 열고 끌어내어 이르되 [20]가서 성전에 서서 이 생명의 말씀을 다 백성에게 말하라 하매 [21]그들이 듣고 새벽에 성전에 들어가서 가르치더니 대제사장과 그와 함께 있는 사람들이 와서 공회와 이스라엘 족속의 원로들을 다 모으고 사람을 옥에 보내어 사도들을 잡아오라 하니 [22]부하들이 가서 옥에서 사도들을 보지 못하고 돌아와 [23]이르되 우리가 보니 옥은 든든하게 잠기고 지키는 사람들이 문에 서 있으되 문을 열고 본즉 그 안에는 한 사람도 없더이다 하니 [24]성전 맡은 자와 제사장들이 이 말을 듣고 의혹하여 이 일이 어찌 될까 하더니 [25]사람이 와서 알리되 보소서 옥에 가두었던 사람들이 성전에 서서 백성을 가르치더이다 하니 [26]성전 맡은 자가 부하들과 같이 가서 그들을 잡아 왔으나 강제로 못함은 백성들이 돌로 칠까 두려워함이더라"(사도행전 5:17-26).

는 이 일에 증인이요, 하나님이 자기에게 순종하는 사람들에게 주신 성령도 그러하니라."[122]

베드로와 사도들의 대답에 노(怒)한 그들이 사도들을 죽이려 하자 가말리엘이 그들을 말렸다. "이스라엘 사람들아, 너희가 이 사람들에게 대하여 어떻게 하려는지 조심하라. 이 전에 드다가 일어나 스스로 선전하매 사람이 약 사백 명이나 따르더니 그가 죽임을 당하매 따르던 모든 사람들이 흩어져 없어졌고, 그 후 호적할 때에 갈릴리의 유다가 일어나 백성을 꾀어 따르게 하다가 그도 망한즉 따르던 모든 사람들이 흩어졌느니라. 이제 내가 너희에게 말하노니 이 사람들을 상관하지 말고 버려 두라. 이 사상과 이 소행이 사람으로부터 났으면 무너질 것이요, 만일 하나님께로부터 났으면 너희가 그들을 무너뜨릴 수 없겠고 도리어 하나님을 대적하는 자가 될까 하노라."[123]

가말리엘의 말을 옳게 여긴 그들이 사도들을 불러들여 채찍질하며 예수의 이름으로 말하는 것을 금(禁)하고 놓아 보냈다. 이에 사도들이 예수의 이름으로 능욕 받는 일에 합당한 자로 여기심을 기뻐하면서 공회 앞을 떠났다. 이때 마태와 베드로는 같이 이 모든 일을 겪어냈다. 마태는 보았을 것이다. 존경받는 랍비가 되기 위해 '서기관 학교'에 다니던 시절, 마태의 눈에 비친 '직업 훈련을 받고 있던 또래들'은 어떤 모습이었을까?

저의 첫 번째 책 『하나님을 위한 변명』에서 언급한 적이 있지만, 돌아가신

---

122 사도행전 5:29 후반절-32
123 사도행전 5:35-39

우리 엄마는 어린 시절 초등학교를 중간에 그만두고 봉직공장에서 일하셨
다. 장로님의 딸이셨던 분이 그렇게 된 사연은 이미 저의 첫 번째 책에 기록
해 두었다.

어찌 되었든, 돌아가신 우리 엄마가 내게 해주셨던 말씀이다. "그 당시,
엄마는 길을 가다가 교복을 입은 또래 아이들이 오는 것이 보이면 다른 길
로 도망갔어. 길을 돌아갔어." 이 말을 들은 뒤, 나는 의사가 되어 내 통장에
현금이 들어오기 시작한 이후, 계절마다 백화점에 엄마를 모시고 가 옷을
사 드렸다. 그러니 하는 말이다. 서기관 학교에 오가던 시절, 마태와 베드로
는 '복장'부터 달랐을 것이다. 그러니 소년 시절, 이들이 서로를 어떻게 보았
을지는 따로 설명하지 않아도 될 것이다.

예수님의 제자가 된 이후에도 마찬가지였을 것이다. 즉흥적이고 나서기
좋아하는 베드로의 모습이 우리에게는 인간적일지 몰라도, 마태의 눈에는
어떠했을까? 그런데 오순절 성령 강림 후, 쉽게 말해 우리 베드로가 달라
졌다.

이후 베드로는 생명의 위협을 받으면서까지, 로마 제국의 심장부에서 복
음을 전하며 교회를 세워 나갔다.[124] 그 시기에 마태는 팔레스타인 지역에서

---

124 "¹⁰이에 첫째와 둘째 파수를 지나 시내로 통한 쇠문에 이르니 문이 저절로 열리는지라 나와서
한 거리를 지나매 천사가 곧 떠나더라 ¹¹이에 베드로가 정신이 들어 이르되 내가 이제야 참으
로 주께서 그의 천사를 보내어 나를 헤롯의 손과 유대 백성의 모든 기대에서 벗어나게 하신
줄 알겠노라 하여 ¹²깨닫고 마가라 하는 요한의 어머니 마리아의 집에 가니 여러 사람이 거기
에 모여 기도하고 있더라 ¹³베드로가 대문을 두드린대 로데라 하는 여자 아이가 영접하러 나왔
다가 ¹⁴베드로의 음성인 줄 알고 기뻐하여 문을 미처 열지 못하고 달려 들어가 말하되 베드로
가 대문 밖에 섰더라 하니 ¹⁵그들이 말하되 네가 미쳤다 하나 여자 아이는 힘써 말하되 참말이

마태복음을 기록했다. 알고 지내던 사람의 '진지함과 열심'은 울림을 가지게 마련이다. 더군다나 그가 베드로와 같이 학문 없는 평범한 사람이었다면, 마태의 마음은 어떠했을까? 동족(同族)인 유대인에게 '하나님의 말씀을 가르치는 랍비'가 되고 싶어 '서기관 학교'를 나온 마태였다. 그런데 그가 '서기관 학교'를 다니던 시절, 물고기를 잡던 베드로가 '진정한 하나님의 말씀'을 로마 제국의 심장부에서 선포하고 있었다. 이 소식을 접할 때마다, 마태는 그의 마음을 새롭게 다잡을 수 있었을 것이다. 그리고 베드로를 위해 기도했을 것이다. 동시에 하루하루 좀 더 치열하게 복음을 전했을 것이다.

더군다나, 마태복음은 마가복음 다음에 기록됐다. 앞에서도 언급했듯이, 마가복음은 '베드로의 양자'였던 마가의 작품이다. 그러한 이유로 신학자들은 마가복음을 '베드로 복음'이라고 부르기도 한다. 마태복음은 마가복음의 90% 이상을 포함하고 있다. 물론 마태복음의 절반 가까운 내용은 마가복음에는 없는 내용이다. 이러한 사실들을 생각할 때, 마태복음은 마가복음에 기록되지 않은 내용 중 예수님과 관련하여 반드시 남겨야겠다고 생각한 사건들을 마태가 추가하여 완성했다는 이야기가 된다.

즉 마태는 마태복음을 기록하기 전, 마가복음을 아주 꼼꼼히 읽어 보았

라 하니 그들이 말하되 그러면 그의 천사라 하더라 [16]베드로가 문 두드리기를 그치지 아니하니 그들이 문을 열어 베드로를 보고 놀라는지라 [17]베드로가 그들에게 손짓하여 조용하게 하고 주께서 자기를 이끌어 옥에서 나오게 하던 일을 말하고 **또 야고보와 형제들에게 이 말을 전하라 하고 떠나 다른 곳으로 가니라**"(사도행전 12:10-17).: 베드로는 이때 예루살렘을 떠나 로마로 갔다고 '로마 가톨릭'은 주장한다. 그러나 이것은 사실이 아니다. 베드로는 이때 바울과 바나바가 사역하고 있던 '안디옥 교회'로 갔다. 이와 관련된 성경적 근거와 내용은 2부 '마가 이야기' 중 '바나바와 베드로 그리고 바울의 면류관'에서 자세히 다루었다.

음에 틀림없다. 그 과정에서 마태는 마가복음에 짙게 드리워져 있는 '베드로의 흔적'을 느꼈을 것이다. 예수님이 세관에 앉아 있던 그를 제자로 부르시는 장면 외에[125], 그 어디에도 마태 그의 이름을 언급할 때 세리라는 호칭이 없다는 사실 또한 잘 보았을 것이다. 통신 시설이 없던 시절이었다. 그렇게 그들은 만날 수 없는 거리에 있었지만, 예수님의 복음을 통하여 서로에게 이어져 있는 느낌을 받았을 것이다. 예수님을 통하여 하나 된 느낌을 받았을 것이다.

반면, 베드로와 달리 바울은 예수님 당시 최고의 '엘리트(elite) 출신'이었다. 이전 단원에서 나는 마태가 '4개(個) 국어(國語)'에 능통했을 것이라고 했다. 그러나 바울은 그 정도에 비길 사람이 아니었다. 마태가 했던 것과 같이, 4개 국어에 능통했던 사람은 그 당시에 어느 정도 있었을 것이다. 가버나움 세관에 근무하는 세리의 숫자가 적지 않았던 것으로 보이는 것 또한 그 근거다.[126]

나는 유대인으로 길리기아 다소에서 났고 이 성에서 자라 **가말리엘의 문하에서 우리 조상들의 율법의 엄한 교훈을 받았고** 오늘 너희 모든 사

---

125 "또 지나가시다가 알패오의 아들 **레위가 세관에 앉아 있는 것을 보시고** 그에게 이르시되 나를 따르라 하시니 일어나 따르니라"(마가복음 2:14). "또 안드레와 빌립과 바돌로매와 **마태와** 도마와 알패오의 아들 야고보와 및 다대오와 가나나인 시몬이며"(마가복음 3:18).: 복음서 중, 마태복음에만 마태의 이름 앞에 '세리'를 붙여 '세리 마태'라는 명칭이 나온다.
126 "예수께서 마태의 집에서 앉아 음식을 잡수실 때에 **많은 세리와** 죄인들이 와서 예수와 그의 제자들과 함께 앉았더니"(마태복음 9:10).

람처럼 하나님께 대하여 열심이 있는 자라(사도행전 22:3)

바울은 가말리엘 문하(門下)에서 배운 당대 최고의 엘리트(elite)였다. 가말리엘은 바리새파의 양대 산맥인 '샴마이 학파'[127]와 '힐렐 학파'[128] 중 '힐렐 학파'를 창시했던 힐렐의 손자였다. 그는 당대 최고의 랍비라는 명성과 함께 모든 백성에게 존경받는 자였다. 그러니 그의 문하(門下)에서 배웠다는 사실은 당시 유대 사회에서 최고의 권위를 부여받는 일이었다. 게다가 가말리엘에게는 수제자 둘이 있었던 것으로 알려져 있는데, 그 둘은 다름 아닌 '스데반 집사와 사도 바울'이었다. 그러니 그 당시 바울의 위치는 마태가 랍비가 되었다 해도 비교할 바가 못 되었다.

> [20]또 주의 증인 스데반이 피를 흘릴 때에 내가 곁에 서서 찬성하고 그 죽이는 사람들의 옷을 지킨 줄 그들도 아나이다 [21]나더러 또 이르시되 떠나가라 내가 너를 멀리 이방인에게로 보내리라 하셨느니라 [22]이 말하는 것까지 그들이 듣다가 소리 질러 이르되 **이러한 자는 세상에서 없애 버리자 살려 둘 자가 아니라** 하여 [23]떠들며 옷을 벗어 던지고 티끌을 공중에 날리니(사도행전 22:20-23)

---

127 율법 해석을 아주 엄격하게 했던 학파다.
128 율법 해석을 유연하게 했던 학파다. 사도행전 5장에서 대제사장과 사두개인들이 사도들을 없이하고자 할 때, 그들을 자제시켰던 사람이 바로 '바울의 스승 가말리엘'이다. 이때, 가말리엘의 이러한 태도는 유연한 율법 해석을 추구했던 '힐렐 학파'의 학풍(學風) 덕이었을 것이다.

바울의 말을 듣던 사람들이 스데반과 연관된 일에 이르러 흥분한 배경에는 이러한 사연이 있다. 알려진 것처럼, '바울과 스데반'이 가말리엘의 수제자였다면 바울을 해서는 안 되는 일을 한 사람이 되는 것이다. 그러니 이스라엘 사람들이 옷을 벗어 던지고 티끌을 공중에 날리며 소리 질렀던 것은 당연한 반응이었다. "이러한 자는 세상에서 없애 버리자. 살려 둘 자가 아니라." 그렇게 놓고 보면, 바울의 인생은 참으로 잔인한 인생이었다.

> [12]날이 새매 유대인들이 당을 지어 맹세하되 바울을 죽이기 전에는 먹지도 아니하고 마시지도 아니하겠다 하고 [13]이같이 동맹한 자가 사십여 명이더라(사도행전 23:12-13)

바울이 단순히 예수님을 전한다는 이유로 핍박받았다면, 위와 아래에 인용한 성경 말씀은 쉽게 납득할 수 없는 상황이다. 뭔가 서로 맞지 않는 상황이다.

> [17]예루살렘에 이르니 형제들이 우리를 기꺼이 영접하거늘 [18]그 이튿날 바울이 우리와 함께 야고보에게로 들어가니 장로들도 다 있더라(사도행전 21:17-18)

바울을 죽이기 전에는 먹지도 마시지도 아니하겠다고 맹세한 자가 사십여 명이나 되었다. 이것이 예수님을 믿는 문제 때문이었다면, 예루살렘에 있는 '예수님의 친동생 야고보와 장로들'은 어떻게 설명할 수 있을까? 더군다나 바울이 잡히게 된 계기는 야고보와 장로들이 권한 결례를 행하다가 일어난 일이었다.[129] 쉽게 말해, 바울은 예수님처럼 세상 어디에도 머리 둘 곳이 없게 되었다.[130] 끝까지 바울이 예수 믿는 제자들을 핍박하는 자리에 있었다면, 그래도 그가 있을 곳이 남아 있었을 것이다. 속으로야 '잔인한 인간, 그래도 그렇지, 같은 스승에게 배운 사형(師兄)을?'이라고 생각할 수 있었겠지만, 명분이 있는 일이었으니 표면적으로는 뭐라고 할 수 없었을 것이다. 하지만 예수님을 믿는다는 이유로 같은 스승에게 배운 사형(師兄)을 죽이고 나서, 자신이 바로 그 예수를 믿는다고 온 세상에 그 도(道)를 전하고 다닌다? 이것은 전혀 다른 이야기가 되는 것이다.

그러니 예수님의 부르심은 바울에게 있어 현실적으로는 '죽음의 길'이었다. 이렇게 하나님의 부르심을 받는 과정에서 '퇴로(退路)가 막힌 인생'은 적지 않다.

> [1]베스도가 부임한 지 삼 일 후에 가이사랴에서 예루살렘으로 올라가니 [2]대제사장들과 유대인 중 높은 사람들이 바울을 고소할새 [3]**베스도의 호**

---

129 "[19]바울이 문안하고 하나님이 자기의 사역으로 말미암아 이방 가운데서 하신 일을 낱낱이 말하니 [20]**그들이 듣고 하나님께 영광을 돌리고 바울더러 이르되** 형제여 그대도 보는 바에 유대인 중에 믿는 자 수만 명이 있으니 다 율법에 열성을 가진 자라 [21]네가 이방에 있는 모든 유대인을 가르치되 모세를 배반하고 아들들에게 할례를 행하지 말고 또 관습을 지키지 말라 한다 함을 그들이 들었도다 [22]그러면 어찌할꼬 그들이 필연 그대가 온 것을 들으리니 [23]우리가 말하는 이대로 하라 서원한 네 사람이 우리에게 있으니 [24]**그들을 데리고 함께 결례를 행하고 그들을 위하여 비용을 내어 머리를 깎게 하라** 그러면 모든 사람이 그대에 대하여 들은 것이 사실이 아니고 그대도 율법을 지켜 행하는 줄로 알 것이라"(사도행전 21:19-24).
130 "예수께서 이르시되 여우도 굴이 있고 공중의 새도 거처가 있으되 인자는 머리 둘 곳이 없다 하시더라"(마태복음 8:20).

의로 바울을 예루살렘으로 옮기기를 청하니 이는 길에 매복하였다가 그를 죽이고자 함이더라 ··· [9]베스도가 유대인의 마음을 얻고자 하여 바울더러 묻되 네가 예루살렘에 올라가서 이 사건에 대하여 내 앞에서 심문을 받으려느냐 [10]**바울이 이르되 내가 가이사의 재판 자리 앞에 섰으니 마땅히 거기서 심문을 받을 것이라** 당신도 잘 아시는 바와 같이 내가 유대인들에게 불의를 행한 일이 없나이다 [11]만일 내가 불의를 행하여 무슨 죽을 죄를 지었으면 죽기를 사양하지 아니할 것이나 만일 이 사람들이 나를 고발하는 것이 다 사실이 아니면 아무도 나를 그들에게 내줄 수 없나이다 내가 가이사께 상소하노라 한대 [12]**베스도가 배석자들과 상의하고 이르되 네가 가이사에게 상소하였으니 가이사에게 갈 것이라 하니라**

(사도행전 25:1-3, 9-12)

어찌 되었든, 바울을 죽이기 전에는 먹지도 마시지도 아니하겠다고 맹세한 자들의 모의(謀議)는 바울의 생질(甥姪)[131] 덕에 사전(事前)에 인지(認知)되었다.[132] 이 사실은 바울을 처음 구류(拘留)한 천부장에게 알려졌다. 그리고 그 천부장에 의해 바울은 예루살렘을 떠나 총독 벨릭스에게 보내졌다.[133] 천부장이 이렇게 행동한 이유는 바울이 로마 시민권자였기 때문이다.[134] 위에

---

131 누이의 아들, 외조카

132 "바울의 생질이 그들이 매복하여 있다 함을 듣고 와서 영내에 들어가 바울에게 알린지라"(사도행전 23:16).

133 "또 바울을 태워 총독 벨릭스에게로 무사히 보내기 위하여 짐승을 준비하라 명하며"(사도행전 23:24).

134 "[26]백부장이 듣고 가서 천부장에게 전하여 이르되 어찌하려 하느냐 이는 로마 시민이라 하니

인용한 성경 말씀은 벨릭스를 이어 베스도가 총독의 소임을 이어받은 후 있었던 일이다.

> 이태가 지난 후 보르기오 **베스도가 벨릭스의 소임을 이어받으니** 벨릭스가 유대인의 마음을 얻고자 하여 바울을 구류하여 두니라(사도행전 24:27)

"이태가 지난 후", 바울이 처음 체포되던 때로부터 벌써 2년의 세월이 지난 후였다. 즉 바울은 로마로 압송되기 전, 가이사랴에서 2년 동안 갇혀 있었다. 그러나 여전히 유대인들은 끊임없이 바울을 죽일 기회를 호시탐탐 노리고 있었다. 그 결과, 대제사장들과 유대인 중 높은 자리에 있는 사람들이 '신임 총독인 베스도'를 보자마자 바울을 고소했다. 그들은 베스도의 호의로 바울을 예루살렘으로 옮겨 재판해 달라는 요청을 했다. 이는 길에 매복하였다가 바울을 죽이려는 계획이었다. 신임 총독으로 유대인의 마음을 얻을 필요가 있었던 베스도가 바울에게 물었다. "네가 예루살렘에 올라가서 이 사건에 대하여 내 앞에서 심문을 받으려느냐?" 베스도의 이 말에 바울이 답했다. "내가 가이사의 재판 자리 앞에 섰으니 마땅히 거기서 심문을 받을 것이라. 당신도 잘 아시는 바와 같이 내가 유대인들에게 불의를 행한 일이 없나

---

[27]천부장이 와서 바울에게 말하되 네가 로마 시민이냐 내게 말하라 이르되 그러하다 [28]**천부장이 대답하되 나는 돈을 많이 들여 이 시민권을 얻었노라 바울이 이르되 나는 나면서부터 하니** [29]심문하려던 사람들이 곧 그에게서 물러가고 천부장도 그가 로마 시민인 줄 알고 또 그 결박한 것 때문에 두려워하니라"(사도행전 22:26-29).

이다. 만일 내가 불의를 행하여 무슨 죽을 죄를 지었으면 죽기를 사양하지 아니할 것이나 만일 이 사람들이 나를 고발하는 것이 다 사실이 아니면 아무도 나를 그들에게 내줄 수 없나이다. 내가 가이사께 상소하노라."

바울의 이러한 상소는 이 사건 초반에 있었던 예수님의 말씀 때문이었다.

> 그날 밤에 주께서 바울 곁에 서서 이르시되 **담대하라 네가 예루살렘에서 나의 일을 증언한 것 같이 로마에서도 증언하여야 하리라** 하시니라 (사도행전 23:11)

다메섹에 가는 길에 바울을 만나 주신 예수님께서 다시 바울 곁에 서서 말씀하셨다. "담대하라. 네가 예루살렘에서 나의 일을 증언한 것 같이 로마에서도 증언하여야 하리라." 그 결과, 바울은 로마에서 복음을 전하며 교회를 세우게 되었다.

바로 그 시기에 마태복음이 기록되었다. 마태 또한 로마에서 갇힌 몸으로 복음을 전하며 교회를 세우던 바울의 소식을 들었을 것이다.[135] 그는 마태가 소년 시절 꿈꾸었던 랍비였다. 보통의 랍비가 아니라 당대(當代) 가장

---

135 "[16]우리가 로마에 들어가니 **바울에게는 자기를 지키는 한 군인과 함께 따로 있게 허락하더라** [30]바울이 온 이태를 자기 셋집에 머물면서 자기에게 오는 사람을 다 영접하고 [31]하나님의 나라를 전파하며 주 예수 그리스도에 관한 모든 것을 담대하게 거침없이 가르치더라"(사도행전 28:16, 30-31).

존경받는 랍비였던 가말리엘의 수제자(首弟子)였다. 예수님을 만나기 전, 다 메섹의 여러 회당에 가져갈 공문을 대제사장에게 청하여 받아낼 수 있는 랍 비였다.[136] 쉽게 말해, 그는 당시 예루살렘에서 잘 알려진 존재였다. 더군다 나, 그는 로마 시민권자였다. 마태는 헬라어를 공부로 익혔을 가능성이 높 다. 그러나 바울은 헬라어권에서 태어나 자란 사람이었다.[137]

그러니 바울은 마태가 소년 시절 꿈꾸었던 것 이상을 가진 사람이었다. 소위(所謂) '모든 것을 다 가진 사람'이었다. 더군다나, 그는 '같은 가말리엘 문하의 스데반 집사'가 예수님을 믿는다는 이유로 그의 죽음에 찬성한 사람 이었다. 그만큼 그는 열심으로는 교회를 박해하고 율법의 의로는 흠이 없는 자였다.[138] 쉽게 말해, 그는 마태가 소년 시절 꿈꾸던 '랍비 중의 랍비요. 히 브리인 중의 히브리인'이었다. 그런 그가 로마에서 갇힌 몸으로 복음을 전 하고 교회를 세우던 때, 마태는 마태복음을 기록했다.

누구보다도 마태는 바울이 처한 처지(處地)를 잘 이해하고 있었을 것이 다. 스데반 집사의 죽음과 연관하여 바울이 처하게 된 처지를 잘 이해하고 있었을 것이다. 예수님을 믿는 과정에서 모든 것을 잃어버린 바울의 처지를

---

136 "¹사울이 주의 제자들에 대하여 여전히 위협과 살기가 등등하여 **대제사장에게 가서** ²**다메섹 여 러 회당에 가져갈 공문을 청하니** 이는 만일 그 도를 따르는 사람을 만나면 남녀를 막론하고 결 박하여 예루살렘으로 잡아오려 함이라"(사도행전 9:1-2).

137 "³⁹바울이 이르되 나는 유대인이라 소읍이 아닌 길리기아 다소 시의 시민이니 청컨대 백성에게 말하기를 허락하라 하니 ⁴⁰천부장이 허락하거늘 바울이 층대 위에 서서 백성에게 손짓하여 매 우 조용히 한 후에 히브리 말로 말하니라"(사도행전 21:39-40).

138 "⁵나는 팔일 만에 할례를 받고 이스라엘 족속이요 베냐민 지파요 히브리인 중의 히브리인이요 율법으로는 바리새인이요 ⁶**열심으로는 교회를 박해하고 율법의 의로는 흠이 없는 자라**"(빌립 보서 3:5-6).

잘 알고 있었을 것이다. 바울이 가지고 있었던 그 모든 것은 마태가 소년 시절 꿈꾸던 것들이었다. 꿈은 꾸었지만, 손에 잡지 못했던 것들이었다. 이유야 어찌 되었든지, 마태 그는 랍비가 되지 못한 후 세리의 길을 걸었던 사람이었다. 그의 소년 시절 꿈이 무엇이었든, 한때 민족을 배신한 자리에 섰던 사람이었다. 비록 4개 국어에 능통하고 실무에 능하다 하더라도, 바울에 비(比)할 바가 아니었다. 그의 배경과 견줄 바가 아니었다. 그런 최고의 엘리트(elite)가 로마에 갇혀 복음을 전하고 있었다. 그러나 바울이 전하는 복음은 '로마 제국의 심장부를 강타'하고 있었다. '히브리인 중의 히브리인'이었던 바울에 의해 '이방의 심장'에 복음이 전파되고 있었다.

그러한 바울의 모습을 보면서 마태는 무슨 생각을 했을까? 바울이 버린 것은 마태가 어린 시절 꿈꾸던 것들이었다.[139] 바울이 그리스도를 얻기 위해 버린 모든 것들은 마태가 소년 시절 간절히 원했던 것들이었다. 그런데 그 모든 것을 배설물처럼 여기며 묵묵히 예수님께서 주신 길을 걸어가는 바울의 모습은 '마태의 가슴에 큰 울림'을 주었을 것이다. 그리고 그 울림은 다른 제자들이 느끼는 것과는 '차원이 다른 울림'이었을 것이다. '서기관 학교'를 나온 마태는 '그것이 무엇을 의미하는지' 잘 알고 있었을 것이다.

바울은 예수님의 부르심을 받은 후, 동족(同族)으로부터 받던 모든 존경을 증오와 바꾸어야만 했다. 반면 마태는 예수님의 부르심을 받은 후, 동족(同族)으로부터 받던 모든 증오와 경멸로부터 조금씩 벗어나는 중이었다. 그러

---

139 "⁷그러나 무엇이든지 내게 유익하던 것을 내가 그리스도를 위하여 다 해로 여길뿐더러 ⁸또한 모든 것을 해로 여김은 내 주 그리스도 예수를 아는 지식이 가장 고상하기 때문이라 내가 그를 위하여 모든 것을 잃어버리고 배설물로 여김은 그리스도를 얻고"(빌립보서 3:7-8).

한 바울의 소식을 듣는 가운데 기록된 마태복음이었다. 그러한 마태복음의
마지막은 이렇게 마무리되었다.

> [16]열한 제자가 갈릴리에 가서 예수께서 지시하신 산에 이르러 [17]예수를
> 뵈옵고 경배하나 아직도 의심하는 사람들이 있더라 [18]예수께서 나아와
> 말씀하여 이르시되 하늘과 땅의 모든 권세를 내게 주셨으니 [19]**그러므로**
> **너희는 가서 모든 민족을 제자로 삼아 아버지와 아들과 성령의 이름으**
> **로 세례를 베풀고** [20]**내가 너희에게 분부한 모든 것을 가르쳐 지키게 하**
> **라** 볼지어다 내가 세상 끝날까지 너희와 항상 함께 있으리라 하시니라
> (마태복음 28:16-20)

이 말씀을 기록하며, 마태의 마음은 어느덧 이방(異邦)을 향하게 되었을
것이다. 그리고 그의 마음 한켠에는 예수로 한 형제 된 바울의 모습이 그려
져 있었을 것이다. 이제는 내가 나가야 할 때라는 것을 느꼈을 것이다. 그렇
게 떠난 에티오피아에서 그는 최후의 순간까지 복음을 전하다 순교했다.

앞에서도 언급했듯이, 마태는 60년대 초반, 에티오피아에서 복음을 전하
다 순교한 것으로 알려져 있다. 질질 끌려가는 과정에서도 전도했던 마태는
'도끼와 창 그리고 갈고리를 하나로 묶어 놓은 무기'로 살해당했다. 결국 목
이 잘려 순교했다. 그렇게 그는 '예수님의 대위임령(大委任令)'에 마지막까지
충성했다. 그리고 그가 에티오피아에 가기 전, 남긴 마태복음은 '구약과 신
약을 잇는 첫 번째 성경'이 되었다. 신약성경의 '첫 번째 성경'이 되었다.

2부

◆◆◆

마가

MARK

마가를 데리고 오라.
그가 나의 일에 유익하니라

⁹너는 어서 속히 내게로 오라 ¹⁰데마는 이 세상을 사랑하여 나를 버리고 데살로니가로 갔고 그레스게는 갈라디아로, 디도는 달마디아로 갔고 ¹¹누가만 나와 함께 있느니라 **네가 올 때에 마가를 데리고 오라 그가 나의 일에 유익하니라**(디모데후서 4:9-11)

"네가 올 때에 마가를 데리고 오라. 그가 나의 일에 유익하니라." 디모데후서는 바울 서신 13권 중 가장 마지막에 쓰인 편지다. 바울은 그가 머지않아 처형될 것이라는 사실을 염두에 두고 이 편지를 썼다. 즉 디모데후서는 바울에게 있어서 유언(遺言)과 같은 의미였다. 이러한 사실은 위에 인용한 본문 바로 앞에 언급되어 있다. 교회를 다닌 연조(年條)가 있는 지체들이라면 여러 번 들어본 기억들이 있을 것이다. "전제와 같이 내가 벌써 부어지고 **나의 떠날 시각이 가까웠도다.** 나는 선한 싸움을 싸우고 나의 달려갈 길을 마치고 믿음을 지켰으니, 이제 후로는 나를 위하여 의의 면류관이 예비되었

으므로, 주 곧 의로우신 재판장이 그날에 내게 주실 것이며 내게만 아니라 주의 나타나심을 사모하는 모든 자에게도니라."[1]

우리는 사도 바울의 이 고백을 '비장한 결의(決意)'로 혹은 '가슴 벅찬 자부심(?)'으로 읽어 내려가곤 한다. 그러나 디모데후서에는 '속사람'은 새로워졌으나 '겉사람'은 낡을 대로 낡아버린 '노(老) 사도의 빈궁(貧窮)한 현실'이 진하게 묻어있다.[2] "너는 어서 속히 내게로 오라." 이 시기 바울은 감옥에 갇혀 있었다. 로마에서의 두 번째 투옥(投獄)이었다. 그런데 이번 투옥은 첫 번째의 그것과는 전혀 다른 상황이었다. 로마에서의 첫 번째 투옥은 '가택 연금(家宅 軟禁)'이었다. "우리가 로마에 들어가니 바울에게는 자기를 지키는 한 군인과 함께 따로 있게 허락하더라."[3] 즉 첫 번째 투옥은 지정(指定)된 가옥을 벗어나지 못할 뿐, 자유롭게 방문객을 맞을 수 있는 상황이었다. "바울이 온 이태를 자기 셋집에 머물면서 자기에게 오는 사람을 다 영접하고, 하나님의 나라를 전파하며 주 예수 그리스도에 관한 모든 것을 담대하게 거침없이 가르치더라."[4] 즉 바울은 '로마에서의 가택 연금 2년 내내' 그를 찾아오는 모든 사람들에게 자유롭게 복음을 전할 수 있었다. 그러니 말이 '가택 연금'이지, 바울은 로마 전체를 품을 수 있었다.

그러나 두 번째는 사정이 달랐다. 바울은 첫 번째 투옥 후, 약 2년이 지

---

1   디모데후서 4:6-8
2   "그러므로 우리가 낙심하지 아니하노니 우리의 **겉사람은 낡아지나** 우리의 속사람은 날로 새로워지도다"(고린도후서 4:16).
3   사도행전 28:16
4   사도행전 28:30-31

난 뒤 석방된 것으로 알려져 있다. 이후 약 4-5년에 걸쳐 '바울의 제4차 전
도 여행'이 있었다고 전해진다. 그러던 중, 기원후 64년 여름에 발생한 '로
마 대화재' 이후 불어닥친 '기독교 박해'의 여파로 다시 구금(拘禁)되었다. 아
마도 바울이 다시 구금된 것은 네로 황제의 박해가 시작된 지 2-3년이 지
난 후였을 것이다.[5]

　　황제가 의도적으로 불을 질렀다는 소문이 도는 등, 정치적 위협을 느낀
네로에게는 '희생양'이 필요했다. 공교롭게도 '초대교회 교인들'이 거주하는
지역이 화재로부터 가장 피해가 적었다는 사실이 좋은 빌미가 되었다. 화재
의 책임을 기독교인들에게 뒤집어씌운 네로의 박해는 잔인했다. 그리고 그
박해의 와중에 '베드로와 바울'이 순교했다. 그러니 디모데에게 마지막 편지
를 보내는 노(老) 사도의 처지는 비참했다.

　　　바울을 인도하는 사람들이 그를 데리고 아덴까지 이르러 그에게서 실라
　　　와 디모데를 자기에게로 속히 오게 하라는 명령을 받고 떠나니라(사도
　　　행전 17:15)

"디모데를 자기에게로 속히 오게 하라는 명령을 받고 떠나니라." '바울의
제2차 전도 여행' 때의 기록이다. 이렇게 바울은 때마다 디모데를 찾았다.
디모데를 곁에 두기 좋아했다. 그런 바울이 순교를 앞두고 다시 한번 디모

5　바울의 '로마 1차 투옥'을 서기 60년에서 62년, '제4차 전도 여행'을 서기 62년에서 66년, '로마
　　2차 투옥'을 66년부터로 볼 때 그러하다.

데를 찾았다. "너는 어서 속히 내게로 오라." 이때 디모데는 에베소에 있었
다.[6] 이 당시, 디모데는 에베소 교회를 맡아 사역하고 있었다. 그리고 노(老)
사도의 곁에는 누가만 남아 있는 상황이었다. "데마는 이 세상을 사랑하여
나를 버리고 데살로니가로 갔고, 그레스게는 갈라디아로, 디도는 달마디아
로 갔고, 누가만 나와 함께 있느니라."

두기고는 에베소로 보내었노라(디모데후서 4:12)

디모데후서를 디모데에게 보내기 전, 바울은 두기고를 '에베소 교회'에
보낸 상황이었다. 두기고는 '바울의 제3차 전도 여행' 때 바울과 함께한 신
실한 동역자였다.[7] 그리고 그는 바울의 1차 투옥(投獄) 때, '에베소 교회'와
'골로새 교회'에 바울의 편지를 전달한 사람이기도 했다.[8] "두기고가 모든 일
을 너희에게 알리리라. 두기고가 내 사정을 다 너희에게 알려 주리니", 에
베소서와 골로새서에서 바울이 두기고를 언급하며 한 말이다. 이러한 기록

---

6 "[3]내가 마게도냐로 갈 때에 **너를 권하여 에베소에 머물라 한 것은** 어떤 사람들을 명하여 다른
교훈을 가르치지 말며 [4]신화와 끝없는 족보에 몰두하지 말게 하려 함이라 이런 것은 믿음 안에
있는 하나님의 경륜을 이룸보다 도리어 변론을 내는 것이라"(디모데전서 1:3-4).

7 "**아시아까지 함께 가는 자는** 베뢰아 사람 부로의 아들 소바더와 데살로니가 사람 아리스다고
와 세군도와 더베 사람 가이오와 및 디모데와 **아시아 사람 두기고와** 드로비모라"(사도행전
20:4).

8 "[21]나의 사정 곧 내가 무엇을 하는지 너희에게도 알리려 하노니 사랑을 받은 형제요 주 안에서
진실한 일꾼인 **두기고가 모든 일을 너희에게 알리리라** [22]우리 사정을 알리고 또 너희 마음을
위로하기 위하여 내가 특별히 그를 너희에게 보내었노라"(에베소서 6:21-22). "[7]**두기고가 내
사정을 다 너희에게 알려 주리니** 그는 사랑 받는 형제요 신실한 일꾼이요 주 안에서 함께 종이
된 자니라 [8]내가 그를 특별히 너희에게 보내는 것은 너희로 우리 사정을 알게 하고 너희 마음
을 위로하게 하려 함이라"(골로새서 4:7-8).

으로 보아 두기고는 바울의 사정(事情)을 전달하는데 달란트가 있었던 것 같다. 동시에 바울의 절대적인 신임(信任)을 받았던 인물로 보인다. 교회사에 따르면 이때 에베소로 간 두기고는 에베소 교회에서 사역하게 되었다고 전해진다. "두기고는 에베소로 보내었노라." 바울은 디모데가 '에베소 교회'를 비우는 부담을 줄여주기 위해 이러한 조치를 했을 것이다. 죽음을 앞둔 노(老) 사도의 교회를 향한 세밀함이 엿보이는 장면이다.

> 네가 올 때에 내가 드로아 가보의 집에 둔 겉옷을 가지고 오고 또 책은 특별히 가죽 종이에 쓴 것을 가져오라(디모데후서 4:13)

이렇게 두기고를 에베소로 보냈다는 사실을 밝힌 뒤, 바울은 디모데에게 개인적인 요구를 했다. "네가 올 때에 내가 드로아 가보의 집에 둔 겉옷을 가지고 오고, 또 책은 특별히 가죽 종이에 쓴 것을 가져오라." 에베소에서 드로아까지의 거리는 약 250km에 달했다. 적지 않은 거리였다. 그에 더해, 드로아에서 로마까지는 육로(陸路)이든지 해로(海路)이든지 교통이 발달된 지금도 만만치 않은 거리다. 더군다나, 바울은 지난 전도 여행을 통해 이 길을 오간 적이 있었다. 쉽게 말해, 바울은 그가 디모데에게 요구하는 것이 어떤 의미인지 잘 알고 있었을 것이다.

즉 우리는 이러한 정황을 마음에 두고 바울이 디모데에게 한 요구를 생각해 보아야 한다. 물론 그 시절과 지금은 '시간의 의미'와 '거리의 의미'가 다르다. 쉽게 말해, 세상이 돌아가는 속도가 다르다. 그럼에도 불구하고, 겉으로 볼 때 바울의 요구는 무리한 요구로 보이는 것이 사실이다. 그렇다면,

왜 노(老) 사도는 디모데에게 이러한 요구를 했을까? "네가 올 때에 내가 드로아 가보의 집에 둔 겉옷을 가지고 오고, 또 책은 특별히 가죽 종이에 쓴 것을 가져오라."

날이 추워지고 있었던 것 같다. 이제는 낡을 대로 낡아버린 겉사람으로 말미암아, 바울은 새벽마다 뼛속을 에이는 추위를 느꼈을 것이다. "데마는 이 세상을 사랑하여 나를 버리고 데살로니가로 갔고", 게다가 인생 말년(末年)에 믿었던 동역자의 배신은 차가워지는 날씨보다도 더 노(老) 사도의 몸과 마음을 시리게 만들었던 것 같다.

"그레스게는 갈라디아로, 디도는 달마디아로 갔고", 교회사의 기록을 보면, 갈라디아로 간 그레스게는 그곳에 교회를 설립했다고 전해진다. 그리고 디도는 바울의 권면으로 달마디아에서 복음 사역을 했다. 즉 이 둘이 바울을 떠난 것은 '세상을 사랑하여 떠난 데마'와는 달랐다. 하지만 이 둘을 축복하며 떠나보낼 때, 바울은 이것이 이 땅에서 그들을 보는 마지막이라는 사실을 잘 알고 있었을 것이다. 한 세대가 끝나간다는 것은 누구에게나 쉽지 않다. 사랑으로 한 시대를 같이 보낸 사람들과의 시간이 끝나간다는 것은 많은 아련함을 남긴다. 게다가 그들과 함께 헤쳐온 세월이 '의(義)를 위한 고난의 시간'이었다면 말할 것도 없다. 그렇게 세상을 사랑하여 바울을 버리고 떠났든지, 복음을 위하여 사역지로 떠났든지, 감옥에 노(老) 사도는 홀로 남겨지게 되었다. 그의 곁에는 누가만 남아 있었다.

"전제와 같이 내가 벌써 부어지고 **나의 떠날 시각이 가까웠도다.**" 바울은 하나님께서 그에게 허락하신 시간이 다해 감을 깨닫고 있었다. 물론 가치 있는 삶이었고, 보람 있는 시간이었다. 최선을 다했고, 다시 그 시절로 돌아간다 한들 더 잘할 자신 또한 없는 시간이었을 것이다. 그러나 사람으로서 느낄 수밖에 없는 '허전한 마음'은 어쩔 수 없었을 것이다. 그를 가둔 감옥은 어둡고 습(濕)지고 횅했을 것이다. 어쩌면 찍찍거리는 쥐 소리가 외로움을 덜어주는 유일한 위로였을지도 모른다. 그렇게 여러 동역자들과 전도 여행을 다니던 시절을 뒤로 하고, 누가와 단둘이 남은 시점에 한 말이다. "네가 올 때에 내가 드로아 가보의 집에 둔 겉옷을 가지고 오고, 또 책은 특별히 가죽 종이에 쓴 것을 가져오라."

이렇게 보면, 바울의 요구는 '곤궁한 처지' 때문에 나온 것으로 보일 수 있다. 하지만 과연 그럴까? 내 생각은 조금 다르다. 평생 누군가를 섬기고 사랑해 본 사람들만 알고 있는 비밀이 있다. 그것은 누군가의 사랑을 기쁘게 받아주는 것 또한 '깊은 사랑'이라는 것이다. 때로는 나를 위해 수고하게 하는 것이 그를 위한 '최고의 배려'라는 것이다.

갑자기 어머니가 큰 병에 걸려 '시한부 판정'을 받았다는 지체들에게 해주는 조언이 있다. "엄마에게 시간을 내드리렴. 엄마에게 최선을 다하렴. 어떤 의미에서는, 너의 '미래의 시간'까지 미리 끌어 쓴다는 심정으로 엄마에게 시간과 돈을 내어 드리렴. 그러고 나면 엄마가 돌아가신 뒤에 알게 될 거야. 엄마에게 최선을 다했던 그 시간이 엄마를 위한 것이기도 하지만, **사실은 엄마가 돌아가신 뒤에 남게 될 네 자신을 위한 시간이었다는 사실을 …**"

우리가 다른 사도들과 주의 형제들과 게바와 같이 믿음의 자매 된 아내를 데리고 다닐 권리가 없겠느냐(고린도전서 9:5)

"우리가 다른 사도들과 주의 형제들과 게바와 같이 믿음의 자매 된 아내를 데리고 다닐 권리가 없겠느냐?" 바울의 이 말을 통해 볼 때, 그는 독신(獨身)이었던 것 같다. 물론 탈무드에는 "아내를 갖지 않은 남자는 남자라고 부르지 않는다. 모든 교사는 아내가 있어야 하며, 모든 랍비는 결혼하지 않으면 안 된다"라는 말이 있다. 이러한 사실을 근거로 바울에게 아내가 있었다는 주장도 있다. 하지만 결혼을 해야만 랍비가 될 수 있는 것은 아니었다. 다만 랍비는 결혼을 해야만 제대로 대접받을 수 있었다. 어찌 되었든, 고린도전서의 기록으로 보아 바울은 예수님의 부르심을 받은 후 혼자였다. 그가 기혼자(既婚者)였다 해도 독신(獨身)과 같은 처지였다.

> 이로 말미암아 내가 주 안에서 **내 사랑하고 신실한 아들 디모데를** 너희에게 보내었으니 그가 너희로 하여금 그리스도 예수 안에서 나의 행사 곧 내가 각처 각 교회에서 가르치는 것을 생각나게 하리라(고린도전서 4:17)

그런 바울이 아들이라고 부른 사람은 총 세 명이었다. '디모데, 디도, 오네시모'⁹가 그 세 명이었다. 우선 '빌레몬의 노예'였던 '오네시모'는 바울이

---

9 "믿음 안에서 참 아들 된 디모데에게 편지하노니 하나님 아버지와 그리스도 예수 우리 주께로부터 은혜와 긍휼과 평강이 네게 있을지어다"(디모데전서 1:2). "**아들 디모데야** 내가 네게 이 교훈으로써 명하노니 전에 너를 지도한 예언을 따라 그것으로 선한 싸움을 싸우며"(디모데전서 1:18). "**사랑하는 아들 디모데**에게 편지하노니 하나님 아버지와 그리스도 예수 우리 주께로부터 은혜와 긍휼과 평강이 네게 있을지어다"(디모데후서 1:2). "**내 아들아** 그러므로 너는 그리스도 예수 안에 있는 은혜 가운데서 강하고"(디모데후서 2:1). "같은 믿음을 따라 **나의 참 아들 된 디도**에게 편지하노니 하나님 아버지와 그리스도 예수 우리 구주로부터 은혜와 평강이

그를 위하여 빌레몬에게 은혜를 구하는 가운데 나온 말이었다.[10] 오네시모 는 '주인으로부터 도망친 노예'였다. 이러한 사실은 그 당시 사회에서 심각 한 일이었다. 즉 바울은 자신과의 관계를 생각해서 오네시모의 죄를 용서해 달라는 의미에서 '아들'이라는 호칭을 사용했던 것이다. 그렇게 바울의 편 지를 가지고 오네시모는 그의 주인인 빌레몬에게 돌아갔다. 그리고 또 다른 아들인 '디도'는 바울의 권면으로 달마디아로 떠난 후였다.

더군다나 성경에 '오네시모와 디도'에게는 아들이라는 호칭이 단 한 번 사 용되었다. 반면, '디모데'에게는 다섯 번이나 사용되었다. "내 사랑하고 신실 한 아들 디모데를, 믿음 안에서 참 아들 된 디모데에게, 아들 디모데야, 사 랑하는 아들 디모데에게, 내 아들아" 즉 죽음을 앞둔 노(老) 사도는 사랑하는 아들 '디모데'가 보고 싶었다. 아들 얼굴 한번 보고 가는 것이 소원이었다.

그러한 사실에 더해, 바울은 자신이 떠난 뒤 홀로 남겨질 디모데가 걱정 되었던 것 같다. 나중에 기회가 되면 다루겠지만, '디도'와 달리 '디모데'는 세밀하고 부드러운 성품의 소유자였던 것으로 보인다. 신학자들은 이러한 사실을 바울이 '디도와 디모데'에게 맡긴 사역지를 근거(根據)로 든다. 우선 '디도'의 사역지는 험한 곳이었다. 물리적으로 척박한 곳이었다. 반면, '디모 데'의 사역지는 깊은 학식(學識)과 언변(言辯)이 필요한 곳이었다. 물론 만만

네게 있을지어다"(디도서 1:4). "갇힌 중에서 낳은 아들 오네시모를 위하여 네게 간구하노라" (빌레몬서 1:10).

10 "[16]이 후로는 종과 같이 대하지 아니하고 종 이상으로 곧 사랑 받는 형제로 둘 자라 내게 특별 히 그러하거든 하물며 육신과 주 안에서 상관된 네게랴 [17]그러므로 네가 나를 동역자로 알진대 그를 영접하기를 내게 하듯 하고 [18]그가 만일 네게 불의를 하였거나 네게 빚진 것이 있으면 그 것을 내 앞으로 계산하라"(빌레몬서 1:16-18).

한 곳은 아니었다. 그러나 물리적으로 척박한 곳은 아니었다. 오히려 '정신 노동'이 많이 필요한 곳이었다.[11] '세밀한 성품'이 필요한 곳이었다.

즉 바울은 자신이 떠난 뒤 홀로 남겨질 아들을 위하여 '약간은 고생스러운 일'을 준 셈이다. 사랑하는 사람을 먼저 떠나보낸 뒤, 남아 있는 사람에게 가장 큰 위안이 무엇인지 아는가? 부모님을 예로 들면 이와 같다. '그래도 나는 우리 엄마에게 최선을 다했어. 그래도 나는 우리 아빠에게 최선을 다했어. 다시 한다고 해도 더 잘할 수는 없을 거야.' 사랑하는 사람을 떠나보낸 뒤, 이보다 더 큰 위로가 있을까? 즉 디모데는 그 먼 거리를 거쳐 바울에게 오는 과정에서 '바울에게 최선(最善)을 다할 수 있는 기회'를 얻었다. 그리고 그 경험은 바울이 순교한 이후, 디모데에게 '살아갈 수 있는 힘'을 주었을 것이다.

"네가 올 때에 내가 드로아 가보의 집에 둔 겉옷을 가지고 오고 또 책은 특별히 가죽 종이에 쓴 것을 가져오라." 나는 이 부분에서 당신의 사람을 성숙시켜 가시는 '하나님의 손'을 느낀다. 사역의 과정에서 '하나님의 형상'으로 완성되어 가는 은혜를 느낀다. "사울이 주의 제자들에 대하여 **여전히 위협과 살기가 등등하여** 대제사장에게 가서"[12] 예수님을 만나기 전 이랬던 바울이 이제는 완전히 달라진 것이다. 예수님을 만나기 전 바울을 감쌌던 '살기(殺氣)'는 자신의 죽음 앞에서도 '후세대의 생명(生命)'을 배려하는 수준에

---

11 "[12]누구든지 네 연소함을 업신여기지 못하게 하고 오직 말과 행실과 사랑과 믿음과 정절에 있어서 믿는 자에게 본이 되어 [13]내가 이를 때까지 읽는 것과 권하는 것과 가르치는 것에 전념하라"(디모데전서 4:12–13).
12 사도행전 9:1

이른 것이다.

> [14]**구리 세공업자 알렉산더**가 내게 해를 많이 입혔으매 주께서 그 행한
> 대로 그에게 갚으시리니 [15]**너도 그를 주의하라** 그가 우리 말을 심히 대
> 적하였느니라(디모데후서 4:14-15)

"너도 그를 주의하라." 자식을 가진 부모라면 모두가 아는 사실이 있다.
그것은 자식이 있는 부모는 절대 마음을 놓을 수 없다는 사실이다. 항상 자
식이 걱정되는 것이 부모다. 나이가 지긋이 든 자식에게 "차 조심하라"는 노
인의 마음이 바로 '부모의 마음'이다. 디모데에게 겉옷과 책을 가져오라는
말을 하는 가운데, 바울의 마음에 걸리는 인물이 있었다. 구리 세공업자 알
렉산더가 그였다. "구리 세공업자 알렉산더가 내게 해를 많이 입혔으매 주
께서 그 행한 대로 그에게 갚으시리니, 너도 그를 주의하라." 바울이 자세한
사정을 기록으로 남기지 않았기 때문에 알렉산더가 구체적으로 무슨 해를
입혔는지는 알 수 없다. 하지만 신학자들은 알렉산더가 바울을 로마 관리에
게 넘긴 장본인이었을 것이라고 보고 있다. 알렉산더는 디모데전서에서 바
울이 사탄에게 내주었다고 선언한 인물과 '동일 인물(同一 人物)'이었을 것이
다.[13]

---

13 "[18]아들 디모데야 내가 네게 이 교훈으로써 명하노니 전에 너를 지도한 예언을 따라 그것으로
선한 싸움을 싸우며 [19]믿음과 착한 양심을 가지라 어떤 이들은 이 양심을 버렸고 그 믿음에 관
하여는 파선하였느니라 [20]그 가운데 후메내오와 **알렉산더**가 있으니 내가 **사탄에게 내준 것은**
그들로 훈계를 받아 신성을 모독하지 못하게 하려 함이라"(디모데전서 1:18-20).

그렇게 죽음을 직감한 노(老) 사도가 아들을 찾고 있었다. 어둡고 습(濕)지고 횡한 감옥에 노(老) 사도는 누가와 단둘이 남겨져 있었다. 낡을 대로 낡아버린 그의 육체는 추위를 막아줄 겉옷이 간절했다. 그리고 '가죽 종이에 쓴 책'은 아마도 '구약성경'이었을 것이다.[14] 그렇게 초라한 몰골로 간절히 아들을 찾던 그는 '위대한 사도 바울'이었다. 그렇게 죽음을 앞둔 노(老) 사도가 죽기 전에 보고 싶어 했던 사람은 둘이었다. 한 사람은 지금까지 살펴보았듯이, 믿음 안에서 참 아들 된 **'디모데'**였다. 그리고 또 한 사람은 가장 먼저 복음서를 기록한 **'마가'**였다. 복음서 중, 첫 번째로 기록된 책은 '마가복음'이다. **"네가 올 때에 마가를 데리고 오라. 그가 나의 일에 유익하니라."**

그렇다면, 마가는 바울과 어떤 사연을 가지고 있는 인물이었을까? 도대체 어떤 추억을 가지고 있기에, 노(老) 사도가 죽기 전에 그를 찾은 것일까? 그런데, 사도 바울이 죽기 전 그렇게 애타게 보고 싶어 했던 마가는 바울이 '그의 은인(恩人) 바나바'와 갈라서게 된 계기를 제공한 인물이었다.

> [36]**며칠 후에** 바울이 바나바더러 말하되 우리가 주의 말씀을 전한 각 성으로 다시 가서 형제들이 어떠한가 방문하자 하고 [37]**바나바는 마가라 하는 요한도 데리고 가고자 하나** [38]바울은 밤빌리아에서 자기들을 떠나 함께 일하러 가지 아니한 자를 데리고 가는 것이 옳지 않다 하여 [39]서로 심히 다투어 피차 갈라서니 바나바는 마가를 데리고 배 타고 구브로로 가

---

14 신학자들의 주장이다.

고 ⁴⁰바울은 실라를 택한 후에 형제들에게 주의 은혜에 부탁함을 받고 떠나 ⁴¹수리아와 길리기아로 다니며 교회들을 견고하게 하니라(사도행전 15:36-41)

"며칠 후에", 어떤 일이 있은 지 며칠 후였을까?

³⁰**그들이 작별하고 안디옥에 내려가 무리를 모은 후에 편지를 전하니** ³¹**읽고 그 위로한 말을 기뻐하더라** ³²유다와 실라도 선지자라 여러 말로 형제를 권면하여 굳게 하고 ³³얼마 있다가 평안히 가라는 전송을 형제들에게 받고 자기를 보내던 사람들에게로 돌아가되 ³⁴(없음) ³⁵바울과 바나바는 안디옥에서 유하며 수다한 다른 사람들과 함께 주의 말씀을 가르치며 전파하니라(사도행전 15:30-35)

"그들이 작별하고 안디옥에 내려가 무리를 모은 후에 편지를 전하니, 읽고 그 위로한 말을 기뻐하더라." 이때 '예루살렘 교회'에서 '안디옥 교회'에 보낸 편지를 전한 사람은 유다와 실라였다.¹⁵ 그리고 유다와 실라가 전한 편지의 내용은 교회사(敎會史) 가운데 '첫 번째 공의회(公議會)의 결정 사항'이었다. 이렇게 '예루살렘 교회'에서 '첫 번째 공의회'가 열리게 된 배경에는 '유대주의'가 있었다.

---

15 "이에 사도와 장로와 온 교회가 그 중에서 사람들을 택하여 바울과 바나바와 함께 안디옥으로 보내기를 결정하니 곧 형제 중에 인도자인 바사바라 하는 유다와 실라더라"(사도행전 15:22).

¹어떤 사람들이 유대로부터 내려와서 형제들을 가르치되 너희가 모세의 법대로 할례를 받지 아니하면 능히 구원을 받지 못하리라 하니 ²**바울 및 바나바와 그들 사이에 적지 아니한 다툼과 변론이 일어난지라** 형제들이 이 문제에 대하여 바울과 바나바와 및 그중의 몇 사람을 예루살렘에 있는 사도와 장로들에게 보내기로 작정하니라(사도행전 15:1-2)

"너희가 모세의 법대로 할례를 받지 아니하면 능히 구원을 받지 못하리라." 초대교회 당시, 첫 번째 논쟁은 "예수님만으로는 충분하지 않다"라는 유대주의자들의 주장에서 시작되었다. 유대주의자들은 가는 곳마다 "우리 주 예수 그리스도의 십자가만으로는 구원을 받는 데 충분하지 않다"라는 주장을 퍼뜨리고 다녔다. 그들은 "예수님의 십자가뿐 아니라 할례까지 받아야만 구원받을 수 있다"라고 주장했다. 바울의 첫 번째 서신(書信)인 갈라디아서 또한 이러한 유대주의자들의 분탕질 때문이었다.[16]

---

16 "⁶그리스도의 은혜로 너희를 부르신 이를 이같이 속히 떠나 **다른 복음을 따르는 것을** 내가 이상하게 여기노라 ⁷다른 복음은 없나니 다만 어떤 사람들이 너희를 교란하여 그리스도의 복음을 변하게 하려 함이라 ⁸그러나 우리나 혹은 하늘로부터 온 천사라도 우리가 너희에게 전한 복음 외에 **다른 복음을 전하면 저주를 받을지어다** ⁹우리가 전에 말하였거니와 내가 지금 다시 말하노니 만일 누구든지 너희가 받은 것 외에 **다른 복음을 전하면 저주를 받을지어다**"(갈라디아서 1:6-9).: 이때 바울이 말하는 저주받을 '다른 복음'은 '할례를 받아야 구원받을 수 있다는 주장'이다.: "그리스도 예수 안에서는 할례나 무할례나 효력이 없으되 사랑으로써 역사하는 믿음뿐이니라"(갈라디아서 5:6). "¹¹형제들아 **내가 지금까지 할례를 전한다면 어찌하여 지금까지 박해를 받으리요** 그리하였으면 십자가의 걸림돌이 제거되었으리니 ¹²너희를 어지럽게 하는 자들은 스스로 베어 버리기를 원하노라"(갈라디아서 5:11-12). "¹²무릇 육체의 모양을 내려 하는 자들이 억지로 너희에게 할례를 받게 함은 그들이 그리스도의 십자가로 말미암아 박해를 면하려 함뿐이라 ¹³할례를 받은 그들이라도 스스로 율법은 지키지 아니하고 너희에게 할례를 받게 하려 하는 것은 그들이 너희의 육체로 자랑하려 함이라 ¹⁴그러나 내게는 우리 주 예수 그리스도의 십자가 외에 결코 자랑할 것이 없으니 그리스도로 말미암아 세상이 나를 대하여 십자가

바울과 바나바가 '제1차 전도 여행'을 마치고 돌아온 때였다.**¹⁷** 그들을 '이 방인의 선교사로 파송했던 안디옥 교회'**¹⁸**에 돌아와 '제1차 전도 여행' 중 하 나님께서 그들과 함께 행하신 모든 일과 이방인에게도 '믿음의 문'을 여신 것을 보고한 후였다.

그런데 유대에서 내려온 어떤 사람들이 안디옥 교회에 '다른 복음'**¹⁹**을 가 르치기 시작했다. "너희가 모세의 법대로 할례를 받지 아니하면 능히 구원 을 받지 못하리라." 우리 주 예수 그리스도의 십자가 외에 무언가를 '구원의 조건'으로 더하는 이러한 주장은 '예수님의 십자가를 부인하는 행위'였다. 이에 바울 및 바나바와 그들 사이에 적지 않은 다툼과 변론이 일어났다. 그 러나 쉽게 결론이 나지 않았던 것 같다. 아마도 '할례를 구원의 조건'으로 주 장하는 그들은 자신들이 '예루살렘 교회 출신'이라는 점을 부각시켰던 것으 로 보인다. 당연히 열두 제자가 주축이 되어 세워진 '예루살렘 교회의 권위' 를 쉽게 넘을 수는 없었을 것이다. 그들이 열두 제자와 다른 말을 한다 할지 라도, 열두 제자가 직접 나서서 해명해 주지 않는 한 결론이 나지 않을 것이 분명했다. 이에 이 문제를 해결하기 위해, 안디옥 교회는 바울과 바나바 그

에 못 박히고 내가 또한 세상을 대하여 그러하니라 ¹⁵**할례나 무할례가** 아무 것도 아니로되 오 직 새로 지으심을 받는 것만이 중요하니라"(갈라디아서 6:12-15).

17 "²⁶거기서 **배 타고 안디옥에 이르니** 이 곳은 두 사도가 이룬 그 일을 위하여 전에 하나님의 은 혜에 부탁하던 곳이라 ²⁷그들이 이르러 교회를 모아 하나님이 함께 행하신 모든 일과 이방인들 에게 믿음의 문을 여신 것을 보고하고 ²⁸제자들과 함께 오래 있으니라"(사도행전 14:26-28).

18 "¹안디옥 교회에 선지자들과 교사들이 있으니 곧 바나바와 니게르라 하는 시므온과 구레네 사 람 루기오와 분봉 왕 헤롯의 젖동생 마나엔과 및 사울이라 ²주를 섬겨 금식할 때에 성령이 이 르시되 내가 불러 시키는 일을 위하여 바나바와 사울을 따로 세우라 하시니 ³이에 금식하며 기 도하고 두 사람에게 안수하여 보내니라"(사도행전 13:1-3).

19 예수님만으로 충분하지 않고, 할례를 받아야 구원받을 수 있다는 주장.

리고 그들 중의 몇 사람을 예루살렘에 있는 사도와 장로들에게 보내기로 결정했다.

> 그들이 교회의 전송을 받고 베니게와 사마리아로 다니며 이방인들이 주께 돌아온 일을 말하여 형제들을 다 크게 기쁘게 하더라(사도행전 15:3)

그렇게 안디옥 교회 형제들의 전송을 받고 떠난 그들은 예루살렘으로 가는 도중에 '베니게와 사마리아'를 통과하게 되었다. 베니게는 지중해 동북 연안(沿岸)에 있는 지역으로 오늘날 '레바논 지역'을 가리킨다. 그리고 사마리아는 유대와 갈릴리 사이를 가리킨다는 사실은 잘 알 것이다. 쉽게 말해, 이들은 안디옥 교회에서 예루살렘 교회로 가는 내내 '제1차 전도 여행' 중 이방인에게 베풀어 주신 하나님의 은혜를 끊임없이 전했다. 그리고 이 말을 들은 형제들은 모두 크게 기뻐했다.

> [4]예루살렘에 이르러 교회와 사도와 장로들에게 영접을 받고 하나님이 자기들과 함께 계셔 행하신 모든 일을 말하매 [5]바리새파 중에 어떤 믿는 사람들이 일어나 말하되 이방인에게 할례를 행하고 모세의 율법을 지키라 명하는 것이 마땅하다 하니라(사도행전 15:4-5)

그러나 예루살렘의 분위기는 사뭇 달랐다. 바울과 바나바가 예루살렘에서 전한 이야기는 예루살렘에 오는 내내 전했던 내용과 같았을 것이다. 분명히 예루살렘에 오는 길에서 만났던 형제들은 모두 이방인에게 베풀어 주신 하나님의 은혜에 환호했다. 크게 기뻐했다. 하지만 같은 소식을 들은 예루살렘의 반응은 달랐다. 바리새파 중에 어떤 믿는 사람들이 일어나 '심각한 표정'으로 말했다. 그들의 목소리는 분노로 살짝 떨렸고, 심지어 찡그린 그들의 얼굴에는 비장함이 가득했을 것이다. "이방인에게 할례를 행하고 모세의 율법을 지키라 명하는 것이 마땅하다."

> ⁶사도와 장로들이 이 일을 의논하러 모여 ⁷많은 변론이 있은 후에 **베드로가 일어나 말하되** 형제들아 너희도 알거니와 하나님이 이방인들로 내 입에서 복음의 말씀을 들어 믿게 하시려고 오래 전부터 너희 가운데서 나를 택하시고 ⁸또 마음을 아시는 하나님이 우리에게와 같이 **그들에게 도 성령을 주어 증언하시고** ⁹믿음으로 그들의 마음을 깨끗이 하사 그들이나 우리나 차별하지 아니하셨느니라 ¹⁰그런데 지금 너희가 어찌하여 하나님을 시험하여 우리 조상과 우리도 능히 메지 못하던 멍에를 제자들의 목에 두려느냐 ¹¹그러나 **우리는 그들이 우리와 동일하게 주 예수의 은혜로 구원받는 줄을 믿노라** 하니라(사도행전 15:6-11)

결국 이 일을 논의하기 위해 '첫 번째 공의회'가 소집되었다. 그리고 많은 변론이 오갔다. 그렇게 많은 변론이 있은 후에, 베드로가 일어나 말했다. "형제들아, 너희도 알거니와 하나님이 이방인들로 내 입에서 복음의 말씀을 들어 믿게 하시려고 오래 전부터 너희 가운데서 나를 택하시고, 또 마음을 아시는 하나님이 우리에게와 같이 그들에게도 성령을 주어 증언하시고, 믿음으로 그들의 마음을 깨끗이 하사 그들이나 우리나 차별하지 아니하셨느니라." 베드로의 이 말은 '백부장 고넬료 사건'을 가리키는 것이었다.²⁰ 이방인인 고넬료와 그의 식솔(食率)들에게 성령이 임하시는 모습을 보고, 그들에게 세례를 베푼 경험을 말하는 것이었다.²¹

"그런데 지금 너희가 어찌하여 하나님을 시험하여 우리 조상과 우리도 능히 메지 못하던 멍에를 제자들의 목에 두려느냐? 그러나 우리는 그들이 우리와 동일하게 주 예수의 은혜로 구원받는 줄을 믿노라." 이어지는 베드로의 이 말은 고넬료 사건 때 베드로가 했던 고백과 일맥상통한 발언이었다. "이에 베드로가 이르되 이 사람들이 우리와 같이 성령을 받았으니 누가

---

20 "¹유대에 있는 사도들과 형제들이 이방인들도 하나님의 말씀을 받았다 함을 들었더니 ²베드로가 예루살렘에 올라갔을 때에 할례자들이 비난하여 ³이르되 네가 무할례자의 집에 들어가 함께 먹었다 하니 ⁴베드로가 그들에게 이 일을 차례로 설명하여 ⁵이르되 내가 욥바 시에서 기도할 때에 황홀한 중에 환상을 보니 큰 보자기 같은 그릇이 네 귀에 매어 하늘로부터 내리어 내 앞에까지 드리워지거늘 ⁶이것을 주목하여 보니 땅에 네 발 가진 것과 들짐승과 기는 것과 공중에 나는 것들이 보이더라 ⁷또 들으니 소리 있어 내게 이르되 베드로야 일어나 잡아 먹으라 하거늘 ⁸내가 이르되 주님 그럴 수 없나이다 속되거나 깨끗하지 아니한 것은 결코 내 입에 들어간 일이 없나이다 하니 ⁹또 하늘로부터 두 번째 소리 있어 내게 이르되 하나님이 깨끗하게 하신 것을 네가 속되다고 하지 말라 하더라 ¹⁰이런 일이 세 번 있은 후에 모든 것이 다시 하늘로 끌려 올라가더라 ¹¹마침 세 사람이 내가 유숙한 집 앞에 서 있으니 가이사랴에서 내게로 보낸 사람이라 ¹²성령이 내게 명하사 아무 의심 말고 함께 가라 하시매 이 여섯 형제도 나와 함께 가서 그 사람의 집에 들어가니 ¹³그가 우리에게 말하기를 천사가 내 집에 서서 말하되 네가 사람을 욥바에 보내어 베드로라 하는 시몬을 청하라 ¹⁴그가 너와 네 온 집이 구원받을 말씀을 네게 이르리라 함을 보았다 하거늘 ¹⁵내가 말을 시작할 때에 성령이 그들에게 임하시기를 처음 우리에게 하신 것과 같이 하는지라 ¹⁶내가 주의 말씀에 요한은 물로 세례를 베풀었으나 너희는 성령으로 세례를 받으리라 하신 것이 생각났노라 ¹⁷그런즉 하나님이 우리가 주 예수 그리스도를 믿을 때에 주신 것과 같은 선물을 그들에게도 주셨으니 내가 누구이기에 하나님을 능히 막겠느냐 하더라 ¹⁸그들이 이 말을 듣고 잠잠하여 하나님께 영광을 돌려 이르되 그러면 하나님께서 이방인에게도 생명 얻는 회개를 주셨도다 하니라"(사도행전 11:1-18).

21 "⁴⁴베드로가 이 말을 할 때에 성령이 말씀 듣는 모든 사람에게 내려오시니 ⁴⁵베드로와 함께 온 할례 받은 신자들이 이방인들에게도 성령 부어 주심으로 말미암아 놀라니 ⁴⁶이는 방언을 말하며 하나님 높임을 들음이러라 ⁴⁷이에 베드로가 이르되 이 사람들이 우리와 같이 성령을 받았으니 누가 능히 물로 세례 베풂을 금하리요 하고 ⁴⁸명하여 예수 그리스도의 이름으로 세례를 베풀라 하니라 그들이 베드로에게 며칠 더 머물기를 청하니라"(사도행전 10:44-48).

능히 물로 세례 베풂을 금하리요 하고 명하여 예수 그리스도의 이름으로 세
례를 베풀라 하니라."[22]

> 온 무리가 가만히 있어 바나바와 바울이 하나님께서 자기들로 말미암아
> 이방인 중에서 행하신 표적과 기사에 관하여 말하는 것을 듣더니(사도
> 행전 15:12)

"온 무리가 가만히 있어", '침묵'은 많은 것을 의미한다. 많은 의미를 '함축
(含蓄)'한다. 베드로의 발언에 대한 온 무리의 침묵은 '베드로의 말이 틀리지
는 않지만, 동의할 수는 없다는 의미'였을 것이다. 마땅히 '반박할 말은 없지
만, 베드로의 말이 기분 좋게 들리지는 않았다는 의미'였을 것이다. 이미 그
들은 고넬료를 방문하고 돌아온 베드로를 비난했던 적이 있었다. "베드로
가 예루살렘에 올라갔을 때에 할례자들이 비난하여 이르되 네가 무할례자
의 집에 들어가 함께 먹었다 하니"[23] 게다가 그때 하나님께서 이방인에게도
그들과 동일한 성령을 내려주셨다는 사실에도 불구하고, 그들이 마지못해
했던 말은 이러했다. "하나님께서 이방인에게도 생명 얻는 회개를 주셨도
다."[24] 즉 하나님의 직접적인 개입에도 '시큰둥한 반응'을 보였던 그들이었
다. 그러니 '성령 하나님'께서 직접 바나바와 바울을 '이방인을 위한 선교사'

---

22   사도행전 10:47-48 상반절
23   사도행전 11:2-3
24   "그들이 이 말을 듣고 잠잠하여 하나님께 영광을 돌려 이르되 그러면 하나님께서 이방인에게
      도 생명 얻는 회개를 주셨도다 하니라"(사도행전 11:18).

로 세웠다는 사실은 그들에게 중요하지 않았을 것이다. "주를 섬겨 금식할 때에 성령이 이르시되 내가 불러 시키는 일을 위하여 바나바와 사울을 따로 세우라 하시니 이에 금식하며 기도하고 두 사람에게 안수하여 보내니라."[25]

어찌 되었든, 베드로의 지원사격(?)에 힘입어 바나바와 바울은 하나님께서 자기들로 말미암아 이방인 중에 행하신 표적과 기사에 관하여 말할 수 있었다. 논쟁을 해본 사람이라면 누구나 경험하는 일이 있다. 그것은 사람들은 자신과 다른 의견에 대해 사실관계를 떠나 아예 듣지 않으려는 경향이 있다는 것이다. 그런 점에서, 베드로의 지원사격은 바나바와 바울에게 큰 힘이 되었다. 바나바와 바울은 말할 기회를 얻었고, 그들은 듣게 되었다. 물론 바나바와 바울의 말을 듣는 무리들의 태도는 '팔짱을 낀 채 떨떠름한 표정'이었을 것이다. 그러나 한번 틈이 나면 그 틈은 벌어지게 마련이다. 그것이 사람의 마음이다. 일단 상대방의 말을 경청하기 시작했다는 것은 '마음에 틈이 벌어지기 시작했다'는 신호다.

> [13]말을 마치매 야고보가 대답하여 이르되 형제들아 내 말을 들으라 [14]하나님이 처음으로 이방인 중에서 자기 이름을 위할 백성을 취하시려고 그들을 돌보신 것을 시므온이 말하였으니 [15]선지자들의 말씀이 이와 일치하도다 기록된 바 [16]이 후에 내가 돌아와서 다윗의 무너진 장막을 다시 지으며 또 그 허물어진 것을 다시 지어 일으키리니 [17]이는 그 남은 사람들과 내 이름으로 일컬음을 받는 모든 이방인들로 주를 찾게 하려 함

---

25 사도행전 13:2-3

이라 하셨으니 ¹⁸즉 예로부터 이것을 알게 하시는 주의 말씀이라 함과 같으니라 ¹⁹그러므로 내 의견에는 이방인 중에서 하나님께로 돌아오는 자들을 괴롭게 하지 말고 ²⁰다만 우상의 더러운 것과 음행과 목매어 죽인 것과 피를 멀리하라고 편지하는 것이 옳으니 ²¹이는 예로부터 각 성에서 모세를 전하는 자가 있어 안식일마다 회당에서 그 글을 읽음이라 하더라(사도행전 15:13-21)

바나바와 바울의 간증이 끝나자, 이번에는 야고보가 말했다. 그는 베드로와 요한과 함께 '예루살렘 교회의 기둥'으로 여겨지던 사람이었다.²⁶ 또한 그는 '예수님의 친동생'이었다. "형제들아, 내 말을 들으라. **하나님이 처음으로 이방인 중에서 자기 이름을 위할 백성을 취하시려고 그들을 돌보신 것을 시므온이 말하였으니,** 선지자들의 말씀이 이와 일치하도다. 기록된 바, 이후에 내가 돌아와서 다윗의 무너진 장막을 다시 지으며 또 그 허물어진 것을 다시 지어 일으키리니, 이는 그 남은 사람들과 내 이름으로 일컬음을 받는 모든 이방인들로 주를 찾게 하려 함이라 하셨으니, 즉 예로부터 이것을 알게 하시는 주의 말씀이라 함과 같으니라." 먼저 야고보는 앞서 말한 시므온(베드로)의 발언이 선지자들의 말씀과 일치한다는 사실을 지적했다. 즉 야고보 또한 '베드로와 같은 의견'임을 밝힌 것이다.

야고보의 이러한 발언은 파급력이 클 수밖에 없었다. 그는 예루살렘 교

---

26 "또 기둥 같이 여기는 야고보와 게바와 요한도 내게 주신 은혜를 알므로 나와 바나바에게 친교의 악수를 하였으니 우리는 이방인에게로, 그들은 할례자에게로 가게 하려 함이라"(갈라디아서 2:9).

회 내에 알려진 대표적인 '유대주의자(?)'[27]였다. 아래 본문은 '베드로와 바울이 로마에서 복음을 전할 때 기록된 마태복음' 단원에서 자세히 다룬 내용이다.

> [11]게바가 안디옥에 이르렀을 때에 책망 받을 일이 있기로 내가 그를 대면하여 책망하였노라 [12]**야고보에게서 온 어떤 이들이 이르기 전에** 게바가 이방인과 함께 먹다가 그들이 오매 그가 할례자들을 두려워하여 떠나 물러가매 [13]남은 유대인들도 그와 같이 외식하므로 바나바도 그들의 외식에 유혹되었느니라 [14]그러므로 나는 그들이 복음의 진리를 따라 바르게 행하지 아니함을 보고 모든 자 앞에서 게바에게 이르되 네가 유대인으로서 이방인을 따르고 유대인답게 살지 아니하면서 어찌하여 억지로 이방인을 유대인답게 살게 하려느냐 하였노라(갈라디아서 2:11-14)

베드로가 안디옥 교회에서 바울과 바나바와 식사하던 때 있었던 일이다. 그때 예루살렘으로부터 '야고보에 속한 사람들'이 온다는 소식이 '식사 자리'에 전해지자 일어난 사건이었다. "게바(베드로)가 이방인과 함께 먹다가 그들이 오매(야고보에게서 온 어떤 이들이 오매) 그가 할례자들을 두려워하여 떠나 물러가매" 즉 야고보는 이 당시 누구나 아는 '할례자들의 대표적인 인물'이었다. 그런 인물이 이방인을 두둔하는 베드로와 같은 의견임을 공의회 가운

---

27 물음표를 붙인 이유는 야고보가 '유대적인 성향'이 강한 것은 사실이나 '주의자'라고까지 하기에는 가혹한 평가여서 그렇다.

데 밝히고 있는 것이다. 이것이 바로 하나님 앞에 선 하나님의 사람들의 "바른 자세"다. 이미 인용했던 베드로의 발언 또한 야고보의 이러한 자세와 일맥상통한다. "내가 말을 시작할 때에 성령이 그들에게 임하시기를 처음 우리에게 하신 것과 같이 하는지라. 내가 주의 말씀에 요한은 물로 세례를 베풀었으나 너희는 성령으로 세례를 받으리라 하신 것이 생각났노라. 그런즉 하나님이 우리가 주 예수 그리스도를 믿을 때에 주신 것과 같은 선물을 그들에게도 주셨으니 **내가 누구이기에 하나님을 능히 막겠느냐** 하더라."**28**

이제는 더 이상 이방인에게 할례를 강요할 권위가 사라졌다. 이방인의 선교를 제한할 '진입장벽'이 공식적으로 폐지되었다. 할례자들의 대표였던 야고보는 이제 결론에 해당하는 발언을 이어갔다. "그러므로 내 의견에는 이방인 중에서 하나님께로 돌아오는 자들을 괴롭게 하지 말고, 다만 우상의 더러운 것과 음행과 목매어 죽인 것과 피를 멀리하라고 편지하는 것이 옳으니 **이는 예로부터 각 성에서 모세를 전하는 자가 있어 안식일마다 회당에서 그 글을 읽음이라.**" 야고보의 발언 중 마지막 문장은 아마도 '유대주의자들을 향한 최소한의 배려'였을 것이다. 그렇게 '우리 주 예수 그리스도의 십자가만으로는 구원을 받는데 충분하지 않다'라는 주장은 '다른 복음'**29**이라는

---

28 사도행전 11:15-17
29 "그리스도의 은혜로 너희를 부르신 이를 이같이 속히 떠나 **다른 복음을** 따르는 것을 내가 이상하게 여기노라 ⁷**다른 복음은 없나니** 다만 어떤 사람들이 너희를 교란하여 그리스도의 복음을 변하게 하려 함이라 ⁸그러나 우리나 혹은 하늘로부터 온 천사라도 우리가 너희에게 전한 복음 외에 **다른 복음을 전하면 저주를 받을지어다** ⁹우리가 전에 말하였거니와 내가 지금 다시 말하노니 만일 누구든지 너희가 받은 것 외에 **다른 복음을 전하면 저주를 받을지어다**"(갈라디아

사실이 '제1차 공의회'에서 야고보의 입을 통하여 선언되었다. "예수님의 십자가뿐 아니라 할례까지 받아야만 구원받을 수 있다"라는 주장이 거짓임이 밝혀졌다.

> [22]이에 사도와 장로와 온 교회가 그 중에서 사람들을 택하여 바울과 바나바와 함께 안디옥으로 보내기를 결정하니 곧 형제 중에 인도자인 바사바라 하는 유다와 실라더라 [23]그 편에 편지를 부쳐 이르되 사도와 장로 된 형제들은 안디옥과 수리아와 길리기아에 있는 이방인 형제들에게 문안하노라 [24]들은즉 우리 가운데서 어떤 사람들이 우리의 지시도 없이 나가서 말로 너희를 괴롭게 하고 마음을 혼란하게 한다 하기로 [25]사람을 택하여 우리 주 예수 그리스도의 이름을 위하여 생명을 아끼지 아니하는 자인 우리가 사랑하는 바나바와 바울과 함께 너희에게 보내기를 만장일치로 결정하였노라 [26] [27]그리하여 유다와 실라를 보내니 그들도 이 일을 말로 전하리라 [28]성령과 우리는 이 요긴한 것들 외에는 아무 짐도 너희에게 지우지 아니하는 것이 옳은 줄 알았노니 [29]우상의 제물과 피와 목매어 죽인 것과 음행을 멀리할지니라 이에 스스로 삼가면 잘되리라 평안함을 원하노라 하였더라(사도행전 15:22-29)

이에 사도와 장로와 예루살렘 온 교회가 사람들을 택하여 바울과 바나바와 함께 안디옥 교회로 보내기를 결정했다. 그리고 그 파송단의 인도자는

서 1:6-9).: 이때 바울이 말한 '다른 복음'은 '할례주의자들의 주장'을 가리킨다.

'바사바라 하는 유다와 실라'였다.

> [30]그들이 작별하고 안디옥에 내려가 무리를 모은 후에 편지를 전하니 [31]읽고 그 위로한 말을 기뻐하더라 [32]유다와 실라도 선지자라 여러 말로 형제를 권면하여 굳게 하고 [33]얼마 있다가 평안히 가라는 전송을 형제들에게 받고 자기를 보내던 사람들에게로 돌아가되 [34](없음) [35]바울과 바나바는 안디옥에서 유하며 수다한 다른 사람들과 함께 주의 말씀을 가르치며 전파하니라(사도행전 15:30-35)

그렇게 파송된 사람들은 안디옥 교회에 내려가 '예루살렘 제1차 공의회'의 결정을 알리는 편지를 전했다. 더불어 '예루살렘 교회'에서 '안디옥 교회'에 전하는 '위로의 말' 또한 전달했다. "유다와 실라도 선지자라, 여러 말로 형제를 권면하여 굳게 하고 얼마 있다가 평안히 가라는 전송을 형제들에게 받고 자기를 보내던 사람들에게로 돌아가되" **그렇게 안디옥 교회에 파송되었던 유다와 실라가 형제들의 전송을 받으며 예루살렘 교회로 돌아간 지, 며칠 뒤에 있었던 일이다.**[30]

---

30 이쯤 해서, 이런 생각이 드는 독자가 있을 것이다. '지금 이 단원은 마가에 대한 이야기라고 하지 않았나?' 맞다. 서문에서도 밝혔듯이, 젊은 세대에게 성경을 읽히고 싶어서 시작한 '성경 인물 설교'다. '익숙한 사람이 있는 모임'에는 발길이 가는 법, '젊은 세대가 성경을 읽지 않는 이유'는 성경에 '익숙한 사람'이 없어서라고 생각했다. 그렇게 성경에 '익숙한 사람들'을 만들어 주면, 자연스럽게 성경을 가까이하게 될 것이라는 생각에서 시작한 '성경 인물 설교'다. 동시에 내 책에는 또 하나의 목적이 숨겨져 있다. 그것은 젊은 세대에게 바른 '성경적 교리'를 전하는 것이다. 그런데, 누구나 알고 있듯이 '교리'는 '환영받지 못하는 주제'다. 절대다수가 '어려워하고 지루해하는 주제'다. 그러나 칼빈의 말처럼 '교회의 서고 넘어짐'은 '교리'에 있다. 특별히, '성경적 진리'가 '세속화된 시대 정신'으로 말미암아 그 뿌리까지 위협받는 현실에서 '성경적 진

> ³⁶**며칠 후에** 바울이 바나바더러 말하되 우리가 주의 말씀을 전한 각 성으로 다시 가서 형제들이 어떠한가 방문하자 하고 ³⁷**바나바는 마가라 하는 요한도 데리고 가고자 하나** ³⁸**바울은 밤빌리아에서 자기들을 떠나 함께 일하러 가지 아니한 자를 데리고 가는 것이 옳지 않다 하여** ³⁹서로 심히 다투어 피차 갈라서니 바나바는 마가를 데리고 배 타고 구브로로 가고 ⁴⁰바울은 실라를 택한 후에 형제들에게 주의 은혜에 부탁함을 받고 떠나 ⁴¹수리아와 길리기아로 다니며 교회들을 견고하게 하니라(사도행전 15:36-41)

이제는 '이방 선교'를 가로막을 '신학적 논쟁'이 완전히 제거되었다. 이 기쁜 소식을 바울은 '제1차 전도 여행' 중 복음을 전한 형제들에게 하루빨리 전하고 싶었던 것 같다. **"며칠 후에** 바울이 바나바더러 말하되, 우리가 주의 말씀을 전한 각 성으로 다시 가서 형제들이 어떠한가 방문하자 하고" 바울과 바나바, 그들이 복음을 전하는 곳마다 쫓아와 괴롭히던 '유대주의자들의 주장'을 예루살렘 교회에서 공식적으로 거짓이라고 선언한 상황이었다. 이제는 할례를 받아야만 구원받을 수 있다는 유대주의자들의 주장은 설 곳이 없어졌다. 유대주의자들이 그들의 주장을 고수(固守)할 경우, 그들은 예수님

리의 수호'를 위해 '교리'만큼 중요한 것은 없다. 바로 이 교리를 '성경 인물 이야기 가운데, 실제 삶의 정황 가운데' 적용해서 지속적으로 설명하는 것이 내가 책을 출판하는 주요 목적 중 하나다. 그리고 지난 20년간의 사역을 통하여 알게 된 사실이 하나 있다. 그것은 '교리'를 배운 지체는 반드시 '성경'을 가까이하게 된다는 사실이다. 즉 내가 '하나님께 받은 소명'과 '나의 사역의 목표'는 한 가지 지점을 향하고 있다. 우리 한국 교회에 성경을 가까이하고 말씀을 읽는 역사가 일어나는 것이다.

의 열두 제자가 건재한 '예루살렘 교회'와는 '다른 복음'을 이야기하는 꼴이
되고 마는 것이었다. 즉 그들의 그러한 주장은 그들이 '예수님과 전혀 관계
없는 자'라는 증거가 될 뿐이었다. 그러니 바울은 마음이 불타올랐을 것이
다. 하루라도 빨리 이 기쁜 소식을 '제1차 전도 여행' 중 만난 형제들에게 전
하고 싶었을 것이다. 그런데 예상치 않은 곳에서 일이 터지고 말았다.

"바나바는 마가라 하는 요한도 데리고 가고자 하나", '마가라 하는 요한'
은 마가복음의 저자인 '마가'를 가리킨다. 그는 바나바의 생질(甥姪)이었다.[31]
즉 바나바는 마가의 외삼촌이었다. 많은 신학자들은 그러한 이유로 바나바
가 '제2차 전도 여행'에 마가를 데리고 가고자 했을 것이라고 본다. 물론 맞
는 말이다. **하지만 나는 바나바가 마가의 외삼촌이었다는 점보다는, 바나
바의 성품이 더 큰 요인(要因)이었다는 입장이다.**[32]

"바울은 밤빌리아에서 자기들을 떠나 함께 일하러 가지 아니한 자를 데
리고 가는 것이 옳지 않다 하여", 반면 '맺고 끊는 것이 분명한 성격'이었던
바울은 마가를 데려가는 데 반대했다. 이유는 밤빌리아에서 자기들을 떠나
함께 일하러 가지 않았다는 것이었다. "바울과 및 동행하는 사람들이 바보
에서 배 타고 밤빌리아에 있는 버가에 이르니 요한은 그들에게서 떠나 예루

---

31 "나와 함께 갇힌 아리스다고와 **바나바의 생질 마가와** (이 마가에 대하여 너희가 명을 받았으매
그가 이르거든 영접하라)"(골로새서 4:10). '생질(甥姪): 누이의 아들'
32 이 부분은 다다음 단원에서 자세히 다루겠다.

살렘으로 돌아가고"[33] 팀(team)으로 일해 본 사람이라면 누구나 바울이 무엇을 걱정하는지 알 것이다. **하지만 나는 '바울이 바나바에게 이런 주장을 할 처지가 아니지 않나?'라는 입장이다. '바울이 너무 했다'라는 입장이다.**[34]

"서로 심히 다투어 피차 갈라서니, 바나바는 마가를 데리고 배 타고 구브로로 가고", 결과적으로 바나바와 바울은 갈라서게 되었다. 그리고 바나바는 조카인 마가를 데리고 그의 고향 구브로로 향하게 되었다. 그곳은 '제1차 전도 여행' 중 첫 번째 '기착지(寄着地)'였다. 사실 이 부분 또한 겉으로만 보면 약간 의아한 상황이다. 바나바의 성품상 '평소의 바나바의 모습과 다르지 않냐?'라는 것이 신학자들의 의견이다.[35] 쉽게 말해, 바나바의 성품상 바울에게 양보하지 않은 것이 이례적(異例的)이라는 의견이다. **그러나 나는 신학자들의 의견에 동의하지 않는다. 바나바의 성품상 이러한 선택은 예상된 일이었다.**[36]

"바울은 실라를 택한 후에 형제들에게 주의 은혜에 부탁함을 받고 떠나, 수리아와 길리기아로 다니며 교회들을 견고하게 하니라." 그렇게 바나바가 마가와 함께 구브로로 향하게 되자, 바울은 다른 길을 선택할 수밖에 없었다. 바울은 '제1차 공의회' 결과를 안디옥 교회에 전달했던 실라를 선택한

---

33 사도행전 13:13
34 이 부분은 다음 단원에서 자세히 다루겠다.
35 "바나바는 착한 사람이요 성령과 믿음이 충만한 사람이라 이에 큰 무리가 주께 더하여지더라" (사도행전 11:24).
36 이 부분 또한 다다음 단원에서 자세히 다루겠다.

후 형제들의 환송을 받으며 수리아와 길리기아로 향하게 되었다.

> [6]성령이 아시아에서 말씀을 전하지 못하게 하시거늘 그들이 브루기아와 갈라디아 땅으로 다녀가 [7]무시아 앞에 이르러 비두니아로 가고자 애쓰되 예수의 영이 허락하지 아니하시는지라 [8]무시아를 지나 드로아로 내려갔는데 [9]**밤에 환상이 바울에게 보이니 마게도냐 사람 하나가 서서 그에게 청하여 이르되 마게도냐로 건너와서 우리를 도우라 하거늘** [10]바울이 그 환상을 보았을 때 우리가 곧 마게도냐로 떠나기를 힘쓰니 이는 하나님이 저 사람들에게 복음을 전하라고 우리를 부르신 줄로 인정함이러라(사도행전 16:6-10)

그렇게 마가 때문에 바나바와 갈라서서 수리아와 길리기아로 가게 된 바울은 얼마 지나지 않아 그 유명한 '마게도냐 환상'을 보게 된다. "밤에 환상이 바울에게 보이니 마게도냐 사람 하나가 서서 그에게 청하여 이르되 마게도냐로 건너와서 우리를 도우라 하거늘" 이것은 '마가의 실패'마저도 하나님의 주권과 섭리 가운데 '생명의 통로'로 사용되는 순간이었다. 바울은 이때 처음으로 '마가의 실패'를 다시 생각하게 되었을 것이다. 하지만, **그렇다 하더라도 어떻게 마가는 바울의 마지막 순간에 그의 아들 디모데와 더불어 보고 싶은 사람이 되었을까?** 바울과 같이 맺고 끊는 것이 분명했던 성격이 "그가 나의 일에 유익하니라"라고 고백하게 했을까? 도대체, 바나바와 바울이 갈라선 뒤에 마가에게는 무슨 일이 있었던 것일까?

바울이 바나바에게
이런 주장을 할 처지가 아니지 않나?

³⁶며칠 후에 바울이 바나바더러 말하되 우리가 주의 말씀을 전한 각 성으로 다시 가서 형제들이 어떠한가 방문하자 하고 ³⁷바나바는 마가라 하는 요한도 데리고 가고자 하나 ³⁸바울은 밤빌리아에서 자기들을 떠나 함께 일하러 가지 아니한 자를 데리고 가는 것이 옳지 않다 하여 ³⁹서로 심히 다투어 피차 갈라서니 바나바는 마가를 데리고 배 타고 구브로로 가고 ⁴⁰바울은 실라를 택한 후에 형제들에게 주의 은혜에 부탁함을 받고 떠나 ⁴¹수리아와 길리기아로 다니며 교회들을 견고하게 하니라(사도행전 15:36-41)

이전 단원에서 나는 이 부분을 언급하며 사도 바울에 대해 이렇게 평가했다.

반면 '맺고 끊는 것이 분명한 성격'이었던 바울은 마가를 데리가는 데 반대했다. 이유는 밤빌리아에서 자기들을 떠나 함께 일하러 가지 않았다는 것

이었다. 팀(team)으로 일해 본 사람이라면 누구나 바울이 무엇을 걱정하는
지 알 것이다. **하지만 나는 '바울이 바나바에게 이런 주장을 할 처지가 아니
지 않나?'라는 입장이다. '바울이 너무했다'라는 입장이다.** 이제부터 그 이
유를 설명하려 한다.

> [1] 사울이 주의 제자들에 대하여 여전히 위협과 살기가 등등하여 대제사
> 장에게 가서 [2] 다메섹 여러 회당에 가져갈 공문을 청하니 이는 만일 그
> 도를 따르는 사람을 만나면 남녀를 막론하고 결박하여 예루살렘으로 잡
> 아오려 함이라 [3] 사울이 길을 가다가 다메섹에 가까이 이르더니 홀연히
> 하늘로부터 빛이 그를 둘러 비추는지라 [4] 땅에 엎드러져 들으매 소리가
> 있어 이르시되 **사울아 사울아 네가 어찌하여 나를 박해하느냐** 하시거늘
> [5] 대답하되 주여 누구시니이까 이르시되 **나는 네가 박해하는 예수라**(사
> 도행전 9:1-5)

"사울아, 사울아, 네가 어찌하여 나를 박해하느냐?" 본격적인 설명에 앞
서, 한 가지 짚고 넘어가야 할 부분이 있다. "예수님을 만나 사울이 바울 되
었다"라는 말을 들어본 지체들이 적지 않을 것이다. 이때 따라오는 설명은
이러하다. "'큰 자'라는 뜻의 '사울'이 예수님을 만난 후 '작은 자'라는 뜻의
'바울'이 되었다. 그가 예수님을 만나기 전에는 사울 왕과 같이 거만한 자였
으나, 예수님을 만난 후에는 겸손하여져서 복음(福音)을 위해 자신의 모든
것을 바쳤다. 이와 같이, 우리도 겸손한 마음으로 낮아져서 하나님과 교회
를 섬겨야 한다." 참으로 은혜로운 말씀이다. 특별히 성도의 삶에 많은 귀감

(龜鑑)이 되는 말씀이다.

그러나 이것은 '잘못된 주장'이다. 우선 '사울'은 '큰 자'가 아니라 '희망 혹은 여호와께 구하다'라는 뜻이다. '바울'은 '작은 자 혹은 작음'을 뜻한다. '베냐민 지파'[37]였던 그의 '히브리식 본명(本名)'은 '사울'이었다. 아마도 그의 이름은 베냐민 지파가 배출한 '이스라엘의 초대 왕(初代 王) 사울'에서 따 온 것일 것이다.[38] 이렇듯이 '부모 친척 혹은 그들이 속한 지파'의 걸출한 인물에서 아이의 이름을 따 오는 것은 유대인의 풍습이었다.[39]

그리고 '바울'은 '헬라식 이름'이었다. "나는 유대인으로 길리기아 다소에서 났고, 이 성에서 자라 가말리엘의 문하에서 우리 조상들의 율법의 엄한 교훈을 받았고, 오늘 너희 모든 사람처럼 하나님께 대하여 열심이 있는 자라."[40] 예루살렘 성전에서 체포되었을 때, 바울이 천부장의 허락을 받은 후 백성들을 대상으로 했던 연설의 시작 부분이다. 바울은 '길리기아 다소'에서 태어났다. 다소는 '길리기아 주(州)의 수도'였다. 다소는 '중계 무역의 주요 거점 도시'로서 경제적으로 부유한 곳이었다. 그리고 '철학 등 모든 학문이 발달한 곳'이었다. 이것은 동서양 문화가 교차하는 지리적 이점(利點) 때

---

37 "나는 팔일 만에 할례를 받고 이스라엘 족속이요 **베냐민 지파요** 히브리인 중의 히브리인이요 율법으로는 바리새인이요"(빌립보서 3:5).

38 "사울이 대답하여 이르되 **나는 이스라엘 지파의 가장 작은 지파 베냐민 사람이 아니니이까** 또 나의 가족은 베냐민 지파 모든 가족 중에 가장 미약하지 아니하니이까 당신이 어찌하여 내게 이같이 말씀하시나이까 하니"(사무엘상 9:21).: 우리 입장에서는 사울이 '형편없는 인물'로 느껴질 수 있다. 하지만 이스라엘의 초대 왕 사울을 배출한 '베냐민 지파의 생각'은 달랐을 것이다.

39 "[59]팔 일이 되매 아이를 할례하러 와서 **그 아버지의 이름을 따라 사가랴라 하고자 하더니** [60]그 어머니가 대답하여 이르되 아니라 요한이라 할 것이라 하매 [61]그들이 이르되 네 **친족 중에 이 이름으로 이름한 이가 없다** 하고"(누가복음 1:59-61).

40 사도행전 22:3

문이었을 것이다. 즉 헬라 문화권에서 태어난 그는 고향에서는 '바울이라는 헬라식 이름'으로 불렸을 것이다. 그랬던 그는 어린 시절에 일찍이 예루살렘으로 건너와 가말리엘 문하에서 교육받았다. 그 결과, 예루살렘에서는 '히브리식 이름인 사울'을 썼을 것이다. 누구나 쉽게 예상할 수 있는 일이다. 쉽게 말해, '미국에서 태어난 한국계'가 어린 시절에 대한민국으로 건너와 학교에 다니면서 '미국식 이름'을 쓸 리는 없지 않은가? 더군다나, 그때는 로마의 식민 지배를 받던 시기였다. 지금도 그렇지만, 유대인으로서의 '자주 의식과 정체성'이 특별히 더 강조되던 시기였다. 그러니 그는 예루살렘에서는 사울로 불렸을 것이다.

그렇다면, 사울이 바울이 되었다는 오해는 왜 생겼을까? '그것은 사도행전 초반에는 사울로 불리던 그가 제1차 전도 여행 이후 바울로 불렸기 때문이 아닐까?'라고 추측해 볼 수 있다. 사울이라는 이름이 사도행전에 마지막으로 언급된 것은 13장 9절이다. "바울이라고 하는 **사울이 성령이 충만하여** 그를 주목하고", 이후 그가 자신의 회심(回心)을 설명하는 과정에서 '사울'이라는 이름을 세 번 사용한 것'[41] 외에 모든 이름은 바울로 통일되어 있다. 더욱이 마지막으로 사울이라는 이름이 언급된 장면에서 눈에 띄는 부분이 있을 것이다. **"사울이 성령이 충만하여"**, 분명히 "예수님을 만나 사울이 바

---

[41] "내가 땅에 엎드러져 들으니 소리 있어 이르되 **사울아 사울아 네가 왜 나를 박해하느냐** 하시거늘"(사도행전 22:7). "내게 와 곁에 서서 말하되 **형제 사울아 다시 보라** 하거늘 즉시 그를 쳐다보았노라"(사도행전 22:13). "우리가 다 땅에 엎드러지매 내가 소리를 들으니 히브리 말로 이르되 **사울아 사울아 네가 어찌하여 나를 박해하느냐** 가시채를 뒷발질하기가 네게 고생이니라"(사도행전 26:14).

울이 되었다"라고 하지 않았던가? "'큰 자'라는 뜻의 '사울'이 예수님을 만난 후 '작은 자'라는 뜻의 '바울'이 되었다. 그가 예수님을 만나기 전에는 사울 왕과 같이 거만한 자였으나, 예수님을 만난 후에는 겸손하여져서 복음(福音)을 위해 자신의 모든 것을 바쳤다. 이와 같이, 우리도 겸손한 마음으로 낮아져서 하나님과 교회를 섬겨야 한다"라고 하지 않았던가? 그런데 바울이 아닌 '사울이 성령이 충만해서?'

이때 사울이 성령이 충만하여 행한 일에 대한 기록이다. "이 마술사 엘루마는 (이 이름을 번역하면 마술사라) 그들을(바나바와 바울) 대적하여 총독으로 믿지 못하게 힘쓰니, **바울이라고 하는 사울이 성령이 충만하여** 그를 주목하고, 이르되 모든 거짓과 악행이 가득한 자요 마귀의 자식이요 모든 의의 원수여 주의 바른 길을 굽게 하기를 그치지 아니하겠느냐? 보라. 이제 주의 손이 네 위에 있으니 네가 맹인이 되어 얼마 동안 해를 보지 못하리라 하니 즉시 안개와 어둠이 그를 덮어 인도할 사람을 두루 구하는지라. 이에 총독이 그렇게 된 것을 보고 믿으며 주의 가르치심을 놀랍게 여기니라."[42] 쉽게 말해, 성경에 기록된 바울의 첫 번째 기적은 **'사울이 성령이 충만하여'** 이루어졌다. 즉 우리가 기존에 들어왔던 사울과 바울에 대한 호칭(呼稱) 이야기는 잘못된 해석이다.

그렇다면, 사울과 바울이라는 이름은 어떻게 이해하는 것이 좋을까? 우선 '제1차 전도 여행'의 첫 번째 기착지(寄着地)인 구브로에서 있었던 기적 이후 사울이라는 이름은 사라진다. 이후 성경에 기록된 그의 모든 호칭(呼稱)

---

42 사도행전 13:8-12

은 바울로 통일되었다. 심지어 베드로마저도 '베드로후서'에서 '바울'이라고 호칭했다.[43] 왜 그랬을까? 즉 사도행전은 어떤 의도로 그의 호칭을 '제1차 전도 여행을 기점(基點)'으로 바꾸었을까?

> 또 기둥 같이 여기는 야고보와 게바와 요한도 내게 주신 은혜를 알므로 나와 바나바에게 친교의 악수를 하였으니 **우리는 이방인에게로**, 그들은 할례자에게로 가게 하려 함이라(갈라디아서 2:9)

"우리(바울과 바나바)는 이방인에게로" 앞에서도 이미 언급했듯이, 사울은 '히브리식 이름'이고 바울은 '헬라식 이름'이었다. 그리고 바울은 '이방인의 사도'였다. 그러니 그가 '본격적으로 이방(異邦)에 복음을 전하기 시작한 때'로부터 바울로 불린 것은 당연한 일이었다. 충분히 이해되는 부분이다. 여기에서 한 가지, 기억해 둘 일이 있다. 바울은 '이방인의 사도'로 부름 받았지만[44], 이방인에게만 복음(福音)을 전한 것은 아니었다.

> [25]바나바가 사울을 찾으러 다소에 가서 [26]만나매 안디옥에 데리고 와서 **둘이 교회에 일 년간 모여 있어 큰 무리를 가르쳤고** 제자들이 안디옥에서 비로소 그리스도인이라 일컬음을 받게 되었더라(사도행전 11:25-26)

---

43 "또 우리 주의 오래 참으심이 구원이 될 줄로 여기라 우리가 사랑하는 **형제 바울도** 그 받은 지 혜대로 너희에게 이같이 썼고"(베드로후서 3:15).
44 "나더러 또 이르시되 떠나가라 내가 너를 멀리 이방인에게로 보내리라 하셨느니라"(사도행전 22:21).

바울은 선교사로 세움 받기 전, 안디옥 교회에서 많은 수의 유대인에게도 복음을 전했다.[45] 이렇게 그가 유대인에게 복음 전할 때, 그의 이름은 '히브리식 이름'인 사울로 기록되었다. 반면 그가 '제1차 전도 여행'을 기점으로 본격적으로 이방인에게 복음을 전하기 시작하자 그의 이름은 '헬라식 이름'인 바울로 바뀐다. "바울이라고 하는 사울이 성령이 충만하여 그를 주목하고"[46] 그의 이름이 '사울'에서 '바울'로 바뀌어 기록되는 '구브로에서의 첫 번째 기적'에서만 두 이름이 같이 사용된다. 이렇게 성경은 사울과 바울이 동일인물(同一人物)이라는 사실을 밝힌 뒤, 그가 '이방인의 사도'로 활동하는 내내 '바울'이라 칭(稱)한다.

이러한 성경의 기록은 우리에게 '맞추어 주시는(accomodatio)[47] 삼위일체 하나님의 성품'과 일치(一致)한다. 이것이 바로 내가 '사울이 바울이 되었다'라는 해석에 문제를 제기(提起)하는 이유다. 즉 우리가 "예수님을 만난 후 사울이 바울이 되어 겸손하게 주를 섬겼듯이, 우리 또한 하나님과 교회를 겸손히 섬겨야 한다"라는 잘못된 해석에 은혜를 받는 동안, 더 중요한 '하나님의 방법'을 잃게 되는 것이 문제다.

---

45 물론, 안디옥 교회에는 '회심(回心)한 유대인'뿐 아니라 '많은 수의 이방인 성도(聖徒)'들이 있었다. : "¹⁹그때에 스데반의 일로 일어난 환난으로 말미암아 흩어진 자들이 베니게와 구브로와 안디옥까지 이르러 유대인에게만 말씀을 전하는데 ²⁰그중에 구브로와 구레네 몇 사람이 안디옥에 이르러 **헬라인에게도 말하여 주 예수를 전파하니** ²¹주의 손이 그들과 함께 하시매 수많은 사람들이 믿고 주께 돌아오더라 ²²**예루살렘 교회가 이 사람들의 소문을 듣고 바나바를 안디옥까지 보내니**"(사도행전 11:19-22).
46 사도행전 13:9
47 '맞추어 주시는'의 라틴어 표현

²¹하나님의 지혜에 있어서는 이 세상이 자기 지혜로 하나님을 알지 못하므로 하나님께서 전도의 미련한 것으로 믿는 자들을 구원하시기를 기뻐하셨도다 ²²유대인은 **표적을 구하고** 헬라인은 **지혜를 찾으나** ²³우리는 십자가에 못 박힌 그리스도를 전하니 유대인에게는 거리끼는 것이요 이방인에게는 미련한 것이로되 ²⁴오직 부르심을 받은 자들에게는 유대인이나 헬라인이나 그리스도는 하나님의 능력이요 하나님의 지혜니라(고린도전서 1:21−24)

"하나님께서 전도의 **미련한 것으로** 믿는 자들을 구원하시기를 기뻐하셨도다." 이때 '전도의 미련한 것'은 우리 주 예수 그리스도의 '**십자가**'와 '**성육신**'을 의미한다. 성경은 항상 이 말씀을 하기 전에 무슨 이야기를 해오는 중이었는지, 이 말씀 뒤에 어떤 말씀을 하기 위해 이 말씀을 하는지를 살펴야 오해가 없다. 위에 인용한 말씀 전에 바울은 '십자가의 도'를 설명하는 중이었다. "십자가의 도가 멸망하는 자들에게는 **미련한 것이요**, 구원을 받는 우리에게는 하나님의 능력이라."⁴⁸ 즉 '세상의 지혜'로는 '십자가의 도'가 미련해 보인다는 이야기를 하는 중이었다. '세상의 지혜'로는 '하나님의 지혜와 하나님'을 알지 못한다는 이야기를 하는 중이었다. 그러나 하나님은 멸망하는 자들에게는 미련해 보이는 '십자가의 도'로 믿는 자들을 구원하시기를 기뻐하셨다.

그렇다면, 세상의 지혜에게는 왜 '십자가의 도'가 미련하게 보였을까? 바

---

48 고린도전서 1:18

울은 그 이유를 이렇게 설명했다. "유대인은 표적을 구하고" 마태 설교에서 자세히 다루었듯이, 유대인은 오랜 시간 '군사적 정치적 메시아'로 오실 '다 윗의 자손'을 기다렸다. 십자가에서 고난받으시고 죽으시는 메시아를 기대 하지 않았다. 유대인에게 있어서 이러한 십자가의 길은 거리끼는 것이었다. 그렇게 '십자가'는 멸망하는 자들에게는 '거리끼는 것'이었다. 반면 구원받은 우리에게는 살아계신 '하나님의 능력'이 되었다.

　"헬라인은 지혜를 찾으나" 영(靈)적인 것은 고급하며 육(肉)적인 것은 저 급하다는 '이원론(二元論)'이 '헬라인의 지혜'였다. 즉 헬라인의 지혜에 따르 면 '고귀한 영(靈)'이 '저급한 육신(肉身)'을 입는다는 것은 상상조차 할 수 없 는 일이었다. **말씀이 육신이 되어** 우리 가운데 거하시매 우리가 그의 영광 을 보니 아버지의 독생자의 영광이요 은혜와 진리가 충만하더라."[49] 그러나 '하나님의 말씀'이신 '성자 하나님'께서는 마리아의 태(胎)에서 육신을 취하여 이 땅에 오셨다. 당신이 지으신 '피조(被造) 세계' 가운데 오셔서 '아버지의 독 생자의 영광'을 드러내셨다. 그렇게 아버지를 드러내신 아들의 영광 가운데 '은혜와 진리'가 충만했다. "예수께서 이르시되 내가 곧 **길이요 진리요 생명 이니** 나로 말미암지 않고는 아버지께로 올 자가 없느니라."[50] '삼위일체 하 나님'은 항상 '아들을 통하여, 성령 안에서' 당신의 어떠하심을 드러내신다. 그렇게 예수님은 '진리이신 삼위일체 하나님을 계시'하시므로 '길'이 되셨다. 또한 '사랑의 진리'이시므로 '생명'이 되셨다. 그렇게 하나님께서는 '전도의

---

[49]　요한복음 1:14
[50]　요한복음 14:6

미련한 것'으로 믿는 자들을 구원하시기를 기뻐하셨다. 그 길은 우리 주 예수 그리스도의 '성육신(成肉身)과 십자가'로 열린 길이었다. 그러나 '말씀이 육신이 된다'는 것은 '헬라인의 지혜'에 있어서 '미련한 주장'에 불과했다. 그렇게 '성육신(成肉身)'은 멸망하는 자들에게는 '미련한 것'이었다. 반면 구원받은 우리에게는 살아계신 '하나님의 능력'이 되었다.

이러한 '하나님의 성품'이 반영된 결과가 바로 '사울과 바울이라는 호칭 (呼稱)'이다. 이러한 성경의 기록은 우리에게 '맞추어 주시는(accomodatio)[51] 삼위일체 하나님의 성품'과 일치(一致)한다. 모든 사역의 모범이 되시는 '우리 주 예수 그리스도의 맞추어 주심'과 일치(一致)한다.

> 우리에게 있는 대제사장은 **우리 연약함을 체휼하지 아니하는 자가 아니요** 모든 일에 우리와 한결 같이 시험을 받은 자로되 죄는 없으시니라(히브리서 4:15, 개역한글)[52]

"우리에게 있는 대제사장은 우리 연약함을 체휼하지 아니하는 자가 아니요." '개역개정'이 아닌 '개역한글'을 인용한 것은 '체휼(體恤)'이라는 단어 때문이다. '몸 체(體)'에 '구휼할 휼(恤, 구휼하다. 근심하다. 동정하다.)'이 쓰인 이 단어는 그냥 감정적으로만 불쌍하게 생각하는 수준을 의미하지 않는다. 이

---

51 '맞추어 주시는'의 라틴어 표현
52 "우리에게 있는 대제사장은 우리의 연약함을 동정하지 못하실 이가 아니요 모든 일에 우리와 똑같이 시험을 받으신 이로되 죄는 없으시니라"(히브리서 4:15).

단어는 불쌍히 여기는 대상(對象)과 '같은 수준으로 내려와(성육신)' 그 처지를
몸으로 직접 경험하는 동시에 긍휼히 여긴다는 뜻이다. 우리 주 예수 그리
스도의 성육신(成肉身)에 대하여 이보다 정확한 번역이 가능할까?

> 마지막으로 말하노니 너희가 다 마음을 같이 하여 **체휼하며** 형제를 사
> 랑하며 불쌍히 여기며 겸손하며(베드로전서 3:8, 개역한글)[53]

이러한 '체휼(體恤)'이라는 단어는 개역한글에 2번 사용되었다. 히브리서
가 '예수님의 성육신(成肉身)'에 대한 증언이라면, 베드로전서는 그러한 '예수
님의 성육신(成肉身)'을 통하여 구원받은 믿는 자가 살아내야 할 길'을 가르쳐
준다. **즉 고린도전서에 언급된 '전도의 미련한 것'은 예수님의 구원 사역의
방법인 동시에 신자(信者)인 우리가 살아내야 할 길을 가르쳐 주고 있다.** 그
런 점에서 "예수님을 만난 후 사울이 바울이 되어 겸손하게 주를 섬겼듯이,
우리 또한 하나님과 교회를 겸손히 섬겨야 한다"라는 잘못된 해석은 '너무
얕은 수준의 이야기'를 하고 있다. 즉 이러한 해석에 은혜를 받는 사이, 우
리는 더 중요한 '하나님의 방법'을 잃게 된다.

성경은 이름 하나에도 상대방을 배려하는 데 최선을 다하고 있다. 유대
인과 이방인의 구별이 분명한 때였다. 물론 지금도 유대인의 배타성(排他性)

53　"마지막으로 말하노니 너희가 다 마음을 같이하여 동정하며 형제를 사랑하며 불쌍히 여기며
　　겸손하며"(베드로전서 3:8).

은 잘 알려져 있지만, 지금과는 비교조차 할 수 없던 때였다. 더군다나, 예수님을 믿는 것 외에 할례까지 받아야만 구원받을 수 있다는 거짓 교사들이 판치던 시절이었다. 유대주의자들이 득세(得勢)하던 시절이었다.

그러니 '이방인의 사도'가 선교에 본격적으로 나선 이후 그의 이름을 '헬라식'으로 부르는 것은 중요한 일이었다. 어차피 '히브리식 이름'과 '헬라식 이름'을 모두 가진 인물(人物)이었다. 그러므로 '어느 이름으로 부르든지 그게 뭐가 중요할까?'라고 생각할 수 있다. 그러나 성경은 그렇게 기록되지 않았다. 철저히 성경은 성경을 읽는 독자(讀者)인 이방인들을 배려하고 있다. 이것이 사울이 바울로 바뀌어 불리게 된 중요한 이유다.

그런 점에서, 이방인 선교에 나선 뒤부터 사울을 바울로 바꾸어 기록한 이유를 이렇게 설명하는 것은 생각해 볼 문제다. "예수님을 만난 후 사울이 바울이 되어 겸손하게 주를 섬겼듯이, 우리 또한 하나님과 교회를 겸손히 섬겨야 한다." 더군다나 이러한 해석은 설교자가 교인들에게 봉사를 강조할 때 인용되는 경향이 있다. 그런 점에서, '우리 주 예수 그리스도의 성육신과 십자가'를 뜻하는 '전도의 미련한 것'을 (사울과 바울을 구별하여 호칭한 것을) 그 정도의 일에 대한 근거(根據)로 사용하는 것은 많은 아쉬움을 남긴다.

이번 단원은 "본격적인 설명에 앞서, 한 가지 짚고 넘어가야 할 부분이 있다"로 시작했다. 그리고 지금쯤 그런 생각들을 할 것이다. '짚고 넘어갈 한 가지가 너무 길지 않았나?' 아니다. 나는 지금까지 '우리 주 예수 그리스도의 성육신과 십자가'를 뜻하는 '전도의 미련한 것'에 대해 설명했다. 하나님께서 믿는 자들을 구원하시는 방법으로서 '기뻐하시는 방법'을 설명했다.**54** 이러한 '하나님의 성품과 방법'을 가장 잘 드러내는 성경 인물이 바로 '바나바'다. 그의 성품은 보면 볼수록 우리 주 예수 그리스도의 '성육신'을 닮았다. 그런 점에서, 방금까지 다룬 '전도의 미련한 것'은 전체 그림의 배경에 해당한다.

　지금 우리는 '마가복음'의 저자 '마가'를 살펴보는 중이다. 그럼에도 아직 마가를 본격적으로 다루지 못하는 이유는 이러하다. 바나바를 빼고서는 '마가의 인생'이 설명되지 않기 때문이다. 예수님을 세 번이나 부인했던 '베드로의 실패'를 이해하지 않고서는 '마가가 베드로의 양자 된 것'이 와닿지 않기 때문이다. 바울을 초대교회로 불러 '사역의 장(場)'을 열어준 바나바를 설명하지 않고서는, 마가의 인생 멘토(mentor)인 '바나바의 됨됨이'를 입체적으로 바라볼 수 없기 때문이다.

　흔히 하는 말로 "사람은 고쳐서 쓰는 것이 아니다"라고 한다. 그러나 마가를 볼 때, 베드로를 볼 때, 그리고 바울을 볼 때, **하나님은 사람을 고쳐서 쓰신다!** 물론 베드로는 예수님께서 직접 나서서 고쳐서 쓰셨다.**55** 하지만 마

---

54 "하나님의 지혜에 있어서는 이 세상이 자기 지혜로 하나님을 알지 못하므로 **하나님께서 전도의 미련한 것으로 믿는 자들을 구원하시기를 기뻐하셨도다**"(고린도전서 1:21).

55 "15그들이 조반 먹은 후에 예수께서 시몬 베드로에게 이르시되 요한의 아들 시몬아 네가 이 사람들보다 나를 더 사랑하느냐 하시니 이르되 주님 그러하나이다 내가 주님을 사랑하는 줄 주님께서 아시나이다 이르시되 **내 어린 양을 먹이라** 하시고 16또 두 번째 이르시되 요한의 아들 시몬아 네가 나를 사랑하느냐 하시니 이르되 주님 그러하나이다 내가 주님을 사랑하는 줄 주님께서 아시나이다 이르시되 **내 양을 치라** 하시고 17세 번째 이르시되 요한의 아들 시몬아 네가 나를 사랑하느냐 하시니 주께서 세 번째 네가 나를 사랑하느냐 하시므로 베드로가 근심하여 이르되 주님 모든 것을 아시오매 내가 주님을 사랑하는 줄을 주님께서 아시나이다 **예수께서 이르시되 내 양을 먹이라**"(요한복음 21:15-17).

가의 인생을 볼 때, 하나님께서는 그에게 바나바를 어린 시절부터 붙여주시는 방법을 쓰셨음을 알 수 있다. 그렇게 하나님은 바나바를 통하여 마가를 고쳐서 쓰셨다. 바울의 경우에는 다메섹 도상(道上)에서 그를 부르신 뒤, 바나바를 통해 '사역의 장(場)'을 열어주셨다. 당연히 바나바의 사후(死後), 마가를 양자로 맞아들인 베드로는 달라진 마가의 모습에서 '바나바의 그림자'를 느꼈을 것이다. 마가는 분명히 예루살렘에서 본 마가가 아니었을 것이다. 예루살렘 한가운데 위치한 대저택을 소유한 집안의 아들이라고는 믿기지 않는 모습에서 베드로는 많은 것을 느끼고 생각하게 되었을 것이다. 더군다나, 베드로가 마가를 양자로 맞아들인 곳은 '선교의 최전선인 로마'였다. 그런 점에서, 바나바는 '마가와 바울 그리고 베드로'에게 선(善)한 영향력을 끼친 '하나님의 사람'이었다. '마가와 바울 그리고 베드로'를 고쳐서 쓰신 '하나님의 선(善)한 도구'였다. 즉 사람을 고쳐서 쓰시는 하나님의 선(善)한 도구였던 바나바의 성품을 통해 우리는 이제 '전도의 미련한 것'의 실례(實例)를 배우려 한다. 예수님의 제자 중, '우리 주 예수 그리스도의 성육신과 십자가'의 살아있는 표본(標本)을 살피려는 것이다. 그리고 방금까지 그 배경지식이 되는 '전도의 미련한 것'에 대한 신학적 지식을 배웠다.

기억을 위해서 반복하자면, 이번 단원의 제목은 **"바울이 바나바에게 이런 주장을 할 처지가 아니지 않나?"**이다. 그러면 이제 '바나바'와 연결된 '바울' 이야기를 본격적으로 다루어 보자.

구브로에서 난 레위족 사람이 있으니 이름은 요셉이라 사도들이 일컬어

> **바나바**라 (번역하면 **위로의 아들**이라) 하니(사도행전 4:36)

　바나바의 원래 이름은 '요셉'이었으며, 그는 '레위 지파'였다. '바나바'라는 이름은 초대교회에서의 그의 역할과 성품을 본 사도들이 붙여준 '별명(別名)'이었다. 바나바의 뜻은 '권면의 아들, 위로의 아들'로 '개역한글'에는 '권위자(勸慰者)'로 번역되어 있다.[56] 이때 쓰인 '권위자(勸慰者)'의 한자는 '권할 권'과 '위로할 위'로 '권면의 아들과 위로의 아들'을 합친 단어다. 그는 바울을 예루살렘 교회에 소개했으며(바울의 신앙에 대해 보증을 섰으며)[57] 안디옥 교회로 초대해 공동목회를 했다.[58] 즉 예수님을 만난 바울을 초대교회로 불러 '사역의 장(場)'을 열어준 장본인(張本人)이었다. 그런 그가 마가의 일로 바울과 심히 다툰 후 갈라서게 된 것이다.[59] 이 부분에 대해 이전 단원에서 나는 이렇게 평가했었다.

56　"구브로에서 난 레위족인이 있으니 이름은 요셉이라 사도들이 일컬어 바나바 (번역하면 권위자)라 하니"(사도행전 4:36, 개역한글).

57　"[26]사울이 예루살렘에 가서 제자들을 사귀고자 하나 **다 두려워하여 그가 제자 됨을 믿지 아니하니** [27]바나바가 데리고 사도들에게 가서 그가 길에서 어떻게 주를 보았는지와 주께서 그에게 말씀하신 일과 다메섹에서 그가 어떻게 예수의 이름으로 담대히 말하였는지를 전하니라"(사도행전 9:26-27).

58　"[25]바나바가 사울을 찾으러 다소에 가서 [26]만나매 안디옥에 데리고 와서 둘이 교회에 일 년간 모여 있어 큰 무리를 가르쳤고 제자들이 안디옥에서 비로소 그리스도인이라 일컬음을 받게 되었더라"(사도행전 11:25-26).

59　"[36]며칠 후에 바울이 바나바더러 말하되 우리가 주의 말씀을 전한 각 성으로 다시 가서 형제들이 어떠한가 방문하자 하고 [37]바나바는 마가라 하는 요한도 데리고 가고자 하나 [38]바울은 밤빌리아에서 자기들을 떠나 함께 일하러 가지 아니한 자를 데리고 가는 것이 옳지 않다 하여 [39]서로 심히 다투어 피차 갈라서니 바나바는 마가를 데리고 배 타고 구브로로 가고 [40]바울은 실라를 택한 후에 형제들에게 주의 은혜에 부탁함을 받고 떠나 [41]수리아와 길리기아로 다니며 교회들을 견고하게 하니라"(사도행전 15:36-41).

반면 '맺고 끊는 것이 분명한 성격'이었던 바울은 마가를 데려가는 데 반대했다. 이유는 밤빌리아에서 자기들을 떠나 함께 일하러 가지 않았다는 것이었다. 팀(team)으로 일해본 사람이라면 누구나 바울이 무엇을 걱정하는지 알 것이다. **하지만 나는 '바울이 바나바에게 이런 주장을 할 처지가 아니지 않나?'라는 입장이다. '바울이 너무했다'라는 입장이다.** 이제부터 그 이유를 설명하려 한다.

> [1]**사울이 주의 제자들에 대하여 여전히 위협과 살기가 등등하여** 대제사장에게 가서 [2]다메섹 여러 회당에 가져갈 공문을 청하니 이는 만일 그 도를 따르는 사람을 만나면 남녀를 막론하고 결박하여 예루살렘으로 잡아오려 함이라 [3]사울이 길을 가다가 다메섹에 가까이 이르더니 홀연히 하늘로부터 빛이 그를 둘러 비추는지라 [4]땅에 엎드러져 들으매 소리가 있어 이르시되 **사울아 사울아 네가 어찌하여 나를 박해하느냐** 하시거늘 [5]대답하되 주여 누구시니이까 이르시되 **나는 네가 박해하는 예수라**(사도행전 9:1-5)

"사울이 주의 제자들에 대하여 **여전히** 위협과 살기가 등등하여", 이때 '여전히'는 어느 사건, 어느 때를 가리키는 말일까? 그것은 '스데반 집사의 순교'를 가리키는 말이다. 스데반이 죽기 전에 했던 설교는 바울에게 예수를 믿는 신앙이 유대교에 심각한 위협이 된다는 확신을 심어주었을 것이다. '마태 이야기'에서 이미 다루었듯이, 스데반과 바울은 가말리엘 문하(門下)에서 동문수학(同門受學)한 사이였다. 그런 점에서, 바울은 스데반을 잘 알고 있었을 것이다.

> [8]**스데반이 은혜와 권능이 충만하여** 큰 기사와 표적을 민간에 행하니 [9]이른 바 자유민들 즉 구레네인, 알렉산드리아인, 길리기아와 아시아에서 온 사람들의 회당에서 어떤 자들이 일어나 **스데반과 더불어 논쟁할새** [10]**스데반이 지혜와 성령으로 말함을 그들이 능히 당하지 못하여** [11]사람들을 매수하여 말하게 하되 이 사람이 모세와 하나님을 모독하는 말을 하는 것을 우리가 들었노라 하게 하고 [12]백성과 장로와 서기관들을 충동시켜 와서 잡아가지고 공회에 이르러 [13]거짓 증인들을 세우니 이르되 이 사람이 이 거룩한 곳과 율법을 거슬러 말하기를 마지 아니하는도다 [14]그의 말에 이 나사렛 예수가 이곳을 헐고 또 모세가 우리에게 전하여 준 규례를 고치겠다 함을 우리가 들었노라 하거늘 [15]공회 중에 앉은 사람들이 **다 스데반을 주목하여 보니 그 얼굴이 천사의 얼굴과 같더라**(사도행전 6:8-15)

스데반은 '믿음과 성령이 충만한 사람'이었다.[60] 스데반에 대한 이러한 평가는 사도행전에 기록되어 있다. 그리고 사도행전의 인간 기자(記者)는 '누가'다. "**누가만 나와 함께 있느니라** 네가 올 때에 마가를 데리고 오라 그가 나의 일에 유익하니라."[61] 그런데 누가는 바울의 마지막 순간까지 함께 한

60　"온 무리가 이 말을 기뻐하여 **믿음과 성령이 충만한 사람** 스데반과 또 빌립과 브로고로와 니가노르와 디몬과 바메나와 유대교에 입교했던 안디옥 사람 니골라를 택하여"(사도행전 6:5).

61　디모데후서 4:11

사람이었다. 로마에서의 두 번째 투옥(投獄) 때, 바울 곁을 지킨 '유일한 동역자'였다. 그리고 그는 '이방인 출신'이었다. 그런 점에서, 그가 기록한 누가복음과 사도행전의 내용은 바울의 영향을 받았음에 틀림없다. 즉 사도행전의 기록은, 젊은 시절 가졌던 위협과 살기는 간 곳 없고, 이제는 빈궁(貧窮)한 현실 속에 낡을 대로 낡아버린 육신을 입은 채 순교를 기다리던 노(老) 사도의 '스데반에 대한 평가'라 할 수 있다.

"스데반과 더불어 논쟁할새, 스데반이 지혜와 성령으로 말함을 그들이 능히 당하지 못하여" '마태 다섯 번째 단원'에서 다루었듯이, 가말리엘에게는 '두 명의 수제자'가 있었다. 그리고 그 둘은 '스데반과 바울'이었다. 그런 점에서 볼 때, 하나님은 준비된 사람을 쓰신다는 사실을 다시 한번 확인할 수 있다. 가말리엘 문하(門下)에서 배운 '율법과 논리력'은 스데반에게 임하신 '성령 하나님'을 통하여 거듭나게 되었다. 이때 스데반이 그에게 내주(內住)하신 성령 하나님을 힘입어 깨닫게 된 '거듭난 율법'을 "은혜의 옷을 입은 율법"이라고 한다. 이에 반(反)하여, 은혜와 무관한 '율법의 문자 자체'를 가리켜 "벌거벗은 율법"이라고 한다. 성경은 '오직 은혜'로만 작동(作動)한다. 성경은 '오직 믿음'으로만 그 진정한 뜻을 알 수 있다. 그러므로 구약성경에 기록된 율법 또한 '오직 은혜'로만 작동(作動)한다.[62] '오직 믿음'으로만 율법의 진정한 뜻을 알 수 있다. 그러니 "은혜의 옷을 입은 율법"을 깨달은 스데반의 논리를 감당할 유대교 지도자가 없었던 것은 당연한 일이었다. 이미 스

---

62 Inst. 2.7.2, 14 : 「기독교강요」 2권 7장 2절, 14절

데반에게는 '그리스도의 은혜로 옷 입혀진 율법'이 체화(體化)된 상태였다. 더군다나, 하나님께서는 그를 당대 최고 석학(碩學)이었던 가말리엘 문하(門下)에서 키워내신 후였다.

이 논쟁으로 스데반은 공회에 서게 되었다. 스데반을 향한 거짓 증인들의 고발이 이어졌다. "공회 중에 앉은 사람들이 **다 스데반을 주목하여 보니 그 얼굴이 천사의 얼굴과 같더라.**" 그런데 거짓 증인들의 고발을 듣던 사람들이 모두 스데반을 주목하여 봤을 때, 그의 얼굴이 '천사의 얼굴'과 같았다.

이런 경우를 '인지 부조화(認知 不調和)'라고 한다. 스데반을 향한 거짓 증인들의 고발과 스데반의 얼굴이 너무 맞지 않았다. 이에 대제사장이 물었다. "이것이 사실이냐?" 정말이지, 대제사장 또한 거짓 증인들의 고발이 마음에 와닿지 않았던 것 같다. 대제사장이 거짓 증인들의 말을 믿었다면 이렇게 물어봤어야 하지 않을까? "너는 누구의 사주(使嗾)를 받아 이러한 일을 했느냐?"

> [1]대제사장이 이르되 **이것이 사실이냐** [2]스데반이 이르되 **여러분 부형들이여 들으소서** 우리 조상 아브라함이 하란에 있기 전 메소보다미아에 있을 때에 영광의 하나님이 그에게 보여 [3]이르시되 네 고향과 친척을 떠나 내가 네게 보일 땅으로 가라 하시니(사도행전 7:1-3)

"이것이 사실이냐?" 대제사장의 물음에 스데반이 답했다. "여러분 부형(父兄)들이여, 들으소서." 그렇게 스데반의 마지막 설교가 시작되었다.

> ⁵⁴그들이 이 말을 듣고 마음에 찔려 그를 향하여 이를 갈거늘 ⁵⁵스데반이 성령 충만하여 하늘을 우러러 주목하여 하나님의 영광과 및 예수께서 하나님 우편에 서신 것을 보고 ⁵⁶말하되 보라 하늘이 열리고 인자가 하나님 우편에 서신 것을 보노라 한대 ⁵⁷그들이 큰 소리를 지르며 귀를 막고 일제히 그에게 달려들어 ⁵⁸성 밖으로 내치고 돌로 칠새 증인들이 옷을 벗어 사울이라 하는 청년의 발 앞에 두니라(사도행전 7:54-58)

그렇게 시작된 스데반의 설교를 듣고 마음이 찔린 자들이 그를 향하여 이를 갈았다. 그들이 이를 간 이유는 간단하다. 스데반의 말이 전부 '사실'이었기 때문이다. 이것이 사람의 특징이다. 누군가를 향하여 소위(所謂) '지적질'을 했을 때, 일상적인 수준 이상으로 격렬하게 반응한다면 상대의 핵심을 정확히 찌른 경우가 대부분이다.

스데반이 했던 설교를 요약하면 이러했다. "너희 유대인들은 요셉과 모세 그리고 다윗을 자랑하지만, 요셉을 시기하여 애굽에 팔아넘긴 것은 '유대인의 조상'이었다. 모세의 애굽 왕자 시절, 이스라엘 백성을 구하려 했던 모세에게 누가 너를 관리와 재판장으로 우리 위에 세웠느냐며 네가 어제 애굽 사람을 죽임과 같이 또 나를 죽이려느냐며 밀어뜨린 것은 '유대인의 조상'이었다. 모세가 시내 산에 올라갔을 때, 우리를 인도하던 모세는 어떻게 되었는지 알지 못한다면서 송아지를 만들어 그 우상 앞에 제사한 것 또한 '유대인의 조상'이었다. 다윗의 아들 솔로몬이 하나님을 위하여 하나님의 처소를 지었지만, 지극히 높으신 하나님은 손으로 지은 곳에 계시는 분이 아니시다. 오히려 이 세상 모든 것이 다 하나님의 손으로 지은 것이 아니냐?"**63**

　　그리고 설교의 마지막을 이렇게 마쳤다. "목이 곧고 마음과 귀에 할례를 받지 못한 사람들아. 너희도 너희 조상과 같이 항상 성령을 거스르는도다. 너희 조상들이 선지자들 중의 누구를 박해하지 아니하였느냐? 의인이 오시리라 예고한 자들을 그들이 죽였고, 이제 너희는 그 의인을 잡아 준 자요, 살인한 자가 되나니, 너희는 천사가 전한 율법을 받고도 지키지 아니하였도다."**64** 이렇게 설교를 마친 스데반이 성령 충만하여 하늘을 우러러보며 외쳤다. "보라. 하늘이 열리고 인자(人子)가 하나님 우편에 서신 것을 보노라."**65** 그 순간, 이를 갈던 자들이 소리를 지르며 귀를 막고 일제히 그에게 달려들어 성 밖으로 내치고 돌로 쳤다.

　　"그들이 큰 소리를 지르며 귀를 막고 일제히 그에게 달려들어 성 밖으로 내치고 돌로 칠새, **증인들이 옷을 벗어 사울이라 하는 청년의 발 앞에 두니라.**"**66** 그렇게 스데반이 순교할 때, 스데반을 죽이는 사람들의 옷을 지킨 사람이 바로 바울이었다. "또 주의 증인 스데반이 피를 흘릴 때에 내가 곁에 서서 찬성하고 **그 죽이는 사람들의 옷을 지킨 줄** 그들도 아나이다."**67** 훗날 바울의 증언이다. 이때 "옷을 지켰다"라는 것은 스데반을 돌로 쳐서 죽인 것이 종교적으로 옳은 행위였다는**68** 사실에 증인을 섰다는 의미였다. 즉 바울

63　사도행전 7:2-50
64　사도행전 7:51-53
65　사도행전 7:56
66　사도행전 7:57-58
67　사도행전 22:20
68　스데반은 죽어 마땅하다는

은 스데반을 직접 돌로 쳐서 죽이지는 않았다. 어쩌면 이것이 동문수학(同門受學)한 사이였던 스데반에게 바울이 보인 '나름의 배려'였을지 모른다. 그러나 옷을 지켰다는 것은, 스데반을 죽인 행위가 정당하다는 것에 바울이 적극적으로 증인으로 나섰다는 것을 의미했다.

그러나 가말리엘 문하(門下)에서 동문수학(同門受學)한 스데반은 죽는 순간에도 바울과 정반대의 입장을 보였다.

> [59]그들이 돌로 스데반을 치니 스데반이 부르짖어 이르되 **주 예수여 내 영혼을 받으시옵소서** 하고 [60]무릎을 꿇고 크게 불러 이르되 **주여 이 죄를 그들에게 돌리지 마옵소서** 이 말을 하고 자니라(사도행전 7:59-60)

그들이 던진 돌에 맞아 죽는 순간 스데반은 두 마디를 외친 뒤 예수님의 품에 안겼다. "주 예수여, 내 영혼을 받으시옵소서." 이 외침은 바로 직전에 그가 본 예수님의 모습 때문이었을 것이다. "스데반이 성령 충만하여 하늘을 우러러 주목하여 하나님의 영광과 및 **예수께서 하나님 우편에 서신 것을 보고**, 말하되 보라 하늘이 열리고 **인자가 하나님 우편에 서신 것을 보노라** 한대"[69] 스데반이 순교할 때, 예수님은 하나님 보좌 우편에서 일어서셨다. 부활 승천하신 후, 예수님은 하나님 보좌 우편에 서 계시지 않았다. 앉아계셨다. "믿음의 주요 또 온전하게 하시는 이인 **예수를 바라보자**. 그는 그 앞

---

69 사도행전 7:55-56

에 있는 기쁨을 위하여 십자가를 참으사 부끄러움을 개의치 아니하시더니 **하나님 보좌 우편에 앉으셨느니라.**[70] 그러나 하나님 보좌 우편에 앉아계시던 예수님께서 스데반의 순교가 임박하자 벌떡 일어서셨다. 그렇다. 예수님은 당신의 사람이 고통당할 때 앉아계실 수 없으셨다. 예수님은 당신의 사람이 순교할 때 같이 아파하시고 안타까와하시는 우리 하나님이셨다.

그렇게 예수님의 안타깝고 아픈 마음을 받은 스데반의 마지막 외침은 이것이었다. "주여, 이 죄를 그들에게 돌리지 마옵소서." 스데반의 이 마지막 기도는 십자가에서 하셨던 예수님의 기도를 닮아있다. "아버지, 저들을 사하여 주옵소서."[71] 그러니 스데반의 이 마지막 외침이 거절될 리 없지 않은가? 스데반의 이 마지막 기도의 '최대 수혜자'는 그와 함께 '가말리엘 문하(門下)에서 동문수학(同門受學)한 바울'이 되었다. 그리고 이때 스데반의 기도에 대한 응답으로 하나님의 도구로 사용된 사람이 바로 '바나바'다.

> **바나바는 착한 사람이요 성령과 믿음이 충만한 사람이라** 이에 큰 무리가 주께 더하여지더라(사도행전 11:24)

"바나바는 착한 사람이요 성령과 믿음이 충만한 사람이라." 천사의 얼굴과 같던 스데반의 마지막 기도를 받고, 하나님께서는 스데반과 닮은 사람을

---

70 히브리서 12:2
71 "이에 예수께서 이르시되 아버지 저들을 사하여 주옵소서 자기들이 하는 것을 알지 못함이니이다 하시더라 그들이 그의 옷을 나눠 제비 뽑을새"(누가복음 23:34).

찾으셨던 것일까?[72] "사울이 주의 제자들에 대하여 **여전히** 위협과 살기가 등등하여" 어쩌면 이때부터 하나님께서는 바울을 위한 동역자로 '바나바'를 염두에 두셨을지 모를 일이다. 스데반의 기도를 받았을 때부터 말이다. 물론 바로 앞의 문장은 전지전능하시며, '시간 안에'[73] 그리고 '당신의 피조물(被造物)인 시공간을 초월(超越)하여'[74] 계시는 하나님께는 정확한 표현이 아니다. 다만 우리에게 맞추어서 표현한 문장이다.

그렇게 스데반이 죽기 전에 했던 설교를 통해 예수를 믿는 신앙이 유대교에 심각한 위협이 된다고 확신하게 된 바울은 대제사장에게 가서 다메섹 여러 회당에 가져갈 공문을 청(請)했다. 쉽게 말해, 다메섹 여러 회당에 가져갈 '공회의 허락'을 요구했다. 바울이 이렇게 한 이유는 당시 다메섹이 '로마 제국'이 아니라 '파르티아 제국'의 관할(管轄)이었기 때문이다. 기원전 247부터 기원후 224년까지 존재했던 '파르티아 제국'은 제국 내 유대인들과 관련된 모든 일을 '공회의 권위'에 위임(委任)했다. 쉽게 말해, 바울은 제국의 경계를 넘어서까지 교회를 박해하려는 '광기(狂氣)'에 휩싸인 상태였다. 그러니 그 당시 바울과 마주치는 사람들은 그가 초대교회 교인이든 아니든 상관없이 바울에게서 뿜어져 나오는 살기(殺氣)에 '섬뜩함'을 느꼈을 것이다.

그러한 이유로 바울이 회심한 후 예루살렘에 방문했을 때, 수년의 세월이 지났음에도 불구하고 어느 누구도 그를 믿지 못했다.

---

72 "스데반이 은혜와 권능이 충만하여 큰 기사와 표적을 민간에 행하니"(사도행전 6:8). "스데반이 지혜와 성령으로 말함을 그들이 능히 당하지 못하여"(사도행전 6:10).

73 내재(immanence)하시는 하나님

74 초월(transcendence)하시는 하나님

> 또 나보다 먼저 사도 된 자들을 만나려고 예루살렘으로 가지 아니하고 **아라비아로 갔다가** 다시 다메섹으로 돌아갔노라(갈라디아서 1:17)

바울은 다메섹으로 향(向)하는 길에서 회심(回心)한 뒤, 바로 예루살렘으로 복귀(復歸)하지 않았다. 일부 신학자들은 이때 바울이 아라비아에서 약 3년 정도 머문 것으로 추정(推定)한다.[75] 즉 대제사장에게서 공문을 받아 다메섹으로 떠난 뒤, 약 3년 만에 돌아온 예루살렘이었다. 그동안 바울을 떠나보낸 측에서는 무슨 생각을 했을까? 물론 바울에 대한 이러저러한 소문을 전해 듣기는 했을 것이다. 그가 다메섹으로 향하던 도중, 길에서 '이상 현상(?)'을 겪은 뒤 앞을 보지 못하게 되었다는 소식 정도는 전해졌을 것이다. 그 뒤 다시 앞을 보게 된 바울이 예수를 그리스도라 증언하고 다닌다는 소문 또한 전해졌을 것이다.[76] 하지만 통신이 발달 된 지금도 '이 사람은 이 말을 하고, 저 사람은 저 말을 하는 것'이 소문이다. 하물며 통신뿐 아니라 왕래마저 쉽지 않았던 그 시절에 전해지는 소문은 지금보다 더했을 것이다. 대제사장의 공문을 받아 간 젊은이는 돌아오지 않고, 이런저런 소문만 무성할 뿐 무엇 하나 분명한 것이 없었을 것이다. 더군다나 회심한 이후 약 3년간 아라비아

---

75 "¹⁷또 나보다 먼저 사도 된 자들을 만나려고 예루살렘으로 가지 아니하고 **아라비아로 갔다가 다시 다메섹으로 돌아갔노라** ¹⁸그 후 삼 년 만에 내가 게바를 방문하려고 예루살렘에 올라가서 그와 함께 십오 일을 머무는 동안"(갈라디아서 1:17-18).: 성경의 기록으로 보아, 바울이 아라비아에 얼마 동안 머물렀는지 정확하지 않다. 성경의 기록을 통해 알 수 있는 것은 이것이다. 바울은 회심한 후, '아라비아와 다메섹'에 약 3년간 머물렀다. 이 부분은 하나님의 은혜로 사도 바울의 인물 설교를 하게 된다면 더 자세히 다루겠다.
76 "사울은 힘을 더 얻어 예수를 그리스도라 증언하여 다메섹에 사는 유대인들을 당혹하게 하니라"(사도행전 9:22).

와 다메섹에 머문 덕에 바울의 생사(生死)조차 알 수 없던 시절이었다.

> [26]사울이 예루살렘에 가서 제자들을 사귀고자 하나 **다 두려워하여 그가 제자 됨을 믿지 아니하니** [27]바나바가 데리고 사도들에게 가서 그가 길에서 어떻게 주를 보았는지와 주께서 그에게 말씀하신 일과 다메섹에서 그가 어떻게 예수의 이름으로 담대히 말하였는지를 전하니라(사도행전 9:26-27)

"사울이 예루살렘에 가서 제자들을 사귀고자 하나 **다 두려워하여 그가 제자 됨을 믿지 아니하니**" 바울에 관한 혼돈의 세월이 그렇게 3년이 흐른 뒤였다. 그러니 예루살렘 사람들의 입장에서는 느닷없는 등장이었을 것이다. 분명히 3년 전에는 예수의 도를 따르는 사람을 만나면 남녀를 막론하고 결박하여 예루살렘으로 압송하겠다는 공문을 받아 간 그였다. 3년의 세월이 지났지만, 그때 그 시절 '바울의 살기(殺氣)와 위협(威脅)'이 생생(生生)하게 사람들의 뇌리(腦裏)에 남아 있었던 것 같다. 쉽게 말해, 초대교회 교인들은 바울의 인격을 믿지 못한 것은 아니었을 것이다. 그가 거짓말을 하고 있다고 생각하지는 않았을 것이다. 누가 보아도 바울은 '겉과 속이 다를 수 없는 사람'이었을 것이다. "다 두려워하여" 바울이 제자들을 사귀려 했을 때, 모두가 그를 믿지 않은 이유는 '두려움'이었다. 그가 거짓말을 한다고 생각한 것이 아니라, 그가 예수를 믿게 되었다는 사실이 믿기지 않았을 것이다.(모순되어 보이는 이 표현이 무슨 의미인지 알 것이다.) 정확히는, 그냥 바울이 두려웠을 것이다.

"바나바가 데리고 사도들에게 가서 그가 길에서 어떻게 주를 보았는지와 주께서 그에게 말씀하신 일과 다메섹에서 그가 어떻게 예수의 이름으로 담대히 말하였는지를 전하니라." 이때 바울의 신앙에 대해 보증을 선 사람이 바로 '바나바'다. 바나바가 바울을 사도들에게 데리고 갔다. 이러한 성경의 표현은 바나바가 바울에게 '어른 노릇'을 했다는 것이다. 그렇게 바나바가 바울을 사도들에게 데리고 가서 그동안 바울에게 있었던 일을 설명했다. 이 과정을 통하여 초대교회 교인들이 얻은 중요한 정보는 '바울이 이제는 그들에게 위험한 사람이 아니라는 사실'이었을 것이다. 그들에게 '위로와 권면의 아들'이었던 '바나바의 이미지(image)'가 바울에게 덧씌워진 '살기(殺氣) 어린 이미지(image)'를 어느 정도 누그러뜨렸을 것이다.

> [28]사울이 제자들과 함께 있어 예루살렘에 출입하며 [29]또 주 예수의 이름으로 담대히 말하고 헬라파 유대인들과 함께 말하며 변론하니 그 사람들이 죽이려고 힘쓰거늘 [30]형제들이 알고 가이사랴로 데리고 내려가서 다소로 보내니라(사도행전 9:28-30)

"사울이 제자들과 함께 있어 예루살렘에 출입하여" 바나바가 바울의 신앙에 대한 보증을 서자 제자들이 바울과 함께했다. 원래는 어렵게 느껴지던 사람도, 자신이 편하게 대하던 사람과 스스럼없이 지내는 것을 보면, 자연스럽게 함께 할 수 있는 법이다. 그런 점에서, 바나바는 이런 일에 적임자(適任者)였을 것이다. 그렇게 바울은 제자들과 함께 예루살렘에 출입하며 주 예수의 이름으로 담대히 복음을 전했다. 그리고 헬라파 유대인들과 유대주의

에 찌든 자들에게 예수의 이름을 변론(辯論)했다.[77]

"스데반이 지혜와 성령으로 말함을 그들이 능히 당하지 못하여"[78] 스데반이 순교하던 순간 했던 기도가 '열매 맺는 순간'이었다. 가말리엘 문하(門下)의 두 수제자 중 하나인 스데반이 순교하자 다른 하나인 바울이 대신 그 자리를 채우게 된 것이다. 더군다나 바울은 스데반이 순교할 때 그의 죽음에 찬성하고 그를 죽이는 사람들의 옷을 지킨 자였다. 그러니 예루살렘 사람들이 담대히 예수의 이름을 전하는 바울을 죽이려 힘쓴 것은 어쩌면 당연한 결과였다. 결국 이러한 사실을 인식(認識)한 형제들이 바울을 가이사랴로 데리고 내려가 그의 고향인 다소로 보냈다. 예루살렘이 더 이상 바울에게 안전한 곳이 아니었기 때문이다. 예루살렘은 더 이상 바울의 생명을 보장할 수 있는 곳이 아니었다. 그렇게 바울의 회심(回心) 후 첫 번째 예루살렘 방문은 '15일 남짓한' 짧은 방문이 되었다.[79]

[19]그때에 스데반의 일로 일어난 환난으로 말미암아 흩어진 자들이 베니

---

77 "He talked and debated with the Grecian Jews, but they tried to kill him."(Acts 9:29). : 개역개정에는 약간 애매하게 표현되어 있어서 NIV성경을 인용했다. : 바울은 헬라어를 쓰는 '헬라파 유대인들'과 논쟁했다. 그 결과 그들은 바울을 죽이려 했다.

78 사도행전 6:10

79 "그 후 삼 년 만에 내가 게바를 방문하려고 예루살렘에 올라가서 **그와 함께 십오 일을 머무는 동안**"(갈라디아서 1:18). : "사울이 예루살렘에 가서 제자들을 사귀고자 하나 **다 두려워하여 그가 제자 됨을 믿지 아니하니** 바나바가 데리고 사도들에게 가서" 바울이 3년 만에 예루살렘으로 돌아온 날로부터 바나바가 그를 사도들에게 데리고 간 사이의 시간이 며칠 있었을 것이다. 그러한 의미로 '15일'이라고 하지 않고 '15일 남짓한'이라고 표현했다. : "주의 형제 야고보 외에 **다른 사도들을 보지 못하였노라**"(갈라디아서 1:19). : 그렇게 첫 번째 예루살렘 방문 때, 바울은 바나바의 소개로 '예수님의 친동생인 야고보'와 '베드로'만 만났던 것으로 보인다.

게와 구브로와 안디옥까지 이르러 유대인에게만 말씀을 전하는데 [20]그 중에 구브로와 구레네 몇 사람이 안디옥에 이르러 헬라인에게도 말하여 주 예수를 전파하니 [21]주의 손이 그들과 함께 하시매 수많은 사람들이 믿고 주께 돌아오더라 [22]예루살렘 교회가 이 사람들의 소문을 듣고 바나바를 안디옥까지 보내니 [23]그가 이르러 하나님의 은혜를 보고 기뻐하여 모든 사람에게 굳건한 마음으로 주와 함께 머물러 있으라 권하니 [24]바나바는 착한 사람이요 성령과 믿음이 충만한 사람이라 이에 큰 무리가 주께 더하여지더라(사도행전 11:19-24)

"그때에 스데반의 일로 일어난 환난으로 말미암아 흩어진 자들이" 스데반의 순교는 바울만 낳은 것이 아니었다. 스데반의 순교는 결과적으로 바울의 '선교 전초기지(前哨基地)'가 만들어지는 계기가 되었다. "사울은 그가 죽임 당함을 마땅히 여기더라. 그날에 예루살렘에 있는 교회에 큰 박해가 있어 사도 외에는 다 유대와 사마리아 모든 땅으로 흩어지니라. 경건한 사람들이 스데반을 장사하고 위하여 크게 울더라."[80] 스데반의 순교를 계기로 예루살렘에 있는 신자들에게 큰 박해가 있어났다. 그 결과 사도 외에는 다 유대와 사마리아 모든 땅으로 흩어졌다. 위에 인용한 본문은 그렇게 흩어진 자들 중, '수리아 안디옥'[81]에 이른 신자(信者)들의 이야기다.

80　사도행전 8:1-2
81　성경에는 안디옥이라는 지명(地名)이 두 곳 나온다. 한 곳은 '수리아 안디옥'으로 바나바와 바울이 같이 공동목회를 했던 곳이며, 이들을 선교사로 파송한 교회가 있던 곳이다. 다른 한 곳은 '바울의 제1차 전도 여행' 때 이들이 복음을 전한 곳이다.: "[13]바울과 및 동행하는 사람들이 바보에서 배 타고 밤빌리아에 있는 버가에 이르니 요한은 그들에게서 떠나 예루살렘으로 돌아

"그러므로 너희는 가서 **모든 민족을 제자로 삼아** 아버지와 아들과 성령의 이름으로 세례를 베풀고, 내가 너희에게 분부한 모든 것을 가르쳐 지키게 하라. 볼지어다, 내가 세상 끝날까지 너희와 항상 함께 있으리라 하시니라."[82] 마태복음의 마지막을 장식하고 있는 '예수님의 대위임령(大委任令)'이다. 이렇듯, 하나님께서는 당신의 백성이 당신의 명령을 스스로 지키지 않는 경우, 주변 환경을 흔들어 주신다. 그리하여 흔들린 삶의 기반을 떠나 새로운 삶을 찾아 떠나게 하신다. 그 결과, 하나님의 명령을 자신도 모르는 사이에 수행(遂行)하게 하신다. 분명히 예수님께서는 부활하신 후, 제자들에게 "모든 민족을 제자 삼으라"고 말씀하셨다. 그러나 초대교회 교인들은 예루살렘에 모여 예배드리고 공동체 생활하는 데 머물러 있었다. 그러자 하나님께서는 '스데반 집사의 순교'를 계기로 그들을 유대와 사마리아 모든 땅으로 흩으셨다.

그 결과, 일어난 일 중 하나가 위에 인용한 본문이다. 그렇게 예루살렘으로부터 흩어진 신자(信者) 중 수리아 안디옥에 이른 이들의 이야기가 위에 인용한 본문이다. "베니게와 구브로와 안디옥까지 이르러 유대인에게만 말씀을 전하는데" 그런데 그들 대부분은 여전히 그곳에서도 유대인에게만 말씀을 전했다. 즉 그들은 하나님께서 그들을 예루살렘으로부터 흩어버리신 목적을 온전히 행하지 못하고 있었다.

"그중에 구브로와 구레네 몇 사람이 안디옥에 이르러 헬라인에게도 말하

가고 [14]그들은 버가에서 더 나아가 **비시디아 안디옥**에 이르러 안식일에 회당에 들어가 앉으니라"(사도행전 13:13-14).
82 마태복음 28:19-20

여 주 예수를 전파하니 주의 손이 그들과 함께 하시매 수많은 사람들이 믿고 주께 돌아오더라." 그러던 중, 구브로와 구레네 몇 사람이 헬라인에게도 예수를 전파하기 시작했다.[83] 그렇게 몇몇 사람이 '예수님의 대위임령(大委任令)'에 순종하자 주의 손이 그들과 함께하셨다. 이러한 현상은 항상 있는 일이다. 분명한 하나님의 말씀이 있었음에도, 그 시대 그 공동체의 '일반적인 정서 혹은 편견' 때문에 누구 하나 감히 나서지 못하는 상황에서 '소수의 사람'이 동료들의 눈총에도 불구하고 말씀에 순종할 때 항상 일어나는 일이다.

"예루살렘 교회가 이 사람들의 소문을 듣고 바나바를 안디옥까지 보내니" 이 또한 '소수의 순종자(順從者)'가 나선 뒤에 일어나는 일이다. 물론 건강한 공동체일 때 일어나는 일이다. 건강하지 못한 공동체의 경우, 바나바와 같이 '합당한 사람을 보내는 것'이 아니라 '악소문과 방해를 일삼는 것'이 현실(現實)이다. "그가 이르러 하나님의 은혜를 보고 기뻐하여 모든 사람에게 굳건한 마음으로 주와 함께 머물러 있으라 권하니" 건강한 공동체였던 예루살렘 교회는 가장 적절한 인물을 그곳에 보냈다. 그렇게 파송된 바나바는 안디옥 현지에서 하나님의 은혜를 목도(目睹)했다. 그렇게 하나님의 은혜를 목도한 바나바는 기뻐했다. 그리고 모든 사람에게 굳건한 마음으로 주와 함께 머물러 있으라고 권했다.

"바나바는 착한 사람이요, 성령과 믿음이 충만한 사람이라. 이에 큰 무리가 주께 더하여지더라." 바나바는 착한 사람이었고, 성령과 믿음이 충만한

---

83 이들에 대한 이야기는 하나님께서 은혜 주시면 훗날 『바울에게 주신 하나님의 사람들』이라는 제목의 책이 출판될 때 '구레네 사람 시몬, 그의 어머니는 곧 내 어머니라' 단원에서 다루도록 하겠다.

사람이었다. 그러니 큰 무리가 주께 더하여지는 것은 당연한 일이었다. 공동체의 강한 편견을 깨고 용기 있게 '예수님의 대위임령(大委任令)에 순종한 사람들'에 더해 '좋은 성품에 하나님의 능력인 성령과 믿음에 충만한 사역자'가 함께하는데, 예수께로 돌아오는 무리가 없다는 것이 더 이상하지 않은가? 이와 같이, 이방인(헬라인)에게 임한 하나님의 은혜를 목도하고 기뻐하는 바나바를 볼 때, 그는 '이방인의 사도인 바울'에게 가장 잘 맞는 사람이었다. 하나님의 부름을 받아 그분이 주신 길을 가다 보면, 이러한 부분 하나하나가 모두 '세밀하신 하나님의 은혜'임을 깨닫게 될 것이다.

> ²⁵**바나바가 사울을 찾으러 다소에 가서** ²⁶만나매 안디옥에 데리고 와서 둘이 교회에 일 년간 모여 있어 큰 무리를 가르쳤고 제자들이 안디옥에서 비로소 그리스도인이라 일컬음을 받게 되었더라(사도행전 11:25-26)

큰 무리가 주께 더해지자, 바나바는 바울 생각이 났던 것 같다. 매일매일 더해지는 회심자(回心者)들을 보며 이들에게 '말씀을 먹일 사역자'가 필요하다고 생각하는 것은 당연한 일이었다. '누가 있을까?' 문득 바나바의 머리에 스쳐 가는 인물이 있었다. "사울이 제자들과 함께 있어 예루살렘에 출입하며 또 주 예수의 이름으로 담대히 말하고 **헬라파 유대인들과 함께 말하며 변론하니**"⁸⁴ 초대교회 당시, 교회에 대한 가장 큰 도전은 '유대주의'였다. 더

---

84 사도행전 9:28-29 전반부

군다나 헬라어에 능통한 동시에 '헬라철학'으로 무장한 유대주의자들의 도전은 정말 난감한 일이었을 것이다.

21세기 한국 교회도 마찬가지다. 외국 생활을 많이 하여 '비성경적인 현대 신학'에 대해 들은 것이 많고, 과학 지식으로 성경을 난도질하는 '자칭(自稱) 합리적인 기독교인'이라는 자들의 도전은 참으로 난감한 일이다. 더군다나 성경적인 진리를 지키겠다는 쪽은 '예수 천국, 불신 지옥'만 앵무새처럼 반복할 뿐 '상식(삶의 열매)도, 성경적인 지식도 충분하지 못한 사역자들'만 가득한 경우, 정말이지 기가 막힌 상황이 펼쳐지게 된다. 그런 점에서, 바나바의 머리에 스쳐 가는 인물이 있었을 것이다. 회심(回心) 후, 짧은 예루살렘 방문기간 동안 '헬라파 유대인들'과 변론했던 바울이 생각났을 것이다. 헬라어권인 다소 출신 바울은 '헬라어와 헬라철학'에 능통했다. 그리고 그는 어린 시절부터 가말리엘 문하(門下)에서 가르침을 받은 '유대 신학의 최고 권위자' 중 하나였다. 거기에 더해, 그는 예수님께서 당신의 이름을 이방인에게 전하기 위하여 택한 그릇이었다.[85] 이러한 사실에 대해 바나바는 누구보다도 잘 알고 있었을 것이다.[86]

"바나바가 사울을 찾으러 다소에 가서" 바나바가 있던 '수리아 안디옥'에서 '다소'까지의 거리는 약 200km에 달했다. 편도(片道)로만 걸어서 일주일 정도 걸리는 거리였다. 더군다나 안디옥과 다소 사이에는 거대한 '타우르스

85　"주께서 이르시되 가라 이 사람은 내 이름을 이방인과 임금들과 이스라엘 자손들에게 전하기 위하여 택한 나의 그릇이라"(사도행전 9:15).

86　"바나바가 데리고 사도들에게 가서 **그가 길에서 어떻게 주를 보았는지**와 주께서 그에게 말씀하신 일과 다메섹에서 그가 어떻게 예수의 이름으로 담대히 말하였는지를 전하니라"(사도행전 9:27).

산맥'이 가로놓여 있어 지금도 사람들이 다니기 꺼려하는 길이다. 그 먼 길을 바울을 찾아 나선 것이었다. 지금과 같이 통신이 발달한 시대가 아니었다. 그러니 다소에 가서 바울을 만난다는 보장 또한 없던 시절이었다. 생각해 보면, 그 길을 찾아 나서야 할 만큼 바나바는 절박했다는 이야기다. 물론 '구브로 출신'이었던 바나바 또한 헬라어에 능통했을 것이다. 그러나 바나바는 자신에게는 없으나 바울에게는 있는 것에 대해 정직했다. 그만큼 그는 겸손하고 착한 사람이었다.

"만나매 안디옥에 데리고 와서 둘이 교회에 **일 년간** 모여 있어 큰 무리를 가르쳤고" 그렇다면, 바나바가 바울을 찾아 나선 시기는 '바울이 회심(回心)한 지 얼마나 지난 시점(時點)'이었을까? 보통 바울은 기원후 34년경에 회심했을 것이라 추정(推定)한다. 그리고 '바울의 제1차 전도 여행'은 기원후 48년에서 50년 사이 약 2년 동안 이루어졌다고 말한다.[87] 그렇다면, 바나바는 바울이 회심한 지 '약 13년이 지난 시점'에 바울을 찾으러 다소에 갔다는 이야기가 된다. 즉 바나바는 기원후 47년경에 바울을 찾으러 다소에 방문했을 것이다. 이때로부터 1년 뒤에 '바울의 제1차 전도 여행'이 시작되었으니 말이다. 그렇다면 바울은 첫 번째 예루살렘 방문 뒤 10년간의 세월을 고향인 다소에 머물렀다는 이야기가 된다.[88]

---

[87] 정확한 기록이 없어 당연한 일이지만, 책마다 1~2년 정도의 차이는 있다.

[88] "[15]그러나 내 어머니의 태로부터 나를 택정하시고 그의 은혜로 나를 부르신 이가 [16]그의 아들을 이방에 전하기 위하여 그를 내 속에 나타내시기를 기뻐하셨을 때에 내가 곧 혈육과 의논하지 아니하고 [17]또 나보다 먼저 사도 된 자들을 만나려고 예루살렘으로 가지 아니하고 아라비아로 갔다가 다시 다메섹으로 돌아갔노라 [18]그 후 삼 년 만에 내가 게바를 방문하려고 예루살렘에 올라가서 그와 함께 십오 일을 머무는 동안"(갈라디아서 1:15-18).

생각해 보라. 바울은 '헬라 문화권'이었던 '길리기아 다소'의 '디아스포라(diaspora)'[89] 출신이었다. 그러니 모든 디아스포라의 특징처럼 '다소 지역의 유대인들'은 모두 바울을 어린 시절부터 잘 알고 있었을 것이다. 더군다나 그는 어린 시절부터 그들의 본토(本土)인 예루살렘에 유학가 '당대 최고의 석학(碩學)인 가말리엘 문하(門下)에서 수학(修學)한 인재(人材)'였다. 그 지역 디아스포라 사람이라면 누구나 부러워하던 '선망(羨望)의 대상'이었을 것이다. 그런데 어느 순간부터인가 이상한 소문이 들려오는가 싶더니, 젊은 나이에 바울이 고향으로 돌아온 것이다. 당연히 그들 상식으로는 예루살렘에서 한참 활동해야 하는 시기였다. 그렇다고 로마 제국의 라인(line)을 잘 타서 '길리기아 다소의 총독이나 고위 관리'로 '소위(所謂) 금의환향(錦衣還鄕)'을 한 것도 아니었다. 그에 대한 안 좋은 소문이 있는가 싶더니 소리소문없이 조용히 혼자 돌아온 귀향(歸鄕)이었다. 그러더니, 지금 팔레스타인과 그 주변 지역에서 '분쟁의 씨앗'이 되고 있다는 '예수 이야기'를 하는 것 외에는 별로 하는 일 없이 세월을 보내는 것이었다. 한 해 두 해는 그렇다 치더라도, 그렇게 지나간 세월이 10년이라면 바울이 태어나 자란 '다소의 디아스포라 사람들'은 바울을 어떤 눈으로 바라보고 있었을까? 그들은 그렇게 생각했을 것이다. '아, 저 인간도 이제는 끝났구나. 참 아깝네. 우리 디아스포라에서 걸출한 인물 하나 나오는가 싶었는데, 그것참 아깝게 됐네. 저 인간도 이제 폐인(廢人)이 다 되었네.'

---

[89]　특정 민족이 자의(自意)든 타의(他意)든 원래 살던 땅을 떠나 다른 지역에 집단을 형성하는 경우 그 집단을 '디아스포라(diaspora)'라고 한다.

그런 분위기에서 왕복 2주가 넘는 거리를 걸어서 바나바가 바울을 찾아온 것이었다. 거대한 '타우르스 산맥'을 넘어서 말이다. 그렇게 다소에서 바울을 만난 바나바는 그를 안디옥 교회로 데리고 와 공동목회를 시작했다. 더군다나 바나바가 바울을 찾은 이유는 자신이 못하는 부분이 있었기 때문이었다. 쉽게 말해, 바울이 바나바 그보다 뛰어났기 때문에 찾은 것이었다. 21세기 대한민국에서 어느 지역교회 담임목사가 '자신이 못하는 부분을 대신해 줄 자신보다 뛰어난 사역자'를 찾아 나선다는 것을 상상조차 할 수 있을까? 더군다나 그는 10년 전에 헤어진 사람인데, 산 넘고 물 건너 몇 주에 걸쳐 그가 있다고 알려진 곳에 찾아가는 경우가 있을까? 지금처럼 여행할 때 안전이 보장되던 시절도 아니었다. 지금처럼 미리 연락하고 갈 수 있는 처지도 아니었다. 그저 그의 고향이라는 곳으로 막무가내로 찾아가 그를 만난 것이었다. 그렇게 그를 데려와 공동목회를 한다? 하지만 '착한 사람이요, 성령과 믿음이 충만한 사람'이었던 바나바는 그렇게 했다. 오직 복음(福音)을 위해서 그렇게 했다. 그에게 맡겨진 양무리에게 필요한 사람이라면 그가 누구든 중요하지 않았다는 이야기다. 그로 인해 자신이 어려운 처지에 몰린다 해도 괘념(掛念)치 않았다는 이야기다.

거꾸로 바울 입장에서는 어떠할까? 앞에서 했던 말을 반복한다. 한 해 두 해는 그렇다 치더라도, 그렇게 지나간 세월이 10년이었다. 그 기간 바울이 태어나 자란 '다소의 디아스포라 사람들'은 바울을 어떤 눈으로 바라보고 있었을까? 그들은 이렇게 생각했을 것이다. '아, 저 인간도 이제는 끝났구나. 참 아깝네. 우리 디아스포라에서 걸출한 인물 하나 나오는가 싶었는데, 그것참 아깝게 됐네. 저 인간도 이제 폐인(廢人)이 다 되었네.' 그 분위기에서 바나바가 먼 길을 찾아와 그에게 안디옥 교회에서의 '공동목회'를 제안했다. 그렇게 바나바는 예루살렘 교회에 바울의 신앙에 대한 보증을 섰으며, 안디옥에서 첫 번째 '사역의 장(場)'을 열어준 은인(恩人)이었다.

그러니 이번 설교 처음에 했던 말이다. 반면 '맺고 끊는 것이 분명한 성격'이었던 바울은 마가를 데려가는 데 반대했다. 이유는 밤빌리아에서 자기들을 떠나 함께 일하러 가지 않았다는 것이었다. 팀(team)으로 일해 본 사람들은 모두 바울이 무엇을 걱정하는지 알 것이다. **하지만 나는 '바울이 바나바에게 이런 주장을 할 처지가 아니지 않나?'라는 입장이다. '바울이 너무했다'라는 입장이다.** 이제 다음 단원에서는 바나바에 대해 조금 더 자세히 알아보도록 하자. 그가 없었다면 '바울'은 없었다.[90] 그가 없었다면 '마가'는 없었다. 그렇게 되면, 첫 번째로 기록된 복음서인 '마가복음과 바울 서신들'은 기록될 수 없었다. 즉 신약성경의 절반은 바나바에게 빚을 지고 있다.

---

[90] 물론 바나바가 없었어도 하나님께서는 다른 사람을 들어서 쓰셨을 것이다. 그러나 이 말은 우리가 할 수 있는 말이 아니다. 이 말은 오직 바나바만 할 수 있는 말이다. 이 말은 오직 바나바가 했을 때만 정당하다.

바나바는 착한 사람이요
성령과 믿음이 충만한 사람이라

³⁶며칠 후에 바울이 바나바더러 말하되 우리가 주의 말씀을 전한 각 성으로 다시 가서 형제들이 어떠한가 방문하자 하고 ³⁷바나바는 마가라 하는 요한도 데리고 가고자 하나 ³⁸바울은 밤빌리아에서 자기들을 떠나 함께 일하러 가지 아니한 자를 데리고 가는 것이 옳지 않다 하여 ³⁹서로 심히 다투어 피차 갈라서니 바나바는 마가를 데리고 배 타고 구브로로 가고 ⁴⁰바울은 실라를 택한 후에 형제들에게 주의 은혜에 부탁함을 받고 떠나 ⁴¹수리아와 길리기아로 다니며 교회들을 견고하게 하니라(사도행전 15:36-41)

'마가를 데리고 오라. 그가 나의 일에 유익하니라' 단원 마지막에 나는 '바나바'에 대해 이렇게 평가했다.

"바나바는 마가라 하는 요한도 데리고 가고자 하나", '마가라 하는 요한'

은 마가복음의 저자인 '마가'를 가리킨다. 그는 바나바의 생질(甥姪)이었다. 즉 바나바는 마가의 외삼촌이었다. 많은 신학자들은 그러한 이유로 바나바가 '제2차 전도 여행'에 마가를 데리고 가고자 했을 것이라고 본다. 물론 맞는 말이다. **하지만 나는 바나바가 마가의 외삼촌이었다는 점보다는, 바나바의 성품이 더 큰 요인(要因)이었다는 입장이다.**

"서로 심히 다투어 피차 갈라서니, 바나바는 마가를 데리고 배 타고 구브로로 가고", 결과적으로 바나바와 바울은 갈라서게 되었다. 그리고 바나바는 조카인 마가를 데리고 그의 고향 구브로로 향하게 되었다. 그곳은 '제1차 전도 여행' 중 첫 번째 '기착지(寄着地)'였다. 사실 이 부분 또한 겉으로만 보면 약간 의아한 상황이다. 바나바의 성품상 '평소의 바나바의 모습과 다르지 않냐?'라는 것이 신학자들의 의견이다. 쉽게 말해, 바나바의 성품상 바울에게 양보하지 않은 것이 이례적(異例的)이라는 의견이다. **그러나 나는 신학자들의 의견에 동의하지 않는다. 바나바의 성품상 이러한 선택은 예상된 일이었다.**

그렇다면 '바나바는 어떤 성품의 소유자'였을까? 그러니까, 바나바의 어떤 부분이 바울과 마가 중 마가를 선택하게 했을까? 결론부터 미리 말한다면, 바나바는 소위(所謂) '강강약약(強強弱弱)'의 소유자였다. '강자에게는 강하고 약자에게는 약하다'는 뜻의 이 신조어(新造語)는 '강약약강(強弱弱強)'의 반대말로 2010년대에 들어 등장한 '인터넷(internet) 신조어(新造語)'다. 참고로 '강약약강(強弱弱強)'은 '강자에게는 약하고 약자에게는 강하다'는 뜻으로, 전형적인 '소인배(小人輩)'를 가리켜 말하는 표현이다. 즉 바나바는 도량(度量)

이 넓은 '대인배(大人輩)'였다. 바나바는 고린도전서에 언급된 '전도의 미련한 것'[91]을 삶으로 실천한 하나님의 사람이었다. 우리 주 예수 그리스도의 '성육신(成肉身)과 십자가'를 온 몸으로 실천한 하나님의 사람이었다.

바나바는 착한 사람이요 성령과 믿음이 충만한 사람이라 이에 큰 무리가 주께 더하여지더라(사도행전 11:24)

"바나바는 착한 사람이요, 성령과 믿음이 충만한 사람이라." 이 기록을 근거로 신학자들은 바울과 다툰 바나바의 모습이 '평소와 다르다'라는 주장을 한다. 그러나 이러한 주장은 '바나바를 너무 표면적(表面的)으로만 파악'한 것이다. 바나바가 마가의 외삼촌이었기 때문에 그를 데려가려 했다는 주장 또한 '바나바를 모르는 사람들이 하는 주장'에 불과하다.

이전 단원에 자세히 다룬 '전도의 미련한 것'에서 밝혔듯이, 바나바는 '하나님의 성품과 방법'을 가장 잘 드러내는 인물이었다. 바나바는 하나님께서 믿는 자들을 구원하시는 방법으로서 '기뻐하시는 방법'인 '우리 주 예수 그리스도의 성육신과 십자가'를 가장 잘 드러내는 인물이었다. 그의 성품은 보면 볼수록 우리 주 예수 그리스도의 '성육신'을 닮았다. "상한 갈대를 꺾지 아니하며 꺼져가는 심지를 끄지 아니하기를 심판하여 이길 때까지 하리니"[92], 즉 그는 상한 갈대를 꺾지 아니하며 꺼져가는 심지를 끄지 아니하는

---

91 "하나님의 지혜에 있어서는 이 세상이 자기 지혜로 하나님을 알지 못하므로 **하나님께서 전도의 미련한 것으로 믿는 자들을 구원하시기를 기뻐하셨도다**"(고린도전서 1:21).

92 마태복음 12:20 : "상한 갈대를 꺾지 아니하며 꺼져가는 등불을 끄지 아니하고 진실로 정의를

전형적인 '강강약약(強強弱弱)'의 소유자였다. 강한 자에게는 강하고 약한 자에게는 약한 성품의 소유자였다.

쉽게 말해, 바나바는 바울의 처지가 '상한 갈대와 같았을 때'는 그의 편을 들어 주었다. 그러나 바울의 입지(立地)가 다져진 뒤에는 오히려 그에게 '넓은 아량(雅量)'을 요구했다. 그리고 이제는 '꺼져가는 심지와 같은 처지'가 된 마가의 편을 들어 준 것이다. 즉 어느 누구 하나 바울을 믿어주지 않았을 때, 그는 예루살렘 교회에 '바울의 신앙에 대한 보증'을 섰다. 고향 땅에 10년간 은둔한 채, 잊혀져 가던 바울을 찾아 '타우르스 산맥'을 넘었다. 그렇게 바울을 안디옥 교회로 불러 '사역의 장(場)'을 열어주었다. 그러나 '제1차 전도 여행' 뒤, 이제는 어엿한 '중견(中堅) 사역자(?)'로 성장한 바울에게는 양보할 것을 요구했다. 그리고 마가의 자리를 마련해주고자 하는 자신의 생각을 꺾지 않았다. 교회 전체에서 '한심하다는 눈총을 받고 있었을 마가'에게 성장할 기회를 제공했다.

'제1차 전도 여행' 후 하나님께서 그들을 통하여 어떤 은혜를 베풀어주셨는지 '안디옥 교회'와 '예루살렘 교회'에 나누는 동안 '마가의 처지'가 어떠했을지는 따로 설명하지 않아도 되리라 믿는다. "그들이 교회의 전송을 받고 베니게와 사마리아로 다니며 이방인들이 주께 돌아온 일을 말하여 형제들을 다 크게 기쁘게 하더라."[93] 더군다나 바울과 바나바의 '제1차 전도 여행'

시행할 것이며"(이사야 42:3).
93 사도행전 15:3

후 맺힌 선교의 열매는 '예루살렘 제1차 공의회'를 위해 안디옥 교회에서 예
루살렘 교회로 가는 도중에 있던 '모든 교회'에 큰 기쁨이 되었다. '제1차 전
도 여행'의 결과에 대한 형제들의 기쁨이 커질수록 마가의 마음속 크기는
작아져 갔을 것이다. 그리고 마가 스스로 자신을 자책(自責)하는 소리는 한
없이 커져갔을 것이다.

물론 마가는 선교팀을 이탈하여 '예루살렘'으로 돌아갔다. 그러니 '예루살
렘 제1차 공의회'를 위해 바나바와 바울이 예루살렘으로 오는 도중에 했던
'선교 보고'를 듣지 못했을 수도 있다.[94] 마찬가지로 그들이 예루살렘 교회
로 오는 길 가운데 있었던 '베니게와 사마리아 교회의 기쁨' 또한 보지 못했
을 수도 있다. 하지만 일이 돌아가는 형편은 알고 있었을 것이다. "한 청년
이 벗은 몸에 베 홑이불을 두르고 예수를 따라가다가 무리에게 잡히매, 베
홑이불을 버리고 벗은 몸으로 도망하니라."[95] 어쩌면 예수님께서 잡히시던
밤처럼, 마가는 '예루살렘 제1차 공의회' 때 공의회 주변을 기웃거렸을 수도
있다. 그리고 사람들이 그를 알아보자 집으로 달아났을 수도 있다. 그러니
초대교회 내에서 마가의 처지가 참으로 안쓰러운 처지였을 것이다.

[2]주를 섬겨 금식할 때에 성령이 이르시되 내가 불러 시키는 일을 위하
여 **바나바와 사울을 따로 세우라 하시니** [3]이에 금식하며 기도하고 두 사
람에게 안수하여 보내니라 … [7]그가 총독 서기오 바울과 함께 있으니 서

---

94 '제1차 전도 여행'은 '안디옥 교회'에서 출발하여 '안디옥 교회'로 돌아오는 여정(旅程)이었다.
95 마가복음 14:51-52: 이때 예수님을 따라가다가 벗은 몸으로 도망친 청년이 바로 '마가'였다는
    것은 모든 신학자가 동의하는 이야기다.

기오 바울은 지혜 있는 사람이라 **바나바와 사울을 불러 하나님의 말씀을 듣고자 하더라** [8]이 마술사 엘루마는 (이 이름을 번역하면 마술사라) 그들을 대적하여 총독으로 믿지 못하게 힘쓰니 [9]바울이라고 하는 사울이 성령이 충만하여 그를 주목하고 [10]이르되 모든 거짓과 악행이 가득한 자요 마귀의 자식이요 모든 의의 원수여 주의 바른 길을 굽게 하기를 그치지 아니하겠느냐 [11]보라 이제 주의 손이 네 위에 있으니 네가 맹인이 되어 얼마 동안 해를 보지 못하리라 하니 즉시 안개와 어둠이 그를 덮어 인도할 사람을 두루 구하는지라 [12]이에 총독이 그렇게 된 것을 보고 믿으며 주의 가르치심을 놀랍게 여기니라 [13]**바울과 및 동행하는 사람들이 바보에서 배 타고 밤빌리아에 있는 버가에 이르니** 요한은 그들에게서 떠나 예루살렘으로 돌아가고 [14]그들은 버가에서 더 나아가 비시디아 안디옥에 이르러 안식일에 회당에 들어가 앉으니라(사도행전 13:2-3, 7-14)

반면 '제1차 전도 여행'을 기점(起點)으로 바울은 더 이상 '상한 갈대'가 아니었다. '꺼져가는 심지'가 아니었다. '제1차 전도 여행'의 첫 번째 기착지(寄着地)인 구브로에서 있었던 기적 이후 바울은 '활활 타오르는 횃불'이 되었다. 더 이상 약자(弱者)가 아니었다. 이러한 상황 변화를, 위에 인용한 본문은 분명히 드러내고 있다.

성경에 기록된 인물의 이름 순서가 중요하다는 것은 이미 여러 번 들어 잘 알고 있으리라 믿는다. 성경에 나오는 인물들은 보통 나이순(順)으로 기록되나, 나이 순서를 거슬러 어느 인물이 앞에 기록되는 경우, 그가 중심인

물이라는 사실 또한 잘 알 것이다.[96]

"바나바와 사울을 따로 세우라 하시니" 분명히 안디옥 교회에서 선교팀(전도팀)이 꾸려질 때는 바나바의 이름이 바울보다 앞섰다. 즉 안디옥 교회에서 출발할 때 팀장은 '바나바'였다. "서기오 바울은 지혜 있는 사람이라, 바나바와 사울을 불러 하나님의 말씀을 듣고자 하더라." 구브로의 총독이 선교팀을 부를 때도 바나바의 이름이 바울보다 앞서 기록되었다. 그러나 우리는 '바울의 기적' 이후 팀장이 바뀌었음을 알 수 있다. "바울과 및 동행하는 사람들이 바보에서 배 타고 밤빌리아에 있는 버가에 이르니" 분명히 바나바는 바울보다 연상(年上)이었을 것이다. 그러나 '바울의 기적' 이후, 바나바는 '바울과 및 동행하는 사람들' 중 하나가 되었다.

"요한은 그들에게서 떠나 예루살렘으로 돌아가고" 바로 이때 마가가 선교팀을 이탈하여 예루살렘으로 돌아갔다. 바나바는 '예루살렘 제1차 공의회'를 마친 뒤 마가를 예루살렘에서 안디옥으로 데려왔던 것으로 보인다. 그러니 바울의 주장대로 마가를 두고 갈 경우, 마가는 객지(客地)인 안디옥에 홀로 남는 신세가 될 것이 뻔했다. 물론 겉으로 마가를 비난하는 형제들은 없었을 것이다. 하지만 마가는 스스로 한없이 위축되어 갔을 것이다. 그렇게 위축된 상태로 안디옥에 홀로 있을 수 없어, 마가 혼자 예루살렘에 있는 집으로 돌아오는 장면을 상상해 보면 인생의 비루함과 초라함을 모두 담은 모양이 될 것이 뻔했다.

---

96 "모세와 아론이 가서 이스라엘 자손의 모든 장로를 모으고"(출애굽기 4:29).: 모세가 그의 형 아론보다 먼저 기록된 것이 대표적인 경우다.

신학자들은 마가가 선교팀을 떠나 예루살렘으로 돌아간 이유에 대해 세 가지로 설명한다. **첫 번째는 부잣집 도련님이 너무 힘이 들었다는 것이다.** "깨닫고 마가라 하는 요한의 어머니 마리아의 집에 가니 여러 사람이 거기에 모여 기도하고 있더라."[97] 헤롯 왕이 베드로를 죽이려 감옥에 가두었던 때 있었던 일이다. 천사가 베드로를 감옥에서 구해낸 뒤, 베드로는 마가의 어머니 마리아의 집으로 갔다. 예루살렘 한가운데 있었던 그 저택은 120명이나 되는 사람이 모여 기도할 정도로 넓은 대저택이었다.[98]

"그들은 버가에서 더 나아가 비시디아 안디옥에 이르러 안식일에 회당에 들어가 앉으니라." 마가는 버가에서 선교팀을 이탈했다. 그렇게 마가가 이탈한 후 선교팀은 '버가에서 더 나아가 비시디아 안디옥'에 이르렀다.

> 여러 번 여행하면서 강의 위험과 **강도의 위험과** 동족의 위험과 이방인의 위험과 시내의 위험과 광야의 위험과 바다의 위험과 거짓 형제 중의 위험을 당하고(고린도후서 11:26)

신학자들은 바로 위의 고린도후서 본문을 바울이 이때를 기억하며 기록

---

97 사도행전 12:12
98 "[13]들어가 그들이 유하는 다락방으로 올라가니 베드로, 요한, 야고보, 안드레와 빌립, 도마와 바돌로매, 마태와 및 알패오의 아들 야고보, 셀롯인 시몬, 야고보의 아들 유다가 다 거기 있어 [14]여자들과 예수의 어머니 마리아와 예수의 아우들과 더불어 마음을 같이하여 오로지 기도에 힘쓰더라 [15]모인 **무리의 수가 약 백이십 명이나 되더라** 그때에 베드로가 그 형제들 가운데 일어서서 이르되"(사도행전 1:13-15).

했다고 설명한다. 버가에서 비시디아 안디옥은 약 200km 정도의 험한 산
길을 걸어가야 했다. 버가는 해안에서 13km 정도 떨어진 내륙에 위치했다.
그러한 이유로 소아시아의 남쪽에 위치했던 버가는 '해양 세력(海洋 勢力)'으
로부터 자유로운 곳이 아니었다. 즉 '마가가 선교팀을 이탈했을 때의 정황
(情況)'을 이해하기 위해서는 이 지역의 역사를 살펴보아야 한다.

　이 지역은 전통적으로 '해적의 출몰(出沒)'이 잦은 곳이었다. 로마 제국이
동쪽으로 진출하여 소아시아를 정복했을 때도 이 지역은 해적이 약탈을 일
삼던 곳이었다. 오랜 시간 골머리를 앓던 로마가 이 지역의 해적을 본격적
으로 소탕하기 시작한 것은 기원전 102년으로 알려진다. 이때 해적 소탕에
공을 세운 장군이 바로 로마 공화정에서 집정관(執政官)이 되었던 '폼페이'
다. 그러나 이때 소탕된 해적 잔당들은 '타우르스 산맥'[99]으로 숨어들었다.
결국 오랜 기간 '숨어든 해적 잔당들의 토벌 작전'이 벌어졌고[100], 이 작전을
위해 기원전 25년경에 '세바스테 길(Via Sebaste)'이 건설되었다. 그렇게 세바
스테 길이 완성된 뒤, 상당수의 해적 잔당들이 소탕되었다. 그러나 기록에
따르면 기원후 1세기 말까지도 남은 잔당들이 활동하여 적지 않은 피해를
끼쳤다고 한다. 신학자들은 바로 이 길을 통해 바울이 '버가에서 비시디아
안디옥'까지 갔다고 본다.

---

99 바나바가 다소에 있던 바울을 찾아갔을 때도 '타우르스 산맥'을 넘었다고 했다. 이때 바나바가
넘은 '타우르스 산맥'은 산맥의 '동쪽 부분'이었다. '토루스 산맥(Taurus Mountains)'이라고도
번역되는 '타우르스 산맥'은 600km 넘게 이어지는 긴 산맥으로, '제1차 전도 여행' 때는 산맥의
'서쪽 부분'을 넘어갔다.
100 이렇게 '타우르스 산맥'에 숨어들어 문제를 일으켰던 도적들을 '호모나데시안들(Homonade-
sians)'이라고 불렀다.

더군다나 '세바스테 길(Via Sebaste)'이 지나는 타우르스 산맥은 최고봉이 해발 3,767m에 달하는 '험악한 지형'으로도 유명한 곳이었다. 이러한 사실은 생각해 보면 당연한 일이었다. 그렇게 험악하지 않고서야, 어떻게 해적 잔당들이 2세기 가까이 버틸 수 있었을까? 더군다나 교회사에 따르면, 이 시기 바울은 '말라리아'에 걸려 고열에 시달렸다고 한다. 그러니 부잣집 도령님이 너무 힘이 들어 선교팀을 이탈했다는 설명은 충분히 공감이 가는 주장이다. 한눈에 봐도 '험난한 지형'에 더불어 '강도에 대한 흉흉한 소문'은 부잣집 도령 마가를 위축시키고도 남았을 것이다. 더군다나 풍토병인 말라리아에 걸려 고열에 시달리는 바울을 보며 마가는 덜컥 겁이 났을지도 모른다. 그러나 이 부분이 '바울 입장에서는 가장 서운한 부분'이었을 가능성이 높다. 그때 마가는 '말라리아에 걸려 사경(死境)을 헤매는 바울을 버리고 간 셈'이 되었으니 말이다. 그러고 보면, '마가의 선교팀 이탈'은 변명의 여지가 없는 일이기는 했다.

신학자들은 마가가 예루살렘으로 돌아간 **두 번째 이유로 선교팀 내의 '리더십(leadership) 교체'를 든다.** 여러 번 밝혔듯이, 바나바는 마가의 외삼촌이었다. 그리고 '제1차 전도 여행'의 처음 팀장은 바나바였다. 그런데 구브로에서의 기적 이후 팀장이 바울로 바뀌었다. 즉 마가는 이 부분에 '마음이 상했다'라는 것이다. 더군다나 어린 나이에 아버지를 잃은 마가에게 있어서 바나바는 아버지와 같은 존재였을 것이다. 그러므로 바나바가 '바울과 및 동행하는 사람들' 중 하나로 취급받는 상황을 받아들이기 힘들었다는 주장이다. 나는 신학자들의 '첫 번째와 두 번째 주장'에 동의한다.

그러나 이때 마가가 그의 외삼촌의 성품을 좀 더 알았다면 두 번째 이유
는 문제 될 바가 아니었다.

> [14]그들은 버가에서 더 나아가 비시디아 안디옥에 이르러 안식일에 회당
> 에 들어가 앉으니라 [15]율법과 선지자의 글을 읽은 후에 회당장들이 사람
> 을 보내어 물어 이르되 **형제들아 만일 백성을 권할 말이 있거든 말하라**
> 하니 [16]**바울이 일어나 손짓하며 말하되** 이스라엘 사람들과 및 하나님을
> 경외하는 사람들아 들으라 … [43]회당의 모임이 끝난 후에 유대인과 유대
> 교에 입교한 경건한 사람들이 많이 바울과 바나바를 따르니 **두 사도가**
> **더불어 말하고** 항상 하나님의 은혜 가운데 있으라 권하니라(사도행전
> 13:14-16, 43)

천신만고(千辛萬苦) 끝에 비시디아 안디옥에 이른 바울과 바나바는 안식
일에 회당에 들어가 앉았다. 평소와 같이 율법과 선지자의 글을 읽은 후에
회당장들이 바울과 바나바에게 말했다. "형제들아, 만일 백성을 권할 말이
있거든 말하라." 그러자 바울과 바나바 중 바울이 일어나 손짓하며 말하기
시작했다. 그렇게 바울의 설교가 끝난 뒤, 유대인과 유대교에 입교한 경건
한 사람들이 그들을 따르게 되었다. "두 사도가 더불어 말하고, 항상 하나님
의 은혜 가운데 있으라 권하니라." 그러자 바울과 바나바가 더불어 같은 말
을 했다. 즉 비시디아 안디옥에서의 일을 기록한 사도행전 13장의 분위기
로 보아, 바나바는 바울이 자신을 앉혀두고 일어나 설교하는 것에 전혀 개
의(介意)치 않았다.

⁸루스드라에 발을 쓰지 못하는 한 사람이 앉아 있는데 나면서 걷지 못하게 되어 걸어 본 적이 없는 자라 ⁹바울이 말하는 것을 듣거늘 바울이 주목하여 구원 받을 만한 믿음이 그에게 있는 것을 보고 ¹⁰큰 소리로 이르되 네 발로 바로 일어서라 하니 그 사람이 일어나 걷는지라 ¹¹무리가 바울이 한 일을 보고 루가오니아 방언으로 소리 질러 이르되 신들이 사람의 형상으로 우리 가운데 내려오셨다 하여 ¹²**바나바는 제우스라 하고 바울은 그 중에 말하는 자이므로 헤르메스라 하더라** ¹³시외 제우스 신당의 제사장이 소와 화환들을 가지고 대문 앞에 와서 무리와 함께 제사하고자 하니 ¹⁴**두 사도 바나바와 바울이 듣고 옷을 찢고 무리 가운데 뛰어 들어가서** 소리 질러 ¹⁵이르되 여러분이여 어찌하여 이러한 일을 하느냐 우리도 여러분과 같은 성정을 가진 사람이라 여러분에게 복음을 전하는 것은 이런 헛된 일을 버리고 천지와 바다와 그 가운데 만물을 지으시고 살아 계신 하나님께로 돌아오게 함이라(사도행전 14:8-15)

이후 '이고니온을 거쳐'¹⁰¹ 루스드라에 이르러 다시 한번 바울이 기적을 일으켰다. "루스드라에 발을 쓰지 못하는 한 사람이 앉아 있는데 나면서 걷지 못하게 되어 걸어 본 적이 없는 자라. 바울이 말하는 것을 듣거늘 바울이 주목하여 구원받을 만한 믿음이 그에게 있는 것을 보고 큰 소리로 이르되 네 발로 바로 일어서라 하니 그 사람이 일어나 걷는지라." 그러자 바울이 일

---

101 "이에 이고니온에서 두 사도가 함께 유대인의 회당에 들어가 말하니 유대와 헬라의 허다한 무리가 믿더라"(사도행전 14:1).

으킨 기적을 본 무리들이 소리를 질렀다. "신들이 사람의 형상으로 우리 가운데 내려오셨다." 그러면서 바나바는 '제우스'라 하고 바울은 그들 중에 말하는 자이므로 '헤르메스'라고 했다.

이 부분에서도 우리는 루스드라 사람들의 눈에 비친 '바나바와 바울의 모습'을 유추(類推)할 수 있다. 아마도 '연장자(年長者)로서 조용히 바울 뒤에 앉아 있던 바나바의 모습'은 그들의 눈에 '올림포스의 주신(主神)이자 우두머리인 제우스'를 연상시켰던 것 같다. 쉽게 말해, 바울의 뒤에서 바울이 하는 설교를 흐뭇하게 바라보고 있었을 바나바가 마치 '바울의 후견인(後見人)'으로 보였던 것 같다. 반면 앞에 나서 설교하던 바울의 모습은 아이러니하게도 그들의 눈에는 바나바보다 낮은 직급의 신으로 보였던 것 같다. '그리스 신화'에서 '신의 뜻을 인간에게 전하는 전령 역할을 하는 헤르메스'로 보였던 것 같다. 이를 통해서도 우리는 동역자(同役者)들과 함께 할 때 '바나바의 평소 모습'을 상상해 볼 수 있다.

그렇게 바울과 바나바에 대해 오해하게 된 루스드라 사람들이 두 사도에게 제사하려는 웃지 못할 사태가 벌어지고 말았다. 성 밖에 위치했던 제우스 신당의 제사장이 소와 화환들을 가지고 와서 두 사도에게 제사하려는 상황이 벌어진 것이다. "**두 사도 바나바와 바울이** 듣고 옷을 찢고 무리 가운데 뛰어 들어가서 소리 질러 이르되, 여러분이여 어찌하여 이러한 일을 하느냐? 우리도 여러분과 같은 성정을 가진 사람이라. 여러분에게 복음을 전하는 것은 이런 헛된 일을 버리고 천지와 바다와 그 가운데 만물을 지으시고 살아 계신 하나님께로 돌아오게 함이라."

보이는가? 구브로에서의 기적 이후, 항상 바울의 뒤에 언급되던 바나바의 이름이 이때만은 바울의 앞에 기록되어 있다. 무슨 의미일까? 바나바와 바울을 오해하여, 이 둘에게 우상숭배를 하려는 사람들을 뜯어말리는데 바나바가 바울보다 훨씬 더 적극적이었다는 이야기다. 성경에서 옷을 찢었다는 것은 '극단적인 슬픔과 분노 그리고 고통'을 표현하는 행위였다. 하나님이 아닌 사람을 향한 우상숭배의 시도에 대해 바나바가 바울보다 훨씬 더 격렬하게 반응했다는 이야기다. 즉 바나바는 '사역의 주도권 혹은 공동체 내에서 자신의 위치'에 대해 별 관심이 없는 사람이었다. 오직 우리 주 예수 그리스도의 복음이 전해질 수만 있다면 그것이 누구라도 상관없는 사람이었다. 자신의 위치가 중요하지 않은 사람이었다.

> [15]어떤 이들은 투기와 분쟁으로, 어떤 이들은 착한 뜻으로 그리스도를 전파하나니 [16]이들은 내가 복음을 변증하기 위하여 세우심을 받은 줄 알고 사랑으로 하나 [17]그들은 나의 매임에 괴로움을 더하게 할 줄로 생각하여 순수하지 못하게 다툼으로 그리스도를 전파하느니라 [18]**그러면 무엇이냐 겉치레로 하나 참으로 하나 무슨 방도로 하든지 전파되는 것은 그리스도니 이로써 나는 기뻐하고 또한 기뻐하리라**(빌립보서 1:15−18)

"그러면 무엇이냐? 겉치레로 하나 참으로 하나 무슨 방도로 하든지 전파되는 것은 그리스도니 이로써 나는 기뻐하고 또한 기뻐하리라"는 빌립보서 1장에 기록된 바울의 고백은 어쩌면 바나바의 이러한 모습에서 배운 것이 아닐까? 물론 바울이 바나바를 제치고 겉치레로 그리스도를 전했다는 의미로 하는 이야기가 아니라는 것쯤은 잘 알고 있으리라 믿는다. 좋은 믿음의 동역자는 '좋은 영향력'을 끼치게 마련이다. 좋은 믿음의 멘토(mentor)가 끼치는 '선한 영향력'은 멘티(mentee)에게 자연스럽게 흡수되기 마련이다.

> ³나를 비판하는 자들에게 변명할 것이 이것이니 ⁴우리가 먹고 마실 권리가 없겠느냐 ⁵우리가 다른 사도들과 주의 형제들과 게바와 같이 믿음의 자매 된 아내를 데리고 다닐 권리가 없겠느냐 ⁶**어찌 나와 바나바만 일하지 아니할 권리가 없겠느냐** ⁷누가 자기 비용으로 군 복무를 하겠느냐 누가 포도를 심고 그 열매를 먹지 않겠느냐 누가 양 떼를 기르고 그 양 떼의 젖을 먹지 않겠느냐(고린도전서 9:3-7)

 적지 않은 설교자들이 바나바와 바울이 마가 문제로 갈라선 뒤, 성경에 더 이상 바나바에 대한 기록이 없다고 말한다. 그러나 그것은 사실이 아니다. "어찌 나와 바나바만 일하지 아니할 권리가 없겠느냐?" 고린도전서는 바울의 '제3차 전도 여행' 때 에베소에서 기록되었다.[102] 그리고 바나바와 바울은 '제2차 전도 여행' 직전(直前)에 갈라섰다. 우리는 고린도전서에 나오는 바울의 기록으로 바나바가 '바울의 제3차 전도 여행' 때까지도 선교 사역에 헌신(獻身)하고 있었음을 알 수 있다. 당연히 '바울의 제3차 전도 여행' 때까지도 마가는 바나바와 함께했을 것이다. 이후 언제부터 마가가 베드로와 함께했을지, 그리고 바울과는 언제부터 같이 동역했을지에 대한 자세한 추적은 다음 단원에서 하겠다.

---

102 "내가 오순절까지 에베소에 머물려 함은"(고린도전서 16:8).

위에 인용한 고린도전서 본문은 '바울의 사도권(使徒權)에 도전하는 자들'을 향한 '바울의 반박'이다. 바울의 사도 됨을 부정했던 자들은 바울이 사역하면서 사역비를 받지 않는 이유는 그가 가짜 사도이기 때문이라는 논리를 폈다. 바울이 '텐트 메이커(tent maker)'였다는 것은 널리 알려진 사실이다.[103] 즉 바울은 그의 사역비와 생활비를 스스로 벌어 충당했다. 그 이유를 바울은 다음과 같이 밝히고 있다. "우리가 너희에게 신령한 것을 뿌렸은즉 너희의 육적인 것을 거두기로 과하다 하겠느냐? 다른 이들도 너희에게 이런 권리를 가졌거든 하물며 우리일까보냐? 그러나 우리가 이 권리를 쓰지 아니하고 범사에 참는 것은 **그리스도의 복음에 아무 장애가 없게 하려 함이로다.**"[104]

하지만 인생을 살아보면 알 수 있듯이, 아무리 '선의(善意)로 한 일'이라 할지라도 '악의(惡意)를 가지고 달려드는 사람들의 눈'에는 모든 것이 시비(是非)거리에 불과하다. 그리스도의 복음을 위하여 바울 자신이 가진 당연한 권리를 행사하지 않는 것을, 그런 자들은 오히려 거꾸로 '바울의 사도권을 공격하는 빌미'로 삼았다.

"어찌 나와 바나바만 일하지 아니할 권리가 없겠느냐?" 선의(善意)가 왜곡되어 공격받을 때만큼 기가 막히고 갑갑할 때가 있을까? 바로 그때 바울이

---

103 "그 후에 바울이 아덴을 떠나 고린도에 이르러 ²아굴라라 하는 본도에서 난 유대인 한 사람을 만나니 글라우디오가 모든 유대인을 명하여 로마에서 떠나라 한 고로 그가 그 아내 브리스길라와 함께 이달리야로부터 새로 온지라 바울이 그들에게 가매 ³생업이 같으므로 함께 살며 일을 하니 그 생업은 천막을 만드는 것이더라"(사도행전 18:1–3).
104 고린도전서 9:11–12

꺼낸 이름은 바로 '바나바'였다.[105] 즉 신학자들은 바울이 바나바와 갈라선 지 얼마 지나지 않아 자신의 실수를 깨달았다고 주장한다.

> [1]바울이 더베와 **루스드라에도 이르매** 거기 디모데라 하는 제자가 있으니 그 어머니는 믿는 유대 여자요 아버지는 헬라인이라 … [4]여러 성으로 다녀 갈 때에 **예루살렘에 있는 사도와 장로들이 작정한 규례를 그들에게 주어 지키게 하니** [5]이에 여러 교회가 믿음이 더 굳건해지고 수가 날마다 늘어가니라(사도행전 16:1, 4-5)

바나바와 갈라선 바울은 실라를 택한 뒤 수리아와 길리기아로 다니며 교회들을 견고하게 했다. 바나바가 마가를 데리고 '그의 고향 구브로'로 갔다면, 바울은 안디옥 교회가 위치한 수리아와 '그의 고향 다소가 있는 길리기아'로 간 것이다. 그렇게 바울은 '나면서부터 걸어 본 적이 없던 자'를 일으킨 적이 있는 루스드라에까지 이르렀다. 그렇게 '제1차 전도 여행' 때 복음을 전했던 곳 중, 육로(陸路)로 갈 수 있는 곳에 방문해 '예루살렘 제1차 공의회'에서 결정된 규례들을 전달했다. '우리 주 예수 그리스도만으로 충분하다'라는 진리(眞理)를 전달했다. 구원받기 위해서는 '할례가 필요하다'라는 유대주의자들의 주장이 거짓임을 분명히 했다. 그 결과 여러 교회가 믿음이 더 굳건해지고 수가 날마다 늘어났다.

---

105 그렇게 놓고 보면, 바울의 '텐트 메이커(tent maker)' 사역 방식 또한 '바나바의 영향'이었음을 알 수 있다. 바나바 또한 그의 사역비와 생활비를 스스로 벌어 충당했다는 이야기이니 말이다.

[6]성령이 아시아에서 말씀을 전하지 못하게 하시거늘 그들이 브루기아와 갈라디아 땅으로 다녀가 [7]무시아 앞에 이르러 비두니아로 가고자 애쓰되 예수의 영이 허락하지 아니하시는지라 [8]무시아를 지나 드로아로 내려갔는데 **[9]밤에 환상이 바울에게 보이니 마게도냐 사람 하나가 서서 그에게 청하여 이르되 마게도냐로 건너와서 우리를 도우라 하거늘** [10]바울이 그 환상을 보았을 때 우리가 곧 마게도냐로 떠나기를 힘쓰니 이는 하나님이 저 사람들에게 복음을 전하라고 우리를 부르신 줄로 인정함이러라(사도행전 16:6-10)

그러나 거기까지였다. "성령이 아시아에서 말씀을 전하지 못하게 하시거늘" 바울은 '제2차 전도 여행'을 시작할 때 에베소를 염두에 둔 것으로 알려져 있다. 에베소는 소아시아의 중심도시였다. 그러나 성령 하나님께서는 바울의 발길을 막으셨다. "무시아 앞에 이르러 비두니아로 가고자 애쓰되 예수의 영이 허락하지 아니하시는지라." 신학자들은 이때부터 바울이 바나바와 갈라선 일에 대해 깊이 생각하게 되었다고 지적한다. 그리고 마가에 대해서도 다시 생각하게 되었다고 주장한다. 이때 바울은 그 유명한 '마게도냐 환상'을 보게 된다. 이 부분은 하나님의 은혜로 '바울에 대한 인물 설교'를 하게 될 때 좀 더 자세히 다루겠다.

'지금 우리가 나누고 있던 이야기가 무엇이었지?'라고 생각할지 몰라 기억을 상기한다. 우리는 지금 '마가가 예루살렘으로 돌아간 이유 세 가지'에 대해 이야기하는 중이다.

　　마지막으로 마가가 예루살렘으로 돌아간 이유로 주장되는 것은 '이방인 선교에 대한 반감 때문'이었다는 것이다. 쉽게 말해, 첫 번째 기착지(寄着地)인 구브로까지의 선교는 마가에게 있어서 '받아들일 수 있는 수준의 일'이었다는 것이다. 비록 '헬라 문화권'이지만 그의 어머니와 외삼촌의 고향이니 말이다. 그러나 '버가에서 비시디아 안디옥까지 가려는 계획'을 알게 되자 예루살렘으로 돌아갔다는 주장이다. 본격적으로 '이방인 선교'가 시작되는 것을 알게 되자 마음이 내키지 않았다는 것이다. 즉 마가는 이때까지도 마음속에 '이방인에 대한 반감'이 있었다는 설명이다. 그러나 나는 세 번째 주장에 대해서는 반대하는 입장이다. 이유는 간단하다.

> 바나바와 사울이 부조하는 일을 마치고 **마가라 하는 요한을 데리고 예루살렘에서 돌아오니라**(사도행전 12:25)

　　"마가라 하는 요한을 데리고 예루살렘에서 돌아오니라." 위에 인용한 내용은 바나바와 바울이 '안디옥 교회에서 모은 구제 헌금'을 예루살렘 교회에 전달한 후에 마가를 데리고 안디옥 교회로 돌아왔다는 내용이다. 바울의 '제1차 전도 여행'이 시작되기 직전의 이야기다. 위에 인용한 기록만으로는 '마가가 원래 안디옥 교회에 있었는데' 예루살렘 교회에 같이 다녀왔다는 이야기인지, 아니면 예루살렘 교회에 구제 헌금을 전달한 뒤 돌아오는 길에 '예루살렘에 있던 마가'를 데리고 안디옥 교회로 왔다는 이야기인지 분명치 않다. 다만 글의 뉘앙스(nuance)로 보아서는 후자(後者)로 보인다.

²⁶만나매 안디옥에 데리고 와서 둘이 교회에 일 년간 모여 있어 큰 무리를 가르쳤고 제자들이 안디옥에서 비로소 그리스도인이라 일컬음을 받게 되었더라 ²⁷그때에 선지자들이 예루살렘에서 안디옥에 이르니 ²⁸그중에 아가보라 하는 한 사람이 일어나 성령으로 말하되 천하에 큰 흉년이 들리라 하더니 글라우디오 때에 그렇게 되니라 ²⁹제자들이 각각 그 힘대로 **유대에 사는 형제들에게 부조를 보내기로 작정하고** ³⁰**이를 실행하여 바나바와 사울의 손으로 장로들에게 보내니라**(사도행전 11:26-30)

"바나바와 사울이 부조하는 일을 마치고" 이 일은 '글라우디오 때'에 있었던 일이다. '로마 역사가 수에토니우스'에 따르면 '글라우디오 치세(治世)'¹⁰⁶ 내내 가뭄으로 인한 기근(飢饉)이 지중해 주변에 만연했다고 전해진다. 이 당시 기근은 로마 제국 전역에서 일어나기보다는 국지적(局地的)으로 일어났는데, 아가보라 하는 사람이 성령으로 예언한 흉년은 '예루살렘'에 임했다. 반면 이방인이 주축이 된 안디옥 교회가 있는 지역은 이 기근으로부터 비껴갔다. 아가보라는 사람이 '성령으로 예언했다'라는 기록에서 알 수 있듯이, 이 일은 환경을 통하여 역사하시는 **"하나님의 섭리"**였다. 결과적으로 이 기근은 '유대인으로 구성된 예루살렘 교회'와 '이방인이 주축이 된 안디옥 교회'가 '한 형제 됨을 확인하는 은혜의 통로'가 되었다.

---

106 기원후 41년에서 54년을 가리킨다. 바나바와 바울을 통한 구제 헌금은 기원후 47년에서 48년 사이에 예루살렘 교회에 전달되었을 것이다.

⁷도리어 그들은 내가 무할례자에게 복음 전함을 맡은 것이 베드로가 할례자에게 맡음과 같은 것을 보았고 ⁸베드로에게 역사하사 그를 할례자의 사도로 삼으신 이가 또한 내게 역사하사 나를 이방인의 사도로 삼으셨느니라 ⁹**또 기둥 같이 여기는 야고보와 게바와 요한도 내게 주신 은혜를 알므로 나와 바나바에게 친교의 악수를 하였으니** 우리는 이방인에게로, 그들은 할례자에게로 가게 하려 함이라 ¹⁰**다만 우리에게 가난한 자들을 기억하도록 부탁하였으니 이것은 나도 본래부터 힘써 행하여 왔노라**(갈라디아서 2:7-10)

"다만 우리에게 가난한 자들을 기억하도록 부탁하였으니" 이 일은 바울이 '회심(回心)한 지 14년이 되는 해'에 있었다. "**십사 년 후에 내가 바나바와 함께 디도를 데리고 다시 예루살렘에 올라갔나니**"¹⁰⁷ ¹⁰⁸ 즉, 이전 단원에 바울이 '회심(回心)한 지 13년이 되던 해'에 바나바가 바울을 찾으러 다소에 갔다고 했는데, 그때로부터 1년이 지난 때였다.

이때 '예수님의 친동생인 야고보'와 '사도 베드로 그리고 사도 요한'이 바나바와 바울에게 친교(親交)의 악수를 했다.¹⁰⁹ 그렇게 하나님께서 그들을

---

107 갈라디아서 2:1
108 "내가 바나바와 함께 디도를 데리고": 이 기록으로 보아, 예루살렘 교회에 구제 헌금을 전달한 뒤 돌아오는 길에 '예루살렘에 있던 마가'를 데리고 안디옥 교회로 왔던 것으로 보인다. '안디옥에 있던 마가를 데리고 예루살렘에 다녀왔다면 "내가 바나바와 함께 디도와 마가를 데리고"라고 기록하지 않았을까?
109 "¹⁸그 후 삼 년 만에 내가 게바를 방문하려고 예루살렘에 올라가서 그와 함께 십오 일을 머무는 동안 ¹⁹주의 형제 야고보 외에 다른 사도들을 보지 못하였노라"(갈라디아서 1:18-19).: 즉 바울은 '회심한 지 14년이 되던 해'에 사도 요한을 처음 만났을 것이다.

'할례자의 사도'로 삼으신 것과 같이 바나바와 바울을 '이방인의 사도'로 삼으셨음을 인정했다. 그리고 이때 이들 셋은 바나바와 바울에게 가난한 자들을 기억해 달라는 부탁을 했다.

"제자들이 각각 그 힘대로 유대에 사는 형제들에게 부조를 보내기로 작정하고, 이를 실행하여 바나바와 사울의 손으로 장로들에게 보내니라." 이 부탁에 따라 안디옥 교회에서는 예루살렘 교회에 있는 형제들을 위한 '구제 헌금'이 모여졌다. 그리고 모여진 구제 헌금은 '바나바와 바울 그리고 디도'를 통해 예루살렘 교회에 전달되었다. "마가라 하는 요한을 데리고 예루살렘에서 돌아오니라." 그리고 이때 '예루살렘에 있던 마가'를 데리고 안디옥 교회로 돌아온 것이다.

이 부조(扶助)는 매우 중요한 의미가 있었다. 간단히 설명하면 이와 같다. 길을 가는데, 모르는 사람이 주는 돈을 받을 수 있을까? 쉽지 않은 일이다. 사람은 '남이 아닌 사이'에만 대가(代價) 없이 돈을 주고받을 수 있다. 즉 예루살렘 교회가 안디옥 교회가 보낸 돈을 받는다는 것은 이 두 교회가 서로 형제가 되었음을 의미했다. '유대인으로 구성된 예루살렘 교회'가 '이방인이 주축이 된 안디옥 교회'를 '형제 교회'로 받아들였음을 의미했다. 이것이 바로 '성령으로 예언된 기근'이 예루살렘 교회를 덮친 이유였다.

즉 우리는 '교회 공동체 가운데 임하는 어려움'을 이 같은 관점으로 볼 필요가 있다. 우리 가운데 어려움이 덮칠 때 우리는 '화해의 손을 내밀어 하나될 형제들'을 찾아보아야 한다. 이 감동적인 일을 마친 뒤 바나바와 바울은 '예루살렘에 있던 마가'를 데리고 안디옥 교회로 돌아왔다. 그런데 마가가 마음속에 있는 '이방인에 대한 반감' 때문에 선교팀을 이탈했다? 말도 안 되는 소리다. 즉 일부 신학자들의 이러한 주장은 설득력이 떨어진다.

쉽게 말해, 마가는 부잣집 도령으로서 '모든 것이 불편하고 힘들었던 것' 같다. 그리고 '앞에 놓인 길이 두렵기도 하고 엄두가 나지 않았던 것'으로 보인다. 동시에 그에게 있어서 아버지와 같은 존재인 바나바에게서 바울로 '선교팀의 리더십(leadership)이 바뀐 것' 또한 그의 의욕을 떨어뜨렸을 것이다. 하지만, 풍토병인 말라리아로 사경(死境)을 헤매던 바울 입장에서는 '마음속 깊이 새겨지는 실망과 서운함'이었을 것이다.

"바나바는 마가라 하는 요한도 데리고 가고자 하나, 바울은 밤빌리아에서 자기들을 떠나 함께 일하러 가지 아니한 자를 데리고 가는 것이 옳지 않다 하여, 서로 심히 다투어 피차 갈라서니" 이때 바울의 '가슴속 깊이 새겨진 실망과 서운함'은 그의 은인(恩人) 바나바와 갈라서는 계기가 되었다. "옳지 않다 하여" 즉, 바울은 바나바에게 '옳고 그름'을 주장했다. 하지만 바울은 바나바에게 이런 주장을 할 처지가 아니었다. "미쁘다, 모든 사람이 받을 만한 이 말이여, 그리스도 예수께서 죄인을 구원하시려고 세상에 임하셨다 하였도다. 죄인 중에 내가 괴수니라."[110] 바울 스스로의 고백처럼 그는 '죄인 중에 괴수(魁首)'였다. "열심으로는 교회를 박해하고, 율법의 의로는 흠이 없는 자라."[111] '옳고 그름'으로 따지자면 그는 사역자가 될 자격이 없는 사람이

---

110 디모데전서 1:15
111 빌립보서 3:6

었다. 그는 '교회를 박해하던 자'였다. 그리고 '율법의 의'로는 초대교회를 끈질기게 괴롭힌 '유대주의'의 선봉에 섰던 사람이었다.

그런데 이제는 누가 보아도 마가가 '할 말이 없는 처지'였다. 도적이 출몰하는 '세바스테 길(Via Sebaste)'을 앞에 두고 '아버지와 같은 외삼촌 바나바'를 버리고 간 마가였다. '말라리아로 사경(死境)을 헤매던 바울'을 버리고 간 마가였다. 바나바와 바울보다 젊은 마가의 체력이 어느 때보다도 절실했던 때였다. "팀(team)으로 일해 본 사람이라면 누구나 바울이 무엇을 걱정하는지 알 것이다." 이전 단원에서도 말했듯이, 마가의 행동은 팀 전체를 와해시킬 수도 있는 치명적인 일이었다.

그러나 바울이 잊고 있었던 부분이 있었다. 바울은 이미 '제1차 전도 여행'을 떠나던 때의 바울이 아니었다. 그는 '제1차 전도 여행'을 통해 소위(所謂) '사람의 크기'가 커져 있었다. 초대교회 내에서 '큰 사람'이 되어 있었다. 초대교회 내에서 그의 위치는 이제 충분한 자리를 확보하고 있었다.

> ¹어떤 사람들이 유대로부터 내려와서 형제들을 가르치되 너희가 모세의 법대로 할례를 받지 아니하면 능히 구원을 받지 못하리라 하니 ²**바울 및 바나바와** 그들 사이에 적지 아니한 다툼과 변론이 일어난지라 형제들이 이 문제에 대하여 바울과 바나바와 및 그중의 몇 사람을 예루살렘에 있는 사도와 장로들에게 보내기로 작정하니라 ³그들이 교회의 전송을 받고 베니게와 사마리아로 다니며 이방인들이 주께 돌아온 일을 말하여 형제들을 다 크게 기쁘게 하더라 ⁴**예루살렘에 이르러 교회와 사도와 장로들에게 영접을 받고** 하나님이 자기들과 함께 계셔 행하신 모든 일을

말하매(사도행전 15:1-4)

"사울이 예루살렘에 가서 제자들을 사귀고자 하나 다 두려워하여 그가 제자 됨을 믿지 아니하니"[112] 회심(回心)한 이후 '첫 번째 예루살렘 방문' 때 바울의 처지는 이러했다. 그러나 '제1차 전도 여행' 이후 기록은 이렇게 달라졌다. "예루살렘에 이르러 교회와 사도와 장로들에게 영접을 받고" 이제 '바울의 첫 번째 예루살렘 방문 때처럼', 제자들이 사귀기 꺼려하게 된 존재는 바로 '마가'였다. 바울은 바로 이 부분을 잊고 있었다. 그 결과, 바나바에게 '옳고 그름'을 따졌다. "바울은 밤빌리아에서 자기들을 떠나 함께 일하러 가지 아니한 자를 데리고 가는 것이 옳지 않다 하여"

그러나 이러한 바울의 주장은 '복음(福音)과는 전혀 상관없는 주장'이었다. "**우리가 아직 죄인 되었을 때에** 그리스도께서 우리를 위하여 죽으심으로 하나님께서 우리에 대한 자기의 사랑을 확증하셨느니라."[113] 이 말씀은 다른 사람이 아닌 바로 '바울의 증언'이다. "**우리가 아직 연약할 때에** 기약대로 그리스도께서 경건하지 않은 자를 위하여 죽으셨도다."[114] 바울이 바나바에게 '옳고 그름'의 잣대를 들이댈 때, 마가는 '아직 연약할 때'였다. 그러니 어쩌면 바울은 로마서를 기록하며 마가를 문득문득 떠올렸을지도 모를 일이다. 그리고 자신이 "옳지 않다 하여" 핏대를 세울 때, **로마서를 기록할 당시의 자신의 수준에 이미 이르렀던 '그의 은인(恩人) 바나바'를 떠올렸을지**

---

112 사도행전 9:26
113 로마서 5:8
114 로마서 5:6

도 모를 일이다. '그의 멘토(mentor) 바나바'가 그리웠을지도 모를 일이다.

"어찌 나와 바나바만 일하지 아니할 권리가 없겠느냐?"**115** 고린도전서는 바울의 '제3차 전도 여행' 때 '에베소'에서 기록되었다. 고린도후서는 '마게도냐'에서 기록되었다.**116** 그렇게 고린도후서를 고린도 교회에 보낸 후, 바울은 '고린도 교회'를 방문하여 그곳에서 '로마서'를 기록했다. 즉, '앞에 인용한 세 권의 바울 서신'은 모두 바울의 '제3차 전도 여행' 때 기록되었다. 그러니 이 시기 바울은 분명히 '바나바와 마가'를 생각하고 있었을 것이다.

앞에서 했던 말을 반복한다. **"어찌 나와 바나바만 일하지 아니할 권리가 없겠느냐?"** 선의(善意)가 왜곡되어 공격받을 때만큼 기가 막히고 갑갑할 때가 있을까? 바로 그때 바울이 꺼낸 이름이 바로 '바나바'였다. 다시 한번 반복하지만, 바울이 기가 막히고 답답하고 억울할 때 떠올린 이름은 바로 '바나바'였다. 바로 이 말이 기록된 '고린도전서' 그리고 **"우리가 아직 죄인 되었을 때에 그리스도께서"**와 **"우리가 아직 연약할 때에 그리스도께서"**가 기록된 '로마서'는 바울의 '제3차 전도 여행' 때 기록되었다. 쉽게 말해, 바울의 사역 중 '연속되는 하나의 흐름' 가운데 기록되었다.

---

115 고린도전서 9:6

116 "⁵우리가 마게도냐에 이르렀을 때에도 우리 육체가 편하지 못하였고 사방으로 환난을 당하여 밖으로는 다툼이요 안으로는 두려움이었노라 ⁶그러나 낙심한 자들을 위로하시는 **하나님이 디도가 옴으로 우리를 위로하셨으니** ⁷그가 온 것뿐 아니요 오직 그가 너희에게서 받은 그 위로로 위로하고 너희의 사모함과 애통함과 나를 위하여 열심 있는 것을 우리에게 보고함으로 나를 더욱 기쁘게 하였느니라 ⁸그러므로 내가 편지로 너희를 근심하게 한 것을 후회하였으나 지금은 후회하지 아니함은 **그 편지가 너희로 잠시만 근심하게 한 줄을 앎이라**"(고린도후서 7:5-8).: 이때 디도가 고린도 교회에 가지고 갔던 편지는 고린도전서가 아니라 고린도전서와 고린도후서 사이에 보내진 편지다.

그러니 바울은 당연히 로마서를 기록할 때도 바나바를 문득문득 떠올렸을 것이다. 그를 그리워했을 것이다. 그리고 **마가의 문제로 자신과 갈라설 때, 이미 지금의 자신이 서 있는 자리까지 성숙했던 '바나바의 마음'을 깨닫게 되었을 것이다.** 사도행전의 저자[117] 누가의 기록대로 바나바 그는 **'착한 사람이요 성령과 믿음이 충만한 사람'**이었다는 사실이 거대한 밀물처럼 바울의 마음속에 밀려왔을 것이다.

그가 고린도전서에 기록한 **'우리 주 예수 그리스도의 성육신과 십자가'**를 뜻하는 **'전도의 미련한 것'을 몸소 실천한 사람이 '그의 은인(恩人) 바나바'였다는 사실**이 새삼 와닿았을 것이다. 하나님께서 믿는 자들을 구원하시는 방법으로서 '기뻐하시는 방법'을 잘 드러냈던 인물이 바로 '그의 멘토(mentor)였던 바나바'였다는 사실을 깨달았을 것이다. 그리고 비로소 바울의 눈에 '그 당시 마가가 서 있던 자리'가 달리 보이기 시작했을 것이다. '그 당시 마가가 서 있던 자리'가 '바울 그 자신이 서 있던 자리'였음을 비로소 깨닫기 시작했을 것이다.

이것으로 마가를 다루기 위한 준비가 마쳐졌다. 다음 단원에서는 비로소 마가에 대해 '본격적으로 그리고 마지막'으로 다루겠다.

---

117 인간 저자, 성경의 원저자는 '성령 하나님'이시다.

바나바와 베드로
그리고 바울의 면류관

'베드로와 바울이 로마에서 복음을 전할 때 기록된 마태복음' 단원에서 했던 말을 반복한다.

[일부 신학자들의 주장에 따르면, 바울은 기원후 64년에서 67년 사이에 순교한 것으로 알려져 있다. 그리고 베드로는 기원후 67년 전후에 순교한 것으로 알려져 있다. 이렇게 놓고 보면, 바울이 베드로보다 먼저 순교한 것으로 보인다. 그런데 그 반대의 의견도 있다. 적지 않은 수의 교회 역사가들은 기원후 65년 전후에 베드로가 순교했고, 바울은 67년에서 68년 사이에 순교했을 것이라고 주장한다. 이렇게 놓고 보면, 베드로가 바울보다 먼저 순교한 것으로 보인다.

그렇다면 이 둘 중 누가 먼저 순교했을까? 처음에 나는 베드로가 바울보다 먼저 순교했을 것으로 보았다. 내가 그렇게 보았던 이유는 이러했다.

누가만 나와 함께 있느니라 **네가 올 때에 마가를 데리고 오라** 그가 나의
일에 유익하니라(디모데후서 4:11)

마가는 '바울을 안디옥 교회로 부른 바나바의 생질'이었다. 바나바는 '마
가의 외삼촌'이었다. '마가의 다락방'이라는 이야기는 한 번쯤 들어봤을 것
이다. 예수님과 제자들이 예루살렘에서 머무를 때마다 주요 '아지트(hide-
out)'로 사용했던 그곳은 '마가의 어머니 집'으로 알려져 있다. 그 당시 그 지
역의 문화를 감안(勘案)할 때, 여자의 이름으로 큰 저택이 불렸다는 것은 마
가의 아버지가 일찍 세상을 떠났다는 것을 의미했다. 그러한 이유로 마가의
외삼촌이었던 바나바는 마가에게 있어서 '아버지와 같은 존재'였을 것이다.
그런데 바나바와 바울의 첫 번째 전도 여행에 따라나섰던 마가가 중간에 선
교팀에서 이탈하는 일이 있었다. 그리고 그 이유로 두 번째 전도 여행에 마
가를 데려갈 것인가에 대한 문제로, 바울과 바나바가 심히 다투는 일이 벌
어지고 말았다. 결과적으로 바나바는 마가를 데리고 구브로로 가고, 바울은
실라를 택한 후 수리아와 길리기아로 향하게 되었다. 그렇게 마가로 말미암
아 '바울의 제1차 전도 여행팀'은 둘로 나뉘어 지게 되었다.

택하심을 함께 받은 바벨론에 있는 교회가 너희에게 문안하고 **내 아들
마가도 그리하느니라**(베드로전서 5:13)

이후 바나바와 함께했던 마가는 언제부터인가 베드로와 한 팀(team)을 이
루게 되었다. 베드로가 바울보다 먼저 순교했을 것이라고 주장하는 신학자

들은 이 과정을 이렇게 설명한다. 마가와 함께 구브로로 향했던 바나바가 시간이 지나 세상을 떠나자, 혼자 남겨진 마가를 베드로가 거두었다는 것이다. 예수님의 공생애 시절부터 예루살렘에 올 때마다 마가의 어머니 집에 머물렀던 계기로 베드로는 마가를 잘 알고 있었을 것이다. 즉 그러한 인연과 과정을 거쳐 마가는 '베드로의 아들'로 불리게 되었다. 이것이 마가에 의해 기록된 마가복음을 일부 신학자들이 '베드로 복음'이라 부르는 이유다.

> 나와 함께 갇힌 아리스다고와 **바나바의 생질 마가와** (이 마가에 대하여 너희가 명을 받았으매 그가 이르거든 영접하라)(골로새서 4:10)

그렇게 베드로와 함께했던 마가였다. 그런데 어느 순간 마가는 바울의 곁에 있는 것으로 확인된다. "나와 함께 갇힌 아리스다고와 바나바의 생질 마가와" 이것은 사도 바울의 기록이다. 즉 베드로가 먼저 순교했다고 주장하는 신학자들은, 베드로의 순교 후 바울이 마가를 거두었다고 설명한다. 그러니 베드로가 바울보다 먼저 순교했다는 것이다. 그런데 마태에 이어 마가 설교문을 쓰던 중, 나는 '바울이 베드로보다 먼저 순교했을 수도 있겠구나'라고 생각하게 되었다. 그렇게 생각하게 된 이유는 아이러니하게도 바로 위에 인용한 '골로새서 4장 10절 본문' 때문이다. 이 부분에 대해서는 '마가 인물 설교'에서 자세히 다루겠다.]

여기까지가 '베드로와 바울이 로마에서 복음을 전할 때 기록된 마태복음' 단원 때 했던 내용이다.

우선 내가 골로새서 본문을 보고 '바울이 베드로보다 먼저 순교했을 수
도 있겠구나.'라고 생각하게 된 이유는 이와 같다. 옥중서신(獄中書信)인 '골
로새서'는 바울의 로마에서의 '첫 번째 투옥(投獄)' 때 기록되었다.[118] 즉 기원
후 60년경에 기록되었다. 그리고 이때는 바울뿐 아니라 베드로도 순교하기
전이었다. 즉 "나와 함께 갇힌 아리스다고와 바나바의 생질 마가와"라는 기
록을 근거로, 베드로의 순교 후 바울이 마가를 거두었다는 설명은 앞뒤가
맞지 않는다. 쉽게 말해, 이 부분은 베드로와 함께 있던 마가가 투옥(投獄)된
바울을 심방(尋訪)한 것에 대한 기록으로 보인다.

"나와 함께 갇혀 있는 아리스다고가 여러분에게 문안하고 바나바의 조카
마가도 문안합니다. 여러분이 마가에 대한 지시를 이미 받았겠지만 그가 가
거든 따뜻하게 맞아 주십시오."『현대인의 성경』으로 이 부분을 살펴볼 때,
이러한 사실은 좀 더 분명해진다. 이 당시 마가는 바울과 함께 투옥(投獄)된
상황이 아니었다. 이 당시 바울과 함께 투옥된 사람은 '아리스다고'였다. 마
가가 투옥된 상황이었다면 바울이 '골로새 교회'에 마가를 따뜻하게 맞아 달
라는 이야기를 할 필요가 없지 않은가? 투옥된 사람이 자유롭게 이동할 수
는 없으니 말이다. 즉 이 당시 마가는 알려진 대로 '베드로의 설교를 통역하
는 역할'을 하는 중이었을 것이다. 그러던 중, 로마에서의 1차 투옥 당시 '가

---

[118] 물론 로마로 압송되기 전 '가이사랴 옥중(獄中)'에서 썼다는 주장도 있다. 그러나 이것을 구분
하는 것은 이번 논의에서는 중요하지 않다.: "³³그들이 **가이사랴에 들어가서** 편지를 총독에게
드리고 바울을 그 앞에 세우니 ³⁴총독이 읽고 바울더러 어느 영지 사람이냐 물어 길리기아 사
람인 줄 알고 ³⁵이르되 너를 고발하는 사람들이 오거든 네 말을 들으리라 하고 **헤롯 궁에 그를
지키라 명하니라**"(사도행전 23:33-35).

택 연금 상태'로 있던 바울을 방문했던 것으로 보인다.[119] 그렇다면, 골로새
서 본문을 근거로 '베드로가 바울보다 먼저 순교했을 것'이라고 보는 신학자
들의 견해는 설득력을 잃게 된다. 물론 그렇다고 골로새서 본문이 '바울이
베드로보다 먼저 순교했다는 근거' 또한 될 수는 없다.

> 누가만 나와 함께 있느니라 **네가 올 때에 마가를 데리고 오라** 그가 나의
> 일에 유익하니라(디모데후서 4:11)

그리고 '디모데후서'는 바울의 로마에서의 '두 번째 투옥(投獄)' 때 기록되
었다. 즉 바울의 순교 직전에 기록된 서신이 바로 디모데후서다. 그러나 이
또한 베드로의 순교 후 바울이 마가를 거두었다는 설명의 근거가 될 수는
없다. "네가 올 때에 마가를 데리고 오라." 우선 디모데후서의 기록으로 보
아 마가는 디모데후서가 기록될 당시 바울과 함께 있지 않았다. 에베소에
있던 디모데에게 로마로 오는 길에 마가를 데리고 오라는 명령이 있을 뿐이
다. 그렇다면 이 시기에 마가는 누구와 함께 있었을까? 베드로와 함께 있던
마가를 죽기 전에 마지막으로 보고 싶으니 자신에게 데리고 오라는 말이 아
닐까?

---

119 "[16]우리가 로마에 들어가니 바울에게는 자기를 지키는 한 군인과 함께 따로 있게 허락하더라
… [30]**바울이 온 이태를 자기 셋집에 머물면서 자기에게 오는 사람을 다 영접하고** [31]하나님의 나
라를 전파하며 주 예수 그리스도에 관한 모든 것을 담대하게 거침없이 가르치더라"(사도행전
28:16, 30−31).

'복음서(福音書)의 저작(著作) 시기'나 '사도들의 순교 시기'는 역사가에 따라 약간씩 차이가 있다. 그러한 이유로 어느 사건이 먼저였는지에 대해 끝까지 구별할 수 없는 경우도 많다. 하지만 나는 마가와 연관된 사건들에 대해 전후(前後) 관계를 구별할 수 있는 기록은 최대한 추적해 볼 생각이다. 즉 '특별한 이견(異見) 없이 정설(定說)로 받아들여지고 있는 사실'과 '성경의 기록'을 조화시켜 볼 생각이다.

현재 '특별한 이견(異見) 없이 정설(定說)로 받아들여지고 있는 사실'은 이러하다. 우선 가장 먼저 기록된 복음서(福音書)는 '마가복음'이다. 두 번째로 기록된 복음서는 '마태복음'이다. 그리고 '베드로의 양자'였던 마가가 쓴 마가복음은 전적으로 '베드로의 영향' 아래 기록되었다. 그러한 이유로 신학자들은 마가복음을 '베드로 복음'이라 부르기도 한다. 쉽게 말해, **최소한 마가복음이 기록되기 몇 년 전부터 마가는 베드로와 함께했을 것이다.**

> 택하심을 함께 받은 바벨론에 있는 교회가 너희에게 문안하고 **내 아들 마가도 그리하느니라**(베드로전서 5:13)

또한 베드로전서는 베드로의 순교 얼마 전에 기록된 것으로 알려져 있다. 즉 '바울과 베드로의 순교 시기'를 구별하기 힘든 것처럼, '디모데후서와 베드로전서의 기록 시기' 또한 전후(前後)를 구별하기 힘들다. "바벨론에 있는 교회가 너희에게 문안하고 내 아들 마가도 그리하느니라." 이것은 베드로의 기록이다. 즉 바울이 "네가 올 때에 마가를 데리고 오라"고 한 시기에 마가는 베드로와 함께 있었을 가능성이 높다. 디모데에게 한 바울의 명령은 로마로 오는 길에 '베드로에게 들러 마가를 데리고 오라'는 이야기였을 가능성이 높다.

　바나바의 사후(死後), 마가는 베드로의 '아람어 설교'를 '헬라어와 라틴어'로 통역했다고 전해진다. 예수님 당시, 팔레스타인 지역의 유대인들은 아람어를 주로 사용했다. 그러니 베드로의 모국어는 '아람어'였을 것이다. 그렇다면 마가는 어떻게 '헬라어와 라틴어'를 사용할 줄 알았을까? 이러한 사실은 어렵지 않게 예측할 수 있다. **"구브로에서 난 레위족 사람이 있으니** 이름은 요셉이라 사도들이 일컬어 바나바라 (번역하면 위로의 아들이라) 하니"[120] 마가의 외삼촌 바나바의 고향은 구브로였다. 원주민이 '헬라 계통 사람들'이었던 구브로는 여러 제국의 지배를 거쳐 기원전 58년부터 '로마의 식민 통치'를 받았다. 즉 구브로의 언어는 '헬라어와 라틴어'였다. 쉽게 말해, 마가의 어머니는 '헬라어와 라틴어를 쓰는 레위 지파 유대인'이었다. 그러니 마가는 어린 시절부터 '히브리어와 아람어 그리고 헬라어와 라틴어'를 자연스럽게 습득(習得)했을 것이다.

　　어찌 나와 바나바만 일하지 아니할 권리가 없겠느냐(고린도전서 9:6)

　그렇다면, 바나바의 사후(死後) 마가는 어떻게 베드로와 함께하게 되었을까? "어찌 나와 바나바만 일하지 아니할 권리가 없겠느냐?" 바울의 이 말

---

120 사도행전 4:36

을 통해 볼 때, 고린도전서가 기록된 '제3차 전도 여행' 때까지 마가는 바나바와 함께했을 것이다. 바울의 '제3차 전도 여행'은 기원후 53년에서 57년까지였던 것으로 알려져 있다. **그렇다면 바나바는 바울의 '제3차 전도 여행' 중후반에서부터 바울이 처음 투옥(投獄)되기 전 어느 때에 세상을 떠났다는 이야기가 된다.**

참고로, 바울의 '제1차 전도 여행'은 기원후 48년에서 50년까지로 알려져 있다. '제2차 전도 여행'은 50년에서 53년까지로 알려져 있다. 그렇게 놓고 보면, 50년경에 바울과 헤어졌던 바나바는 마가를 데리고 7년 가까이 전도 사역을 하다가 세상을 떠난 것으로 보인다. 신학자들은 그렇게 바나바가 세상을 떠난 후, 베드로가 마가를 그의 양자로 삼았다고 주장한다. 즉 바나바의 사후(死後) 홀로된 마가를 베드로가 그의 아들 삼아 데리고 다녔다는 이야기다. 그런데 마가복음의 기록 연대를 생각해 볼 때, 이러한 주장도 개연성이 떨어진다.

마태에서 언급한 적이 있지만, '신학의 아버지'로 존경받는 '이레나이우스(Irenaeus)'는 "베드로와 바울이 로마에서 복음을 전하며 교회를 세우는 동안 마태가 그의 책을 기록했다"라고 한 바 있다. 이레나이우스의 기록이 사실이라면, 마태복음은 기원후 60년대 초에 기록되었을 것이다. 이유는 간단하다. 그 시기에 베드로와 바울이 로마에서 복음을 전하며 교회를 세우고 있었기 때문이다. 그렇다면, 마태복음보다 먼저 기록된 마가복음은 기원후 50년대에 기록되었다는 이야기가 된다. **즉 마가복음의 기록 시기에 대한 여러 주장 중 하나대로, '마가복음 초안'의 기록 시기를 기원후 55년으로 본**

다면,[121] 이들 셋이 함께 동역했을 가능성이 높다. 최소한 '마가복음 초안'
이 기록되기 몇 년 전부터 마가는 베드로와 함께했을 것이니 말이다. 쉽게
말해, '바나바와 베드로 그리고 마가'가 함께 동역(同役)하다가, 바나바의 사
후(死後) 자연스럽게 '베드로와 마가'만 남게 되었을 가능성이 높지 않을까?

　이러한 상상은 앞에 나서 얼굴을 내기보다는 누군가가 빛이 날 수 있도
록 돕는 데 뛰어난 달란트를 가졌던 바나바의 성품을 생각할 때 더욱 그러
하다. 즉 바나바가 바울과 함께할 때 바울이 앞에 나서 설교했듯이, 바나바
가 베드로와 함께할 때 설교자는 베드로가 아니었을까? 그리고 그렇게 '아
람어'로 설교하는 베드로의 설교를 마가가 곁에 서서 '헬라어와 라틴어'로
번역하는 역할을 하지 않았을까?

　어찌 되었든, 바울은 헬라 문화권인 '길리기아 다소' 출신이었다. 즉 헬라
어에 능통한 사람이었다. 그러므로 바울에게는 '마가의 통역'이 필요 없었
다. 설교를 통역해 줄 마가가 필요했던 사람은 베드로였다. **즉 마가는 바나
바의 사후(死後) 신학자들의 주장대로 베드로의 설교를 통역하며 지냈을 것
이다. 물론 '마가복음 초안'의 기록 시기를 생각할 때, 바나바의 생전(生前)
에 시작된 통역으로 보이지만 말이다. 그리고 중간중간 바울을 만나 교제
하고 동역했던 것으로 보인다. 그러다가 자신을 데리러 온 디모데를 따라**

---

121 마가가 베드로의 설교를 한참 통역하던 시기에 '마가복음의 초안'을 썼으며(그 초안을 베드로
　　가 승인했으며), 베드로의 순교 후 '베드로의 가르침을 기록으로 남길 필요가 있었던 초대교회
　　의 요청'에 의해 마가가 '마가복음 초안'을 '마가복음'으로 완성했다는 신학자들의 주장을 받아
　　들인다면

바울을 만난 후, 바울과 베드로를 가까운 시일 내에 차례로 잃었던 것으로 보인다. 그렇게 보면, 바울이 베드로보다 먼저 순교했다는 신학자들의 주장 또한 개연성이 높아 보인다. 그런데 생각해 보면, 바울과 베드로 중 누가 먼저 순교한 것이 중요할까? 누군가의 주장처럼 둘이 '같은 시기'에 순교했다 한들 무슨 상관이 있을까? 두 사도 모두 우리 주 예수 그리스도께 받은 맡은바 소명(召命)에 최후의 순간까지 충성했다는 사실이 중요하지 ….

> [10]나와 함께 갇힌 아리스다고와 **바나바의 생질 마가와 (이 마가에 대하여 너희가 명을 받았으매 그가 이르거든 영접하라)** [11]유스도라 하는 예수도 너희에게 문안하느니라 그들은 할례파이나 이들만은 하나님의 나라를 위하여 함께 역사하는 자들이니 **이런 사람들이 나의 위로가 되었느니라**(골로새서 4:10−11)

사실, 마가가 어떤 과정을 거쳐 '바울의 1차 투옥(投獄)' 때 그와 함께 있었는지 정확한 사정을 알 수는 없다. 남아 있는 여러 기록을 통해 추측해 볼 수 있을 뿐이다. 바나바가 바울의 '제3차 전도 여행' 때까지 사역하다가 바로 세상을 떠났다면, 바나바의 사후(死後) 3년이 지난 시점이었을 것이다. "나와 함께 갇힌 아리스다고와" 이때 바울은 '아리스다고'와 함께 감옥에 있었다. "바나바의 생질 마가와 유스도라 하는 예수도 너희에게 문안하느니라." 이 기록을 통해 우리는 마가가 바울과 함께 있음을 알 수 있다. "이 마가에 대하여 너희가 명을 받았으매 그가 이르거든 영접하라." 그리고 앞에서도 언급했듯이, 이 기록을 통해 마가는 이 당시 감옥에 갇혀 있는 상황이

아니었음을 알 수 있다. 어찌 되었든, 이 시기의 마가는 이미 바나바를 떠나
보낸 상황이었을 것이다. 그래서였을까? "그들은 할례파이나 이들만은 하
나님의 나라를 위하여 함께 역사하는 자들이니 이런 사람들이 나의 위로가
되었느니라." 바울은 마가와 유스도가 자신의 위로가 되었다는 사실을 부각
(浮刻)시키며 마가를 잘 영접할 것을 강조하고 있다.

> [16]**우리가 로마에 들어가니 바울에게는** 자기를 지키는 한 군인과 함께
> 따로 있게 허락하더라 … [30]바울이 온 이태를 자기 셋집에 머물면서 자
> 기에게 오는 사람을 다 영접하고 [31]**하나님의 나라를 전파하며 주 예수
> 그리스도에 관한 모든 것을 담대하게 거침없이 가르치더라**(사도행전
> 28:16, 30-31)

"베드로와 바울이 로마에서 복음을 전하며 교회를 세우는 동안 마태가
그의 책을 기록했다." 이미 여러 번 인용했던 내용이다. 그렇다면 마태복음
보다 먼저 기록된 마가복음은 바울이 '골로새 교회'에 마가를 영접하라고 할
무렵 이전에 기록되었을 가능성이 높다. 물론 베드로의 순교 후에 마가복음
이 기록되었을 것이라는 주장도 있다. 베드로의 순교 후, 예수님에 대한 베
드로의 증언을 기록으로 남길 필요성이 있었고, 이 일에 대한 적임자가 마
가였다는 설명이다. 그러나 이러한 주장은 마가복음이 마태복음보다 먼저
기록되었다는 가장 최근의 '신학적 합의'와 맞지 않는다. 즉 베드로의 설교
를 통역하던 마가가 이른 시기에 '마가복음의 초안(草案)'을 작성했고, 베드
로가 이를 승인했으며, 교회가 이를 회람(回覽)했다는 주장이 오히려 설득력

이 있어 보인다. 그리고 이렇게 회람(回覽)되던 '마가복음의 초안(草案)'이 베드로의 순교 후 최종적으로 정리되어 지금의 우리에게 전달되었다는 주장이 맞아 보인다.

"이들만은 하나님의 나라를 위하여 함께 역사하는 자들이니 이런 사람들이 나의 위로가 되었느니라." 그렇다면 바울의 이 말은 그냥 하는 말이 아니었을 것이다. 이 글을 쓸 당시 바울은 이미 마가가 쓴 '마가복음의 초안(草案)'을 보았을 것이다. '마가복음의 초안'을 처음 보았을 때, 바울의 마음은 어떠했을까? "밤빌리아에서 자기들을 떠나 함께 일하러 가지 아니한 자"[122]가 기록한 '첫 복음서'를 보는 심정은 어떠했을까? 더군다나 바울이 갇혀 있던 로마에서 골로새까지의 거리는 약 2,100km의 거리였다. 육로(陸路)와 해로(海路)를 거쳐야 하는 험난한 길이었다. "바울이 온 이태를 자기 셋집에 머물면서 자기에게 오는 사람을 다 영접하고" 자신이 가택 연금당하고 있던 셋집으로 찾아온 마가를 보면서 무엇을 깨달았을까? 당연히 바울을 방문한 마가가 '골로새 교회'로 향했던 이유는 복음(福音)을 위해서였을 것이다. 부잣집 도령님의 이러한 성장을 본 '바울의 감회(感懷)'는 어떠했을까?

"그 후 삼 년 만에 내가 게바를 방문하려고 예루살렘에 올라가서 그와 함께 십오 일을 머무는 동안"[123] 바울은 회심(回心) 후 첫 번째 예루살렘 방문 시기, '바나바의 보증'으로 보름 동안 베드로와 함께했었다. 이때를 계기로

---

[122] "바울은 밤빌리아에서 자기들을 떠나 함께 일하러 가지 아니한 자를 데리고 가는 것이 옳지 않다 하여"(사도행전 15:38).
[123] 갈라디아서 1:18

'예루살렘 제1차 공의회' 때 베드로의 도움을 받았으며, 안디옥 교회에서도 함께했었다.[124] "우리가 사랑하는 형제 바울도 그 받은 지혜대로 너희에게 이같이 썼고"[125] 그리고 베드로후서의 기록을 통해서도 알 수 있듯이, 바울이 쓴 글을 베드로는 잘 알고 있었다. "베드로와 바울이 로마에서 복음을 전하며 교회를 세우는 동안 마태가 그의 책을 기록했다." 앞에서 여러 번 인용했던 내용이다. 쉽게 말해, 여러 기록을 통해 우리는 베드로와 바울이 '로마에서 유기적으로 동역했음'을 알 수 있다. 즉 베드로는 로마로 압송되어 '가택 연금 상태인 바울'을 가장 먼저 방문한 사람 중 하나였을 것이다. 그리고 이때 바울을 방문했던 베드로 곁에 마가가 있었을 것이다. 그렇게 놓고 보면, 바울의 '제2차 전도 여행'이 시작되던 50년으로부터 약 10년의 세월이 흐른 뒤였다. 바울의 은인(恩人) 바나바가 이미 이 세상을 떠난 후였을 것이다.

"바나바의 생질 마가와 (이 마가에 대하여 너희가 명을 받았으매 그가 이르거든 영접하라) 유스도라 하는 예수도 너희에게 문안하느니라. 그들은 할례파이나 이들만은 하나님의 나라를 위하여 함께 역사하는 자들이니 이런 사람들이 나의 위로가 되었느니라." 그렇게 10년 만에 만난 마가와 교제한 뒤에 바울이 '골로새 교회'에 했던 말이다. 그렇다면, 그 사이 마가에게는 어떤 일이 있었던 것일까? 아니, 마가는 어떤 어린 시절을 보냈으며 어떤 과정을 거쳐 맺고 끊는 것이 분명했던 바울의 입에서 "이런 사람이 나의 위로가 되었느니라"라는 평가를 받게 되었을까?

---

124 "게바가 안디옥에 이르렀을 때에 책망 받을 일이 있기로 내가 그를 대면하여 책망하였노라"(갈라디아서 2:11).
125 베드로후서 3:15 후반절

³³사도들이 큰 권능으로 주 예수의 부활을 증언하니 무리가 큰 은혜를 받아 ³⁴그중에 가난한 사람이 없으니 이는 밭과 집 있는 자는 팔아 그 판 것의 값을 가져다가 ³⁵사도들의 발 앞에 두매 그들이 각 사람의 필요를 따라 나누어 줌이라 ³⁶구브로에서 난 레위족 사람이 있으니 이름은 요셉 이라 사도들이 일컬어 바나바라(번역하면 위로의 아들이라) 하니 ³⁷**그 가 밭이 있으매 팔아 그 값을 가지고 사도들의 발 앞에 두니라**(사도행전 4:33-37)

앞에서도 여러 번 언급했듯이, 마가는 바나바의 조카였다. 바나바는 마가의 외삼촌이었다. 위에 인용한 사도행전 본문은 '오순절 성령 강림'으로 이제 막 초대교회가 힘 있게 조성(造成)되던 때의 일이다. 헬라 문화권인 구브로에서 난 레위족 사람이 있었는데, 그의 이름은 '요셉'이었다. 그리고 그에게는 사도들이 지어준 별명(別名)이 있었는데, 그 별명은 '바나바'였다. "그가 밭이 있으매 팔아 그 값을 가지고 사도들의 발 앞에 두니라." 그때가 구약 시대였다면, 레위 지파였던 바나바는 예루살렘 부근에 자신의 밭을 가지지도 또한 그 밭을 처분하지도 못했을 것이다. 그러나 때는 '포로기 이후'였다. 구약 시대의 도피성과 레위인들이 머무는 지정(指定)된 성읍이 무너진 때였기에 가능한 일이었다.[126]

마가의 어머니가 그러했듯이, 바나바 또한 상당한 재력가(財力家)였던 것

---

[126] "너희가 레위인에게 줄 성읍은 살인자들이 피하게 할 도피성으로 여섯 성읍이요 그 외에 사십이 성읍이라"(민수기 35:6).

으로 보인다. 물론 마가의 어머니와 바나바가 가진 재산이 구브로에서 시작되었는지 확실하지 않다. "온 섬 가운데로 지나서 바보에 이르러 바예수라 하는 유대인 거짓 선지자인 마술사를 만나니 그가 총독 서기오 바울과 함께 있으니 서기오 바울은 지혜 있는 사람이라 **바나바와 사울을 불러 하나님의 말씀을 듣고자 하더라.**"[127] 바울의 '제1차 전도 여행' 때 기록이다. 이 당시 전도팀의 1차 기착지(寄着地)는 바나바의 고향 구브로였다. 이때 구브로의 서남쪽에 있는 항구 도시 '바보'에 이르자, 그 섬의 총독 서기오 바울이 바나바와 바울을 불러 하나님의 말씀을 듣고자 했다. 물론 이것은 이들이 섬 가운데로 지나는 사이에 보인 모습 때문이었을 수도 있다. 하지만 바나바는 어린 시절을 구브로에서 보낸 그 지역 출신이었다. 신분을 중시하던 시절이었다. 그러니 생각해 볼 일이다. 구브로에서 바나바가 '미천(微賤)한 출신'이었다면 이러한 일이 가능했을까? 그렇지 않았을 것이다. 아마도 바나바와 마가의 어머니는 구브로에서 상당한 재력과 신분을 가진 집안 출신이었을 것이다. 그러다가 마가의 어머니가 예루살렘의 재력가와 결혼하는 것을 계기로 남매가 예루살렘으로 옮겨와 살았던 것으로 보인다. 물론 마가의 아버지 또한 구브로 출신이었을 수도 있다. 정확한 기록이 없으니, 알 수 없는 일이다. 하지만 교회사를 살펴볼 때, 마가는 '예루살렘 출신의 레위인'으로 소개되고 있다. 즉 마가의 어머니는 예루살렘에서 마가를 낳았다. 그러니 마가의 어머니와 바나바는 성인이 된 뒤로는 예루살렘에 정착해 살았을 것이다.

---

[127] 사도행전 13:6-7

그 과정이야 어찌 되었든, 바나바는 상당한 재력가였던 것으로 보인다. 동시에 그는 사람에 대한 동정과 애정을 가진 인물이었다. "그중에 가난한 사람이 없으니" 바나바가 그의 밭을 팔아 사도들의 발 앞에 둔 이유는 가난한 사람들을 위한 것이었다. 가난한 사람들의 필요를 위해서였다. 즉 바나바는 사람들이 겪는 아픔과 어려움에 민감한 사람이었다. '바울이 바나바에게 이런 주장을 할 처지가 아니지 않나?' 단원에서도 언급했듯이, 바나바의 뜻은 '권면의 아들, 위로의 아들'로 '개역한글 성경'에는 '권위자(勸慰者)'로 번역되어 있다.[128] 이때 쓰인 '권위자(勸慰者)'의 한자는 '권할 권'과 '위로할 위'로 '권면의 아들과 위로의 아들'을 합친 단어다. "사도들이 일컬어 바나바(번역하면 권위자)라 하니" 우리는 사도들이 그에게 붙여준 별명(別名)을 통해서도 그의 성품을 알 수 있다.

그러한 그에게 누이가 있었다. 물론 마가의 어머니였던 그녀가 바나바의 누나였는지 혹은 여동생이었는지는 알 수 없다. 어찌 되었든, 그러한 성품의 바나바에게는 홀로 된 누이가 있었다. 그리고 그녀에게는 아들이 하나 있었다.[129] 피가 섞이지 않은 생면부지(生面不知)의 사람들에게도 측은지심(惻隱之心)이 가득했던 그였다. 그렇다면 홀로 된 누이와 그의 외아들을 대하는 바나바의 평소 태도는 어떠했을까?

---

128 "구브로에서 난 레위족인이 있으니 이름은 요셉이라 사도들이 일컬어 바나바 (번역하면 권위자)라 하니"(사도행전 4:36, 개역한글).
129 물론 성경에 기록되지 않은 자녀들이 더 있었을 수도 있다. 하지만 성경 기록의 정황상 그리고 마가의 어린 시절 성품상 마가는 외아들이었을 가능성이 높아 보인다.

"우리가 다른 사도들과 주의 형제들과 게바와 같이 믿음의 자매 된 **아내를 데리고 다닐 권리가 없겠느냐? 어찌 나와 바나바만 일하지 아니할 권리가 없겠느냐?**"[130] 더군다나 고린도전서에 기록된 바울의 말로 보아 바나바에게는 아내가 없었을 가능성이 높다. 사람을 향한 애정과 동정심이 강했던 그였다. 만약에 아내가 있었다면 그의 애정과 동정심은 당연히 아내에게 향했을 것이다. 아내를 가엽게 여겼을 것이다. 그런 성품의 사내가 아내가 있음에도 그녀를 방치했을 리는 없다. 그러니 초대교회가 세워지기 전, 그의 성품에서 시작된 애정과 배려심은 홀로 된 그의 누이와 조카에게 향했을 것이다. 즉 마가는 그에게 아들과 같은 존재가 되었을 것이다. 그것도 눈에 넣어도 아프지 않을 아들 같은 존재였을 것이다. 쉽게 말해, 마음으로 낳은 아들이었을 것이다.

> [50]**제자들이 다 예수를 버리고 도망하니라** [51]한 청년이 벗은 몸에 베 홑이불을 두르고 예수를 따라가다가 무리에게 잡히매 [52]베 홑이불을 버리고 벗은 몸으로 도망하니라 [53]**그들이 예수를 끌고 대제사장에게로 가니** 대제사장들과 장로들과 서기관들이 다 모이더라(마가복음 14:50-53)

"한 청년이 벗은 몸에 베 홑이불을 두르고 예수를 따라가다가 무리에게 잡히매 베 홑이불을 버리고 벗은 몸으로 도망하니라." 거의 대부분의 신학자들이 동의하듯이, 이때 벗은 몸으로 도망한 청년은 '마가'였을 것이다. 예

수님께서 잡혀가시던 날 밤이었다. 겟세마네 동산에서 잡히신 예수님께서 대제사장의 집으로 끌려가실 때 있었던 일이다. 예수님은 잡히셨던 겟세마네 동산으로 가시기 전, 마가의 집에서 제자들과 '최후의 만찬'을 가지셨다.

> [21]예수께서 이 말씀을 하시고 심령이 괴로워 증언하여 이르시되 **내가 진실로 진실로 너희에게 이르노니 너희 중 하나가 나를 팔리라** 하시니 … [24]시몬 베드로가 머릿짓을 하여 말하되 말씀하신 자가 누구인지 말하라 하니 [25]그가 예수의 가슴에 그대로 의지하여 말하되 주여 누구니이까 [26] 예수께서 대답하시되 내가 떡 한 조각을 적셔다 주는 자가 그니라 하시고 곧 한 조각을 적셔서 가룟 시몬의 아들 유다에게 주시니… [30]**유다가 그 조각을 받고 곧 나가니 밤이러라**(요한복음 13:21, 24-26, 30)

"내가 진실로 진실로 너희에게 이르노니 너희 중 하나가 나를 팔리라." 최후의 만찬에서 예수님께서 하신 말씀이다. 예수님의 이 말씀에 베드로가 요한에게 머릿짓으로 그가 누구인지 여쭈어보라고 했다. "주여 누구니이까?" 요한의 질문에 예수님께서 대답하셨다. "내가 떡 한 조각을 적셔다 주는 자가 그니라." 그리고는 떡 한 조각을 적셔서 가룟 유다에게 주셨다. "유다가 그 조각을 받고 곧 나가니 밤이러라." 그렇게 가룟 유다가 예수님을 팔러 나가자, 예수님께서는 짧은 말씀 후 제자들을 데리고 '겟세마네 동산'으로 가셨다. '겟세마네 동산'은 예루살렘 동쪽에 위치한 '기드론 골짜기'를 지나 '감람산 서쪽 기슭'에 있었다. 마가의 집에서 1km 가까이 떨어진 거리였다. 그리고 가룟 유다가 군사를 데리러 간 곳은 '가야바의 집'으로 알려져 있다. 그곳은 마가의 집에서 약 50m 정도 떨어진 곳이었다. 즉 가룟 유다가 나가자, 그의 의도를 알고 계셨던 예수님은 서둘러 제자들을 데리고 '겟세마네 동산'으로 가 기도하셨던 것이다.

"그들이 예수를 끌고 대제사장에게로 가니" 예수님께서 잡히셨던 곳에서 대제사장의 집은 약 800m 거리에 있었다. 이때 언급된 '대제사장'은 정확히는 그 해의 대제사장이었던 가야바의 장인 '안나스'였다.[131] "이에 군대와 천부장과 유대인의 아랫사람들이 예수를 잡아 결박하여 먼저 안나스에게로 끌고 가니 안나스는 그 해의 대제사장인 가야바의 장인이라."[132] 즉 예수님은 겟세마네 동산에서 잡히신 후에 먼저 '안나스의 집'으로 끌려가셨다. 이후 안나스는 예수님을 결박하여 '가야바의 집'으로 보냈다. "안나스가 예수를 결박한 그대로 대제사장 가야바에게 보내니라."[133] '안나스의 집'과 '가야바의 집'은 현재 그 위치를 정확하게 파악하기 힘들다고 전해진다. 다만 두 집이 100m에서 200m 정도의 거리에 인접해 있었을 것이라는 견해가 유력하다.

"유다가 그 조각을 받고 곧 나가니 밤이러라." 어찌 되었든, 유다는 이때 마가의 집에서 약 50m 거리에 있었던 '가야바의 집'으로 향했을 것이다. 그

---

[131] 안나스는 기원후 6년에서 15년까지 대제사장으로 있었던 사람으로 빌라도의 전임자에 의해 면직당한 것으로 알려져 있다. 그러므로 '안나스'를 '대제사장'으로 '가야바'를 '그 해의 대제사장'으로 호칭(呼稱)하는 것은 쉽게 이해되는 일이다. 참고로 율법에 따르면 대제사장은 종신직이었다.: "이는 살인자가 대제사장이 죽기까지 그 도피성에 머물러야 할 것임이라 대제사장이 죽은 후에는 그 살인자가 자기 소유의 땅으로 돌아갈 수 있느니라"(민수기 35:28).
[132] 요한복음 18:12-13
[133] 요한복음 18:24

리고 준비하고 있던 군사들과 함께 마가의 집을 덮쳤을 것이다. "한 청년이 벗은 몸에 베 홑이불을 두르고 예수를 따라가다가 무리에게 잡히매 베 홑이 불을 버리고 벗은 몸으로 도망하니라." 아마도 마가는 이때 가룟 유다가 데 리고 온 군사들을 따라 겟세마네 동산으로 갔던 것으로 보인다. 그가 처음 부터 제자들과 예수님을 따라 겟세마네 동산으로 갔다면 최소한 '벗은 몸'은 아니었을 것이다. **즉 최후의 만찬 때 마가는 자고 있었을 가능성이 높다. 그렇다면 마가는 예수님께서 열두 제자와 함께 그의 집에 드나드실 때, 예 수님에 대해 '진지한 관심'이 없었다는 이야기가 된다.** 그저 예수님과 열두 제자를 약간은 떨어진 거리에서 바라봤다는 이야기가 된다. 많은 유대 민중 (民衆)이 '다윗의 자손'이라고 열광하는 분이셨다. 그런 예수님과 그분을 따 르는 제자들이 그의 집에 오셨지만, 마가는 그러한 사실을 흘려들었다는 이 야기가 된다. 별 관심이 없었다는 이야기가 된다.

대저택이었다. 그러니 예수님의 일행이 그의 집에 방문하셨을 때도 마 가는 자신의 공간에서 자신의 삶을 살고 있었을 것이다. 오며 가며 마주치 는 예수님과 열두 제자들과는 '최소한의 예의'를 가지고 '약간 외면하는 듯 한 어색한 인사'를 하는 정도였을 것이다. 그렇게 놓고 보면, 그의 어머니와 바나바는 마가에게 있어서 '강한 훈육자(訓育者)'는 아니었던 것으로 보인다. 그의 어머니와 바나바가 '강한 훈육자(訓育者)'였다면 어떻게든 마가를 예수 님과 가깝게 지내게 노력했을 것이다. 정식으로 인사를 시키고, 예수님이 방문하실 때, 그 곁에서 가르침을 받게 했을 것이다. 그들이 '강한 훈육자(訓 育者)'였다면 마가의 관심이 있든지 없든지 상관없이 그렇게 했을 것이다. 즉 마가의 어머니 또한 바나바와 같이 누군가에게 강제로 무엇을 시키기보다는 '따뜻하게 품어주는 성품'이었을 것이다.

　그 결과, 마가는 '최후의 만찬' 때도 평소 그의 삶의 패턴(pattern)대로 잠자리에 들었던 것으로 보인다. "유다가 그 조각을 받고 곧 나가니 밤이러라." 마침 시간도 밤이었다. 그러니 그는 평소와 같이 잠들어 있었을 것이다. 그런데 갑자기 집안에 가득한 소음에 깜짝 놀라 잠에서 깼을 것이다. 그리고는 그의 집안에 가득한 무리를 보고 깜짝 놀랐을 것이다. '도대체 무슨 일이지?'라는 생각과 함께, 그들이 예수님을 잡으러 왔다는 사실이 그의 호기심을 자극했던 것 같다. 여기에서도 우리는 그가 얼마나 '유복한 환경'에서 성장했는지 가늠해 볼 수 있다. 로마의 식민 지배를 받던 시절이었다. 그런 시절에 자신의 집을 급습한 '무장한 무리'를 따라나선다?

> 예수께서 말씀하실 때에 곧 열둘 중의 하나인 유다가 왔는데 **대제사장들과 서기관들과 장로들에게서 파송된 무리가 검과 몽치를 가지고 그와 함께 하였더라**(마가복음 14:43)

　"대제사장들과 서기관들과 장로들에게서 파송된 무리가 검과 몽치를 가지고" 마가복음의 이 증언은 마가가 직접 본 내용이었을 것이다. 즉 마가는 이때 자신의 집에 들이닥친 무리의 신분을 알았을 것이다. 물론 이때 '무장한 무리'들은 그 당시 그들을 지배하던 '로마의 군사'는 아니었다. 그들은 '대제사장들과 서기관들과 장로들이 보낸 무리'였다. 이러한 사실은 그들의 복장에서 쉽게 파악할 수 있었을 것이다. 어찌 되었든, 이민족의 식민 지배를 받던 시기였다. 그러한 시기에 자신의 집에 묵던 사람을 체포하겠다고 무장을 한 무리가 난입한 상황이었다. 그렇다면 마가는 '자신과 가족들의 안전을 걱정하는 것'이 정상적인 모습 아닐까? "한 청년이 벗은 몸에 베 홑이불을 두르고 예수를 따라가다가" 그런데 이 모습 어디에도 그러한 흔적이 보이지 않는다. 그저 이 시기 마가는 무슨 일이 벌어지고 있는지 궁금했던 것으로 보인다. 그러한 이유로 마가의 집에 예수님이 안 계신 것을 확인한 무리가 서둘러 '겟세마네 동산'으로 향하자 무작정 따라나섰던 것으로 보인다. 옷도 갈아입지 않은 채 말이다. "그곳은 가끔 예수께서 제자들과 모이시는 곳이므로 예수를 파는 유다도 그곳을 알더라."[134] 마가의 집에 예수님이 안 계신 것을 확인한 가룟 유다가 했던 말은 이러했을 것이다. "겟세마네 동산으로 갑시다."

그렇게 자다가 자신의 집에 난입(亂入)한 자들을 따라나섰던 마가는 예수님께서 잡히시는 장면을 전부 보았을 것이다.

> [44]예수를 파는 자가 이미 그들과 군호를 짜 이르되 내가 입맞추는 자가 그이니 그를 잡아 단단히 끌어 가라 하였는지라 [45]이에 와서 곧 예수께 나아와 랍비여 하고 입을 맞추니 [46]그들이 예수께 손을 대어 잡거늘 [47]곁에 서 있는 자 중의 한 사람이 칼을 빼어 대제사장의 종을 쳐 그 귀를 떨어뜨리니라 [48]예수께서 무리에게 말씀하여 이르시되 너희가 강도를 잡는 것 같이 검과 몽치를 가지고 나를 잡으러 나왔느냐 [49]내가 날마다 너

---

134 요한복음 18:2

희와 함께 성전에 있으면서 가르쳤으되 너희가 나를 잡지 아니하였도다 그러나 이는 성경을 이루려 함이니라 하시더라(마가복음 14:44-49)

"이에 와서 곧 예수께 나아와 랍비여 하고 입을 맞추니 그들이 예수께 손을 대어 잡거늘" 그렇게 마가는 가룟 유다가 '입맞춤으로 예수님을 파는 장면'을 목격했을 것이다. "예수께 입을 맞추려고 가까이 하는지라. 예수께서 이르시되 **유다야 네가 입맞춤으로 인자를 파느냐** 하시니"[135] 그렇게 마가는 당신을 파는 가룟 유다를 향해 하셨던 '예수님의 말씀'을 들었을 것이다. "유다야, 네가 입맞춤으로 인자를 파느냐?" 유대인에게 있어서 배신해서는 안 되는 대상이 둘 있었다. 그것은 '같이 식사하는 사이'와 '입맞춤으로 인사하는 사이'였다. 어쩌면 마가 인생에서 처음 직접 눈으로 보게 된 '배신의 현장'이었을 지도 모른다. 이러한 나의 예측은 사실일 가능성이 아주 높다. 인생에서 '뼈아픈 배신'을 경험했던 사람이라면, 마가처럼 천진난만(天眞爛漫)하게 자신의 집에 난입한 무리를 따라나섰을 리가 없다.

"그의 주위 사람들이 그 된 일을 보고 여짜오되 주여 우리가 칼로 치리이까? 하고 그중의 한 사람이 대제사장의 종을 쳐 그 오른쪽 귀를 떨어뜨린지라."[136] 이어서 들려오는 베드로의 목소리 "주여, 우리가 칼로 치리이까?"에 이어, 대제사장의 종 한 명이 손으로 그의 얼굴을 감싸는 모습이 보였을 것이다. "예수께서 일러 이르시되 이것까지 참으라 하시고 그 귀를 만져 낫게

---

135 누가복음 22:48
136 누가복음 22:49-50

하시더라."**137** 그리고 바로 이어 마가의 귀에 '예수님의 음성'이 들렸을 것이
다. "이것까지 참으라." 이 말씀을 하신 예수님은 떨어진 귀를 다시 붙여주
셨다. 아마도 마가가 '처음 목격한 예수님의 기적'은 그렇게 예수님을 잡으
러 온 무리가 든 '횃불의 불빛 아래' 이루어졌을 것이다.**138** 이 또한 나의 예
상이 맞을 것이다. 이전에 예수님의 기적을 목격한 적이 있다면, 마가는 '최
후의 만찬' 때 그렇게 자신의 일정에 따라 잠자리에 들지 않았을 것이다. 그
러니 겟세마네 동산에서 일어나고 있던 일은 마가에게 있어서 어쩌면 꿈을
꾸는 것 같았을지도 모를 일이다. 자다가 깜짝 놀라 따라온 길이었다. 옷 하
나 제대로 갖춰 입지 못한 채, 급하게 따라온 길이었다.

　"한 청년이 벗은 몸에 베 홑이불을 두르고 예수를 따라가다가 무리에게
잡히매 베 홑이불을 버리고 벗은 몸으로 도망하니라." 그렇게 마가는 벗은
몸에 베 홑이불을 두르고 잡혀가시는 예수님을 따라갔다. "제자들이 다 예
수를 버리고 도망하니라." 호기(豪氣)를 부리며 대제사장의 종의 귀를 칼로
떨어뜨린 베드로도 도망간 상황이었다. 그러나 마가는 꿈을 꾸는 듯한 상태
로 무언가에 이끌려 예수님을 따라갔던 것으로 보인다. "무리에게 잡히매"
그렇게 '꿈을 꾸는 듯한 상태'에서 그를 깨운 것은 '무리(衆)'였다. 아마도 무
리가 마가를 잡은 이유는 베드로에게 대제사장의 여종이 한 말과 같은 맥락
이었을 것이다. "베드로는 아랫뜰에 있더니 대제사장의 여종 하나가 와서
베드로가 불 쬐고 있는 것을 보고 주목하여 이르되 너도 나사렛 예수와 함

---

137 누가복음 22:51
138 "유다가 군대와 대제사장들과 바리새인들에게서 얻은 아랫사람들을 데리고 등과 **횃불**과 무기
　를 가지고 그리로 오는지라"(요한복음 18:3).

께 있었도다 하거늘"**139** 앞에서도 언급했지만, 마가의 집과 가야바의 집은 50m 정도 떨어져 있었다. 그러니 대제사장의 사람들 상당수는 마가를 알고 있었을 것이다. 순간 정신이 번쩍 들은 마가는 베 홑이불을 버리고 벗은 몸으로 도망갔다.

> **12**제자들이 감람원이라 하는 산으로부터 예루살렘에 돌아오니 이 산은 예루살렘에서 가까워 안식일에 가기 알맞은 길이라 **13들어가 그들이 유하는 다락방으로 올라가니** 베드로, 요한, 야고보, 안드레와 빌립, 도마와 바돌로매, 마태와 및 알패오의 아들 야고보, 셀롯인 시몬, 야고보의 아들 유다가 다 거기 있어 **14**여자들과 예수의 어머니 마리아와 예수의 아우들과 더불어 마음을 같이하여 오로지 기도에 힘쓰더라 **15모인 무리의 수가 약 백이십 명이나 되더라** 그때에 베드로가 그 형제들 가운데 일어서서 이르되(사도행전 1:12-15)

그렇게 예수님께서 십자가에 못 박히신 지 43일이 지난 때였다. "그가 고난 받으신 후에 또한 그들에게 확실한 많은 증거로 **친히 살아 계심을 나타내사 사십 일 동안 그들에게 보이시며** 하나님 나라의 일을 말씀하시니라."**140** 예수님은 십자가에 못 박히신 지, 사흘 만에 부활하셨다. 누구나 아는 사실이다. 그리고 부활하신 뒤, 40일 후에 승천하셨다. "들어가 그들이

---

139 마가복음 14:66-67
140 사도행전 1:3

유하는 다락방으로 올라가니" 그렇게 예수님의 승천을 목격한 제자들은 '마
가의 집'으로 돌아왔다. 물론 정확히는 '마가의 집'이 아니라 '마가의 어머니
의 집'이다. 어찌 되었든, '마가의 다락방'으로 알려진 그곳은 '제자들의 아지
트(hideout, 은신처, 隱身處)'였다. 그곳에서 '오순절 성령 강림'이 있었다.[141] 즉
마가 또한 이때 성령 하나님의 내주(內住)하심을 받았을 것이다.

> [1]그 후에 주께서 따로 칠십 인을 세우사 친히 가시려는 각 동네와 각 지
> 역으로 둘씩 앞서 보내시며 [2]이르시되 추수할 것은 많되 일꾼이 적으니
> 그러므로 추수하는 주인에게 청하여 추수할 일꾼들을 보내 주소서 하라
> … [17]칠십 인이 기뻐하며 돌아와 이르되 주여 주의 이름이면 귀신들도
> 우리에게 항복하더이다(누가복음 10:1-2, 17)

전승(傳承)에 따르면, 마가가 '예수님의 70 제자' 중 하나였다는 주장이 있
다. 그러나 나는 이러한 주장에 동의하지 않는다. 예수님께서 세우신 '70 제
자'는 '예수님께서 친히 가시려는 동네'에 둘씩 짝을 지어 앞서 나아갔었다.
그들은 예수님의 이름으로 귀신을 쫓아내기도 했던 인물들이었다. 그러니
마가가 만약 '예수님의 70 제자' 중 하나였다면 겟세마네 동산에 처음부터
따라갔을 것이다. 자다가 벗은 몸에 베 홑이불을 두르고 그곳에 가지는 않

---

141 "[1]오순절 날이 이미 이르매 그들이 다같이 한 곳에 모였더니 [2]홀연히 하늘로부터 급하고 강한
바람 같은 소리가 있어 그들이 앉은 온 집에 가득하며 [3]마치 불의 혀처럼 갈라지는 것들이 그
들에게 보여 각 사람 위에 하나씩 임하여 있더니 [4]그들이 다 성령의 충만함을 받고 성령이 말
하게 하심을 따라 다른 언어들로 말하기를 시작하니라"(사도행전 2:1-4).

앉을 것이다.

"모인 무리의 수가 백이십 명이나 되더라." 하지만 예수님이 잡히시던 장면을 똑똑히 목도(目睹)한 마가는 조금씩 달라지기 시작했을 것이다. 물론 다른 제자들이 도망쳤던 것과 같이, 그 또한 무리에게 잡히자 베 홑이불을 두고 벗은 몸으로 도망쳤다. 그러나 자다가 따라나선 자리에서 목도(目睹)했던 그 장면은 생생하게 그에게 각인(刻印)되었을 것이다. 눈을 감을 때마다 그날 밤 가득했던 횃불들이 선하게 떠올랐을 것이다. 그 횃불들 사이로 보였던 '예수님의 모습과 그분의 음성'이 눈을 감을 때마다 그를 압도해 왔을 것이다.

그렇게 사흘이 지난 뒤, 마가는 예수님이 부활하셨다는 소식을 들었을 것이다.

> [18]막달라 마리아가 가서 제자들에게 내가 주를 보았다 하고 또 주께서 자기에게 이렇게 말씀하셨다 이르니라 [19]이 날 곧 안식 후 첫날 저녁 때에 제자들이 유대인들을 두려워하여 **모인 곳의 문들을 닫았더니 예수께서 오사** 가운데 서서 이르시되 너희에게 평강이 있을지어다 [20]이 말씀을 하시고 손과 옆구리를 보이시니 제자들이 주를 보고 기뻐하더라(요한복음 20:18-20)

"이 날 곧 안식 후 첫날 저녁 때에 제자들이 유대인들을 두려워하여 모인 곳의 문들을 닫았더니" 예수님께서 부활하시던 날, 제자들은 한곳에 모여 있었다. 그들은 유대인들을 두려워하여 모인 곳의 문들을 닫고 있었다. 당연히 그 장소는 '마가의 집'이었다. 아래 인용한 사도행전 12장에서도 알 수 있듯이, 그들은 십자가 사건 이후 줄곧 문을 잠그고 지냈던 것으로 보인다. "베드로가 문 두드리기를 그치지 아니하니, 그들이 문을 열어 베드로를 보고 놀라는지라." 그랬던 그곳에 예수님께서 오셨다. 닫힌 문을 그대로 통과하여 오신 것이다.

이 장면에서 우리는 '부활의 첫 열매이신 예수님'을 통해 '부활 후 우리의 상태'를 엿볼 수 있다. 참고로 성육신(成肉身) 이후 예수님은 "100% 참 하나님이신 동시에 100% 우리와 동일본질(同一本質)이신 참 사람이시다." 즉 예수님께서 부활하신 뒤 닫힌 문을 통과하여 제자들에게 오셨다는 것은, 그분의 '인성(人性)을 통하여' 그리하셨다는 것이다. '장소의 이동'이 있다는 것은 '인성(人性)의 특징'이다. 성자 하나님이신 예수님은 닫힌 문을 통과하여 제자들에게 오셨던 그 순간에도 '신성(神性)을 따라서는 온 우주에 편만(遍滿)하신 하나님'이셨다. "만일 우리가 그의 죽으심과 같은 모양으로 연합한 자가 되었으면 **또한 그의 부활과 같은 모양으로 연합한 자도 되리라.**"[142] 그러므로 부활하신 후 '인성(人性)을 따라' 보여주신 예수님의 모습은 '부활체(復活體)가 된 이후 우리의 상태'를 엿볼 수 있는 근거가 된다. 즉 새 하늘 새 땅에서 부활한 후의 우리는 '지금과는 다른 시공간에 존재함'을 알 수 있다. 특별히 이러한 사실은 '젊은 시절부터 오랜 시간 병마(病魔)에 시달려 온 신자(信者)들'에게 많은 위로를 준다. 우리의 부활체(復活體)는 고통으로 가득한 지금

---

[142] 로마서 6:5

의 신체와 다르다!

어찌 되었든 마가 또한 예수님께서 닫힌 문을 그대로 통과하여 오시던 날, 그의 집에서 부활하신 예수님을 만나 뵈었을 가능성이 높다. 십자가 사건 이전, 마가는 예수님에 대해 그저 자신의 집에 방문하신 '유명한 선지자' 정도로 생각했을지 모른다. 소위(所謂) 요즘 한참 뜨는 '종교 지도자' 정도로 생각했을지 모른다. 그러나 자다 일어나 벗은 몸에 베 홑이불을 두르고 따라나서 보게 된 겟세마네 동산에서의 일은 '예수님에 대한 그의 무관심'을 바꾸어 놓았을 것이다. 자신의 집에서 '최후의 만찬'이 있었음에도, 잠자리에 들 만큼 마가는 예수님에게 특별한 관심이 없었다. 하지만 횃불 사이로 목격했던 그날 밤의 사건은 예수님에 대한 그의 생각을 송두리째 바꾸어 놓았을 것이다. 그에 더해 사흘 후 부활하신 예수님을 그의 집에서 만났다면, 마가는 정말이지 '하나님의 특별한 은혜'를 받고 태어난 사람이었음에 틀림없다. 그러나 무슨 이유인지, 그의 신앙은 적극적이지 않았다.

[11]이에 베드로가 정신이 들어 이르되 내가 이제야 참으로 주께서 그의 천사를 보내어 나를 헤롯의 손과 유대 백성의 모든 기대에서 벗어나게 하신 줄 알겠노라 하여 [12]깨닫고 **마가라 하는 요한의 어머니 마리아의 집에 가니** 여러 사람이 거기에 모여 기도하고 있더라 [13]**베드로가 대문을 두드린대** 로데라 하는 여자 아이가 영접하러 나왔다가 [14]베드로의 음성인 줄 알고 기뻐하여 문을 미처 열지 못하고 달려 들어가 말하되 베드로가 대문 밖에 섰더라 하니 [15]그들이 말하되 네가 미쳤다 하나 여자 아

이는 힘써 말하되 참말이라 하니 그들이 말하되 그러면 그의 천사라 하
더라 ¹⁶**베드로가 문 두드리기를 그치지 아니하니 그들이 문을 열어 베드
로를 보고 놀라는지라** ¹⁷베드로가 그들에게 손짓하여 조용하게 하고 주
께서 자기를 이끌어 옥에서 나오게 하던 일을 말하고 **또 야고보와 형제
들에게 이 말을 전하라 하고 떠나 다른 곳으로 가니라**(사도행전 12:11-
17)

'요한의 형제 야고보'가 순교한 뒤에 있었던 일이다.**143** 이때 야고보를 죽
인 헤롯은 '헤롯 대왕'의 손자 '헤롯 아그립바 1세'였다. 이때 '헤롯 아그립바
1세'는 '사도 야고보'를 칼로 죽였다. 그리고 유대인들이 그 일을 기뻐하자,
베드로 또한 잡아 죽이려 감옥에 가두었다. 그러나 하나님께서 천사를 보내
베드로를 구해낸 뒤에 있었던 일이다. 이때도 제자들은 '마가의 집'에 모여
있었다. "베드로가 문 두드리기를 그치지 아니하니" 여전히 이때도 제자들
은 유대인을 두려워하여 문을 잠그고 있었다.

"베드로가 그들에게 손짓하여 조용하게 하고 주께서 자기를 이끌어 옥에
서 나오게 하던 일을 말하고 또 야고보와 형제들에게 이 말을 전하라 하고
떠나 다른 곳으로 가니라." '로마 가톨릭'은 이때 예루살렘을 떠난 베드로가
로마로 향했다고 한다. 그 결과, '로마 교회의 초대 주교'가 된 베드로는 '초

---

143 "¹그때에 헤롯 왕이 손을 들어 교회 중에서 몇 사람을 해하려 하여 ²요한의 형제 야고보를 칼로
죽이니 ³유대인들이 이 일을 기뻐하는 것을 보고 베드로도 잡으려 할새 때는 무교절 기간이라
⁴잡으매 옥에 가두어 군인 넷씩인 네 패에게 맡겨 지키고 유월절 후에 백성 앞에 끌어 내고자
하더라"(사도행전 12:1-4).

대 교황'이 되었다고 주장한다. 그러나 성경의 기록을 자세히 볼 때, 베드로
는 이때 바로 로마로 가지 않았다. 최소한 '예루살렘 제1차 공의회' 때까지
베드로는 로마로 가지 않았다.

> ²⁵바나바가 사울을 찾으러 다소에 가서 ²⁶만나매 안디옥에 데리고 와서
> 둘이 교회에 일 년간 모여 있어 큰 무리를 가르쳤고 제자들이 안디옥에
> 서 비로소 그리스도인이라 일컬음을 받게 되었더라 ²⁷그때에 선지자들
> 이 예루살렘에서 안디옥에 이르니 ²⁸그중에 아가보라 하는 한 사람이 일
> 어나 성령으로 말하되 천하에 큰 흉년이 들리라 하더니 글라우디오 때
> 에 그렇게 되니라 ²⁹제자들이 각각 그 힘대로 유대에 사는 형제들에게
> 부조를 보내기로 작정하고 ³⁰**이를 실행하여 바나바와 사울의 손으로 장
> 로들에게 보내니라** ¹**그때에** 헤롯 왕이 손을 들어 교회 중에서 몇 사람을
> 해하려 하여 ²요한의 형제 야고보를 칼로 죽이니 ³유대인들이 이 일을
> 기뻐하는 것을 보고 베드로도 잡으려 할새 때는 무교절 기간이라(사도
> 행전 11:25-12:3)

"또 야고보와 형제들에게 이 말을 전하라 하고 **떠나 다른 곳으로 가니
라.**" 이때는 바야흐로 바나바와 바울이 안디옥 교회에서 공동목회를 하던
시기였다. 그렇게 1년간 공동목회를 한 뒤에 기근으로 고통받던 예루살렘
교회에 '부조(扶助) 헌금'을 전달했던 시기였다. 즉 바울의 '제1차 전도 여행'
전이었다. 때는 바울이 회심(回心)한 지 십사 년이 되던 해였다. 즉 기원후
48년 경이었다.

⁶사도와 장로들이 이 일을 의논하러 모여 ⁷많은 변론이 있은 후에 **베드로가 일어나 말하되** 형제들아 너희도 알거니와 하나님이 이방인들로 내 입에서 복음의 말씀을 들어 믿게 하시려고 오래 전부터 너희 가운데서 나를 택하시고(사도행전 15:6-7)

그런데 '제1차 전도 여행' 뒤에 열렸던 '예루살렘 제1차 공의회' 때 베드로가 등장한다. 그러니 감옥에서 나온 베드로가 마가의 집에 들른 뒤 바로 로마로 향했다는 '로마 가톨릭의 주장'은 성경과 어긋난다. 즉 사실이 아니다. 그렇다면, 이 시기에 베드로는 어디로 향했을까?

¹**십사 년 후에** 내가 바나바와 함께 디도를 데리고 다시 예루살렘에 올라 갔나니 … ⁹또 기둥 같이 여기는 야고보와 게바와 요한도 내게 주신 은 혜를 알므로 나와 바나바에게 친교의 악수를 하였으니 우리는 이방인에게로, 그들은 할례자에게로 가게 하려 함이라 ¹⁰**다만 우리에게 가난한 자들을 기억하도록 부탁하였으니** 이것은 나도 본래부터 힘써 행하여 왔 노라 ¹¹**게바가 안디옥에 이르렀을 때에** 책망 받을 일이 있기로 내가 그를 대면하여 책망하였노라 ¹²야고보에게서 온 어떤 이들이 이르기 전에 게바가 이방인과 함께 먹다가 그들이 오매 그가 할례자들을 두려워하여 떠나 물러가매 ¹³남은 유대인들도 그와 같이 외식하므로 바나바도 그들의 외식에 유혹되었느니라 ¹⁴그러므로 나는 그들이 복음의 진리를 따라 바르게 행하지 아니함을 보고 모든 자 앞에서 게바에게 이르되 네가 유대인으로서 이방인을 따르고 유대인답게 살지 아니하면서 어찌하여

억지로 이방인을 유대인답게 살게 하려느냐 하였노라(갈라디아서 2:1,
9-14)

성경의 기록으로 볼 때, 이때 베드로는 안디옥 교회로 갔던 것으로 보인
다. 때는 바울이 회심(回心)한 지 십사 년이 되던 해였다. 즉 기원후 48년 경
이었다. "**다만 우리에게 가난한 자들을 기억하도록 부탁하였으니** 이것은 나
도 본래부터 힘써 행하여 왔노라." 회심한 지 십사 년이 되던 해에 바울은
바나바와 함께 디도를 데리고 예루살렘을 방문했었다. 참고로 위에 인용한
본문에 나온 야고보는 '예수님의 친동생'으로 '헤롯 아그립바 1세'가 죽인 '사
도 야고보'가 아니다. "제자들이 각각 그 힘대로 유대에 사는 형제들에게 부
조를 보내기로 작정하고 **이를 실행하여 바나바와 사울의 손으로 장로들에
게 보내니라.**" 그렇게 다시 방문한 예루살렘에서 가난한 자들에 대한 부탁
을 받았던 바나바와 바울은 돌아와 부조(扶助)를 모아 예루살렘 교회에 전달
했다.

"**그때에 헤롯 왕이 손을 들어 교회 중에서 몇 사람을 해하려 하여 요한의
형제 야고보를 칼로 죽이니**" 바로 그 부조(扶助)가 있었던 때에 '사도 야고보'
가 순교했던 것이다. "게바가 안디옥에 이르렀을 때에" 그리고 **천사를 통하
여 구원받은 베드로가 향했던 곳은 '안디옥 교회'였다. 바로 이때 방문했던
안디옥 교회에서 이전에 다루었던 '바울의 베드로를 향한 책망'이 있었다.**
"야고보에게서 온 어떤 이들이 이르기 전에 게바가 이방인과 함께 먹다가
그들이 오매 그가 할례자들을 두려워하여 떠나 물러가매 남은 유대인들도
그와 같이 외식하므로 바나바도 그들의 외식에 유혹되었느니라. 그러므로

나는 그들이 복음의 진리를 따라 바르게 행하지 아니함을 보고 모든 자 앞에서 게바에게 이르되 네가 유대인으로서 이방인을 따르고 유대인답게 살지 아니하면서 어찌하여 억지로 이방인을 유대인답게 살게 하려느냐 하였노라." 때는 바울의 '제1차 전도 여행' 전이었다.

그렇게 놓고 보면, 이때로부터 약 2년 뒤에 열린 '예루살렘 제1차 공의회'에서의 베드로의 연설은 이때 '바울이 베드로에게 했던 책망의 영향' 또한 무시 못할 요인(要因)으로 보인다. "많은 변론이 있은 후에 베드로가 일어나 말하되 형제들아 너희도 알거니와 하나님이 이방인들로 내 입에서 복음의 말씀을 들어 믿게 하시려고 오래 전부터 너희 가운데서 나를 택하시고 또 마음을 아시는 하나님이 우리에게와 같이 그들에게도 성령을 주어 증언하시고 믿음으로 그들의 마음을 깨끗이 하사 그들이나 우리나 차별하지 아니하셨느니라. 그런데 지금 너희가 어찌하여 하나님을 시험하여 우리 조상과 우리도 능히 메지 못하던 멍에를 제자들의 목에 두려느냐? 그러나 우리는 그들이 우리와 동일하게 주 예수의 은혜로 구원받는 줄을 믿노라 하니라."[144] 그렇게 놓고 보면, **초대교회 당시 위대한 신앙의 선배들은 '서로를 다듬어 가며 같이 성장'해 갔음을 알 수 있다.**

> [23]헤롯이 영광을 하나님께로 돌리지 아니하므로 **주의 사자가 곧 치니 벌레에게 먹혀 죽으니라** [24]하나님의 말씀은 흥왕하여 더하더라 [25]바나바와

---

144 사도행전 15:7-11

> 사울이 부조하는 일을 마치고 **마가라 하는 요한을 데리고 예루살렘에서**
> **돌아오니라**(사도행전 12:23-25)

"베드로가 그들에게 손짓하여 조용하게 하고 주께서 자기를 이끌어 옥에서 나오게 하던 일을 말하고 또 야고보와 형제들에게 이 말을 전하라 하고 떠나 다른 곳으로 가니라." 그렇게 베드로가 안디옥 교회로 향한 뒤, 하나님께서는 사자를 보내 '헤롯 아그립바 1세'를 죽이셨다. "바나바와 사울이 부조하는 일을 마치고 **마가라 하는 요한을 데리고 예루살렘에서 돌아오니라.**" 그리고 예루살렘 교회에 부조(扶助)를 마친 바나바와 바울은 이때 마가를 데리고 안디옥 교회로 돌아왔다. **결과적으로 이 시기 안디옥 교회에 '바나바와 바울 그리고 베드로와 마가'가 함께하게 되었다는 이야기다.**

> [1]안디옥 교회에 선지자들과 교사들이 있으니 곧 바나바와 니게르라 하는 시므온과 구레네 사람 루기오와 분봉 왕 헤롯의 젖동생 마나엔과 및 사울이라 [2]주를 섬겨 금식할 때에 성령이 이르시되 내가 불러 시키는 일을 위하여 바나바와 사울을 따로 세우라 하시니 [3]**이에 금식하며 기도하고 두 사람에게 안수하여 보내니라** … [5]살라미에 이르러 하나님의 말씀을 유대인의 여러 회당에서 전할새 **요한을 수행원으로 두었더라**(사도행전 13:1-3, 5)

그리고 이어서 바울의 '제1차 전도 여행'이 시작되었다. 그렇게 '바나바와 바울 그리고 마가'가 함께 떠나게 되었다. 아마도 베드로는 이들을 환송한 뒤, 적당한 시기에 예루살렘으로 복귀했을 것이다. 그를 해치려던 '헤롯 아그립바 1세'를 하나님께서 죽이셨으니 당연한 일이었다. 그렇게 놓고 보면, 베드로를 죽이려 했던 '헤롯 아그립바 1세'의 시도는, 약 2년 뒤 '예루살렘 제1차 공의회' 때를 위하여 '베드로를 준비시키려는 하나님의 섭리'가 아니었을까? '죽을뻔했던 경험'에 이어 '그를 죽이려던 권력자의 갑작스러운 죽음' 그리고 '죽음을 피해 방문했던 안디옥 교회에서의 경험'은 그를 한 단계 성장시켰던 것으로 보인다. "구원을 받으려면 예수 그리스도의 십자가만으로는 충분하지 않고 할례도 받아야 한다"라는 유대주의자들의 잘못된 주장을 선명하게 인식하게 된 계기였던 것으로 보인다. 이 또한 하나님께서 '당신의 사람을 성장시키시는 방식'이다.

동시에 베드로는 바울의 '제1차 전도 여행'이 시작되는 곳에 있게 되었을 것이다. 즉 이방 선교를 향한 바울의 첫 출발에 대한 증인이 되었을 것이다. 그리고 얼마 지나지 않아 마가의 소식을 듣게 되었을 것이다.

> 바울과 및 동행하는 사람들이 바보에서 배 타고 밤빌리아에 있는 버가에 이르니 **요한은 그들에게서 떠나 예루살렘으로 돌아가고**(사도행전 13:13)

당연히 안디옥 교회에서 '바나바와 바울 그리고 마가'를 환송했던 베드로는 '예루살렘 교회'로 돌아왔을 것이다. 그리고 예루살렘에서 베드로의 숙소는 '마가의 집'이었을 것이다. 그런데 얼마 지나지 않아 '마가의 집'에 '마가'

가 나타났을 것이다. 그러니 마가는 바나바와 바울을 떠나 베드로에게로 도 망간 셈이 되었다. 물론 베드로에게로 도망간 것은 마가가 의도한 것은 아 니었다. 이 또한 하나님께서 당신이 사용하실 사람에게 쓰시는 흔한 방법이 다. 그렇게 베드로를 만난 마가는 베드로에게 무슨 말을 했을까? 베드로는 마가에게 무슨 말을 해주었을까?

그렇게 '예루살렘 제1차 공의회' 때까지 마가는 베드로와 함께했을 것이 다. 어쩌면 마가의 일생에서 가장 우울했던 시기였을까? 오순절 성령 강림 때 성령의 내주(內住)하심을 받은 마가는 분명히 괴로웠을 것이다. 자신이 초라하고 형편없어 보였을 것이 분명하다. 문득문득 떠오르는 예수님께서 잡히시던 날 밤, 횃불 사이로 보였던 예수님의 모습과 음성이 기억날 때는 자신이 혐오스러웠을지도 모른다. 더군다나 부활하신 예수님을 그의 집에 서 만났다면, 그는 예수님을 뵐 면목이 없었을 것이다.

우리는 마가가 베드로에게 무슨 말을 했는지는 알 수 없다. 하지만 베드 로가 마가에게 이 시기에 어떤 말을 해주었을지는 쉽게 예상할 수 있다. 그 것은 베드로가 예수님을 세 번 부인했던 일과 예수님께서 부활하신 후 세 번째로 제자들에게 나타나신 때 베드로에게 해주셨던 말씀일 것이다.

[14]이것은 예수께서 죽은 자 가운데서 살아나신 후에 **세 번째로** 제자들에 게 나타나신 것이라 [15]그들이 조반 먹은 후에 예수께서 시몬 베드로에 게 이르시되 **요한의 아들 시몬아 네가 이 사람들보다 나를 더 사랑하느 냐** 하시니 이르되 주님 그러하나이다 내가 주님을 사랑하는 줄 주님께

서 아시나이다 이르시되 **내 어린 양을 먹이라** 하시고 [16]또 두 번째 이르시되 **요한의 아들 시몬아 네가 나를 사랑하느냐** 하시니 이르되 주님 그러하나이다 내가 주님을 사랑하는 줄 주님께서 아시나이다 이르시되 **내 양을 치라** 하시고 [17]세 번째 이르시되 **요한의 아들 시몬아 네가 나를 사랑하느냐** 하시니 주께서 세 번째 네가 나를 사랑하느냐 하시므로 베드로가 근심하여 이르되 주님 모든 것을 아시오매 내가 주님을 사랑하는 줄을 주님께서 아시나이다 예수께서 이르시되 **내 양을 먹이라** [18]내가 진실로 진실로 네게 이르노니 **네가 젊어서는 스스로 띠 띠고 원하는 곳으로 다녔거니와 늙어서는 네 팔을 벌리리니 남이 네게 띠 띠우고 원하지 아니하는 곳으로 데려가리라**(요한복음 21:14-18)

부활하신 예수님이 세 번째로 제자들을 찾아오셨을 때, 베드로에게 말씀하셨다. 제자들과 함께 아침 식사를 마친 뒤였다. "요한의 아들 시몬아, 네가 이 사람들보다 나를 더 사랑하느냐?" '요한의 아들 시몬아'라는 호칭(呼稱)은 '자세를 바로잡고' 무슨 이야기를 할 때 나오는 호칭이다. 쉽게 말해, 예수님은 베드로에게 '진지하게 그리고 공식적'으로 말씀하셨다. 예수님의 이 질문에 베드로가 답했다. "주님 그러하나이다. 내가 주님을 사랑하는 줄 주님께서 아시나이다." 그러자 예수님께서 말씀하셨다. "내 어린 양을 먹이라." 그렇게 비슷한 문답(問答)이 세 번 반복되었다. 이는 예수님을 세 번 부인했던 베드로의 지위를 회복시키기 위한 '예수님의 배려'였다. 특별히 세 번 모두 공식적인 자리에서 불리는 호칭(呼稱)인 "요한의 아들 시몬아"라고 하신 것은, 예수님과 베드로 사이에 이루어지는 대화를 듣고 있던 나머지 제자들이 들으라는 말씀이셨을 것이다.

　그렇게 제자들이 보는 자리에서 '베드로의 자리'를 회복시키신 뒤에 예수님께서 베드로에게 해주셨던 말씀은 이러했다. "내가 진실로 진실로 네게 **이르노니 네가 젊어서는 스스로 띠 띠고 원하는 곳으로 다녔거니와 늙어서는 네 팔을 벌리리니 남이 네게 띠 띠우고 원하지 아니하는 곳으로 데려가리라.**" 베드로는 마가와 대화할 때 예수님의 이 말씀을 어떻게 적용했을까? "그래, 마가 너는 아직 젊지. 그래서 이번에 너는 스스로 띠 띠고 원하는 곳으로 다닌 셈이 되었는지도 모르겠다. 가기 싫은 곳은 가지 않고, 하고 싶은 대로 돌아온 것인지도 모르겠다. 하지만 결국 너도 나이 먹어 갈 거야. 세월은 빠른 것이란다. 그때가 되면 네 팔을 벌리고 남이 네게 띠 띠우고 원하지 아니하는 곳으로 데려가게 될 거야. 그래, 이번에는 네가 원하는 대로 행동했지만, 그때는 그렇게 행동하면 안 된단다. 아니, 그때는 네가 원하는 대로 행동할 힘조차 없을지도 모르지. 그러고 보면, 이번 일은 아직 젊은 너에게 있는 특권인지도 모르겠다. 실수할 특권, 그래, 젊은이에게 주어진 실수할 특권 말이다. 네가 도망쳤던 그날 밤, 나는 예수님을 세 번이나 부인했었지. 그거에 비하면 네가 한 일은 아무것도 아니지. 그래 아무것도 아니지."

> [60]베드로가 이르되 이 사람아 나는 네가 하는 말을 알지 못하노라고 아직 말하고 있을 때에 닭이 곧 울더라 [61]**주께서 돌이켜 베드로를 보시니** 베드로가 주의 말씀 곧 오늘 닭 울기 전에 네가 세 번 나를 부인하리라 하심이 생각나서 [62]밖에 나가서 심히 통곡하니라(누가복음 22:60-62)

그리고 베드로는 예수님을 세 번이나 부정하던 날 밤 돌이켜 베드로를 보시던 '예수님의 눈빛'을 이야기해 주었을 것이다. 닭이 울던 순간이었다. "주께서 돌이켜 베드로를 보시니" 그 눈빛에는 베드로를 향한 '안쓰러움과 안타까움'이 가득했을 것이다. 그리고 부활하신 후 베드로를 회복시키시던 때의 '예수님의 눈빛' 또한 이야기해 주었을 수도 있다. 어쩌면 그때의 예수님의 눈빛에는 '안쓰러움과 안타까움'보다는 '약간의 미소와 진지함 그리고 큰소리치더니 거봐라'[145]라는 의미가 섞여 있었을지도 모른다. 그리고 마지막 말씀을 하실 때는 '그래, 앞으로 참 많이 고생하겠다'라는 눈빛이 아니었을까? 어찌 되었든, 이 시기의 베드로가 마가에게 해준 이러저러한 말들은 마가를 회복시켰을 것이다.

> [36]며칠 후에 바울이 바나바더러 말하되 우리가 주의 말씀을 전한 각 성으로 다시 가서 형제들이 어떠한가 방문하자 하고 [37]바나바는 마가라 하는 요한도 데리고 가고자 하나 [38]바울은 밤빌리아에서 자기들을 떠나 함께 일하러 가지 아니한 자를 데리고 가는 것이 옳지 않다 하여 [39]서로 심히 다투어 피차 갈라서니 **바나바는 마가를 데리고 배 타고 구브로로 가고** [40]바울은 실라를 택한 후에 형제들에게 주의 은혜에 부탁함을 받고 떠나 [41]수리아와 길리기아로 다니며 교회들을 견고하게 하니라(사도행전 15:36-41)

---

145 "베드로가 대답하여 이르되 모두 주를 버릴지라도 나는 결코 버리지 않겠나이다"(마태복음 26:33).

아마도 마가가 '예루살렘 제1차 공의회' 이후 바나바와 바울을 따라 '안디옥 교회'로 갈 수 있었던 것은 '베드로의 격려' 때문이었을 것이다. 그러나 마가에 대한 '바울의 마음'은 아직 풀리지 않은 상태였다. 앞 단원에서 다루었듯이, 바울은 이때 아직 '바나바가 서 있던 자리'까지 성숙하지 못한 상황이었다. 그러니 베드로가 마가를 위로하며 했던 '예수님의 자리'는 아직 바울에게는 버거웠던 것으로 보인다.

어찌 되었든, 마가 입장에서는 용기를 내어 나선 길이었을 것이다. 밤빌리아에서 선교팀을 이탈하여 예루살렘으로 돌아온 때로부터 2년 정도의 시간이 흐른 뒤였다. 마가에게 있어서 이 시간은 '주변의 시선'뿐 아니라 '자신과의 싸움'의 시간이었을 것이다. **더군다나 마가의 집은 초대교회가 태동한 장소였다. 그러니 마가는 혼자 있을 곳이 없었을 것이다.** 예수님께서 십자가에 못 박히시기 전에 그의 집에 방문하셨을 때와는 차원이 다른 분주함이 그의 집에 가득했을 것이다. 인생을 살아보면 알겠지만, 사람에게는 '자신만의 동굴'이 필요하다. 특별히 혼자서 외로움을 깊이 느껴보는 시간만큼 '회복의 시간'도 없다. 때로는 외로움만큼 우리를 '회복시키는 명약(名藥)'은 없는 것 같다. 그러나 마가에게는 이러한 시간이 허락되지 않았다. 끊임없이 움직이는 초대교회의 핵심 인물들 사이에서 '면목(面目) 없는 얼굴'을 매일 내민다는 것만큼 '잔인한 상황'은 없었을 것이다. 아마도 그 시간을 견디게 해준 인물은 베드로였을 것이다. 그리고 이것이 마가가 '베드로의 설교를 통역하게 된 중요한 이유'였을 것이다.

"바나바는 마가라 하는 요한도 데리고 가고자 하나 바울은 밤빌리아에서 자기들을 떠나 함께 일하러 가지 아니한 자를 데리고 가는 것이 옳지 않다 하여 서로 심히 다투어 피차 갈라서니” 그러나 마가에게는 아직 '정리하지 못한 일'이 남아 있었다. 그것은 '마가를 향한 바울의 부정적인 시선'이었다. '마가를 향한 바울의 불신(不信)'이었다. 그러나 어린 시절부터 마가를 보아온 바나바는 어쩌면 마가에게서 '이전과 다른 느낌'을 받았을지도 모른다. 바나바는 마가에게 아버지와 같은 존재였으니, 바나바의 이런 느낌은 당연한 것이었을 것이다. 마가의 눈빛과 말투에서 아주 작지만 '미묘한 차이'를 느꼈을 것이다. 그리고 그것이 마가를 '제2차 전도 여행'에 데리고 가려 했던 '주요한 이유'였을 것이다. 물론 신학자들의 지적처럼 이것은 그가 마가의 외삼촌이었기 때문이었다. 게다가 마가의 어린 시절부터 자상한 아버지와 같은 외삼촌이었기 때문이다.

마가는 바나바와 바울이 싸우는 장면을 고스란히 보았을 가능성이 높다. 그리고 자신 때문에 전도팀이 둘로 나누어지는 모습을 보았을 것이다. 지난 2년간, 외로움을 느낄 공간마저 허락되지 않던 시간을 보낸 마가였다. 그는 이제 그의 앞에 새로운 도전이 놓이게 되었음을 깨달았을 것이다. 그리고 그는 증명하고 싶었을 것이다. 지난 2년간, 외로움마저 느낄 수 없던 자신을 감싸 안았던 '베드로의 조언'을 기억했을지도 모를 일이다. 부활 후 베드로에게 다가와 베드로를 회복시키셨던 '예수님에 대한 이야기'는 어쩌면 그날 밤 횃불 사이로 보였던 '그분의 모습 그리고 그분의 음성'과 하나로 연결되어 마가를 일으켜 세웠을 수도 있다.

비록 유복한 어린 환경을 보냈다고는 하나, 마가는 '결손 가정' 출신이었다. '무슨 말인가?' 싶을 것이다. 인생이라는 것이 그렇다. 사람이라는 존재가 그렇다. 겉으로 볼 때는 '무엇 하나 모자란 것이 없어 보이는 인생'이 있을 수 있다. 하지만, 무엇 하나 부족하지 않은 인생은 존재하지 않는다. 자상한 아버지와 같은 외삼촌 바나바가 있었다 하더라도 바나바는 '마가의 아버지'가 아니었다. 아무리 자상한 어머니와 외삼촌의 보호 아래 행복하게 자랐다 하더라도, 그 말을 할 수 있는 존재는 엄밀히 말해 마가뿐이다. 마가만이 그 말을 할 자격이 있다. 그리고 그렇게 마가가 말해 줄 때, 그 말이 '은혜'가 되는 것이다. 그가 그런 말을 한다는 것은, 어린 시절 '절대적이었던 아버지의 빈자리'를 그가 잘 극복해 내었다는 이야기이기 때문이다. 아버지의 빈자리를 어머니와 외삼촌의 사랑으로 잘 소화해 내었다는 이야기이기 때문이다.

그는 이제 세상을 향해 자신을 증명하고 싶었을 것이다. 어린 시절부터 그를 사랑으로 감싸준 어머니와 외삼촌에게 보답하고 싶었을 것이다. 자신의 성장을 보여드리고 싶었을 것이다. 그리고 무엇보다도 바울에게 가장 증명하고 싶었을 것이다. "바나바는 마가를 데리고 배 타고 구브로로 가고" 그렇게 바나바와 함께 떠난 '마가의 제1차 전도 여행'이 구브로에서 시작되었다.

> [10]나와 함께 갇힌 아리스다고와 바나바의 생질 마가와 (이 마가에 대하여 너희가 명을 받았으매 그가 이르거든 영접하라) [11]유스도라 하는 예수도 너희에게 문안하느니라 그들은 할례파이나 이들만은 하나님의 나라를 위하여 함께 역사하는 자들이니 이런 사람들이 나의 위로가 되었느니라(골로새서 4:10-11)

위에 인용한 골로새서 본문은 그렇게 '10년 정도의 시간이 흐른 뒤의 기록'이다. 아마도 기원후 60년경의 일이었을 것이다. 앞에서도 언급했듯이, 그 사이 마가는 '마가복음의 저자'가 되어 있었다. 그것은 '베드로의 설교를 통역하는 역할' 가운데 맺힌 열매였다. 앞에서 자세히 살펴보았듯이, 바나바는 바울의 '제3차 전도 여행' 때까지도 사역하고 있었다. 바울의 '제3차 전도 여행'은 기원후 53년에서 57년까지였던 것으로 전해진다.

마가복음은 복음서 중 가장 먼저 기록되었다는 것이 최근의 '신학적 합의'다. 이러한 신학적 합의가 사실이라면, 이렇게 말할 수 있다. 베드로의 설교를 통역하던 마가는 베드로의 생전(生前)에 '마가복음 초안(草案)'을 작성했다. 그리고 베드로가 이를 승인했으며, 교회가 이를 회람(回覽)했다. 그리고 이렇게 회람(回覽)되던 '마가복음의 초안(草案)'이 베드로의 순교 후 최종적으로 정리되어 지금의 우리에게 전달되었다. 이때 '마가복음 초안(草案)'이 작성된 연도로 가장 많이 거론되는 연도는 기원후 55년이다. 이 시기는 고린도전서에 기록된 바울의 증언대로 바나바가 아직 이 땅에서 사역하던 때였다.[146] 그렇게 놓고 보면, 신학자들은 바나바의 사후(死後)에 베드로가 마가를 거두었다고 하지만 그렇지 않은 것 같다. 당연히 마가는 바나바가 살아 있는 동안 바나바와 함께했을 것이다. 즉 '마가복음 초안(草案)'이 기록된 연도에 대한 신학자들의 주장이 사실이라면, 적지 않은 시간 '바나바와 베드로 그리고 마가'는 함께 사역했을 가능성이 높다.

---

[146] "어찌 나와 바나바만 일하지 아니할 권리가 없겠느냐"(고린도전서 9:6).

또한 '마가복음 초안(草案)'이 기원후 55년에 기록되었다는 신학자들의 주장이 사실이라면, '바나바와 베드로 그리고 바울'은 그들의 생전(生前)에 마가가 쓴 '마가복음의 초안(草案)'을 보았다는 이야기가 된다. 마가를 통해 기록된 '첫 번째 복음서(福音書)'를 보았다는 이야기가 된다.

그렇다면 이들 셋 모두는 '마가복음의 초안(草案)'을 보며 같은 시기를 떠올렸을 것이다. 마가의 '연약했던 시기'를 떠올렸을 것이다. 이렇게 그 당시의 상황을 자세히 살피고 보니, 문득 마가복음을 '최초(最初)의 복음서'로 보는 최근의 '신학적 합의'가 맞을 것이라는 생각이 든다. 이유는 간단하다. 내가 지난 세월 만났던 '은혜와 긍휼이 풍성하신 하나님'이시라면 그러셨을 것이다. '바나바와 베드로 그리고 바울'을 들어 '하나님 나라의 일꾼'으로 쓰셨던 하나님이시라면 당연히 그러셨을 것이다. 그렇게 '마가복음의 초안(草案)'을 보며 이들 셋은 하나님께 '감사의 기도와 찬양'을 올려드렸을 것이다. 그리고 예수님의 증인으로 평생을 살아온 그들의 사역이 끊이지 않을 것임을 다시 한번 알게 되었을 것이다. '믿음의 다음 세대'가 성공적으로 이어지게 되었음을 깨달았을 것이다.

이러한 상황에서 바울이 '골로새 교회'에 했던 명령이다. "바나바의 생질 마가와 (이 마가에 대하여 너희가 명을 받았으매 그가 이르거든 영접하라) 유스도라 하는 예수도 너희에게 문안하느니라. 그들은 할례파이나 이들만은 하나님의 나라를 위하여 함께 역사하는 자들이니 이런 사람들이 나의 위로가 되었느니라." 생각해 보면, 이러한 바울의 고백은 당연한 고백이었다. 마가는 '바울의 진정한 위로'가 되었을 것이다.

누가만 나와 함께 있느니라 **네가 올 때에 마가를 데리고 오라 그가 나의 일에 유익하니라**(디모데후서 4:11)

그리고 죽음을 앞둔 바울은 다시 한번 마가를 찾았다. "네가 올 때에 마가를 데리고 오라. 그가 나의 일에 유익하니라." 그렇다. 바울은 그때 이 땅에서의 자신의 시간이 다해감을 알고 있었다. "전제와 같이 내가 벌써 부어지고 나의 떠날 시각이 가까웠도다. 나는 선한 싸움을 싸우고 나의 달려갈 길을 마치고 믿음을 지켰으니, **이제 후로는 나를 위하여 의의 면류관이 예비되었으므로** 주 곧 의로우신 재판장이 그날에 내게 주실 것이며 내게만 아니라 주의 나타나심을 사모하는 모든 자에게도니라."[147] 그러니 바울은 보고 싶었을 것이다. 자신의 모든 것을 바쳐 전했던 예수 그리스도를 향한 신앙이 다음 세대에게 이어지는 '**살아 있는 증거들**'을 마지막으로 보고 싶었을 것이다. "그러므로 나의 사랑하고 사모하는 형제들, **나의 기쁨이요 면류관인 사랑하는 자들아** 이와 같이 주 안에 서라."[148] 디모데와 마가, 즉 '자신의 기쁨이요 면류관인 디모데'와 '바나바와 베드로의 기쁨이요 면류관인 마가'를 보고 싶었을 것이다. 자신의 신앙에 대한 보증을 서주었으며 초대교회에 사역의 장(場)을 열어주었던 은인(恩人) '바나바의 면류관'을 보고 이 땅을 떠나고 싶었을 것이다.

---

147 디모데후서 4:6-8
148 빌립보서 4:1

그렇게 미덥지 않던 모습의 부잣집 도령은 '위대한 사도들의 기쁨과 감사의 제목'이 되었다. 물론 혹자는 그에게 베풀어 주신 '하나님의 은혜'를 부러워할 수도 있다. 생각해 보면, 마가만큼 '최강(最强)의 멘토(mentor)'를 가진 인물은 없었던 것 같다. 마가만큼 '따뜻한 멘토(mentor)'와 '서늘한 느낌의 멘토(mentor)'를 동시에 가진 인물 또한 없었던 것 같다. 그러나 바나바와 바울이 갈라선 뒤, 마가는 끊임없이 자신을 채찍질했을 것이다. 바울의 '제1차 전도 여행'에서 이탈한 뒤, 2년간 자신만의 동굴마저 허락되지 않았던 그였다. 이후 그는 같은 실패의 경험을 가진 베드로를 따라다니며 최선을 다했을 것이다. 어린 시절부터 그를 따뜻하게 품어주고 믿어주었던 바나바의 사랑에 보답하기 위해 최선을 다했을 것이다. 비록 그를 매몰차게 대하고 떠났지만, 복음(福音)을 위해 수없이 많은 고난 가운데도 한 길을 갔던 바울에게 '성장한 자신의 모습'을 보여주고 싶었을 것이다. 그렇게 '첫 번째 복음서(福音書)'인 '마가복음'이 세상을 향해 나오게 되었다. 이 모든 것이 '하나님의 은혜'로 이루어진 역사였다.

이 책을 읽는 우리 모두에게도

'동일한 하나님의 은혜'가 함께하길 기도하며,

다섯 번째 성경 인물 설교집을

세상에 내보낸다.